JN207417

亜東経済国際学会研究叢書㉑
藤田紀美枝先生傘寿記念論文集

東アジアの観光・消費者・企業

藤田紀美枝　監修

原口俊道・國崎歩・原田倫妙　編著

五絃舎

序　文

　亜東経済国際学会は，1989 年に東アジアの経済経営の研究者・実務家によって結成された。爾来東アジアの大学・学会と共催して 52 回の国際学術会議を共同開催し，その研究成果を取り纏めて東アジアの有名出版社から下記の如く 20 冊の研究叢書を出版し，東アジアの経済経営の研究者・実務家に対して一定程度の影響を及ぼしてきた（詳しくは巻末の「亜東経済国際学会の概要」を参照されたい）。

第 1 号　1992 年『企業経営の国際化』（日本・ぎょうせい）

第 2 号　1994 年『東亜企業経営（中文)』（中国・復旦大学出版社）

　　　　　1995 年『東アジアの企業経営（上）』（中国・上海訳文出版社）

　　　　　1995 年『東アジアの企業経営（下）』（中国・上海訳文出版社）

第 3 号　1997 年『中国三資企業研究（中文)』（中国・復旦大学出版社）

第 4 号　1999 年『中国対外開放與中日経済関係(中文)』(中国・上海人民出版社)

第 5 号　2002 年『国際化與現代企業（中文)』（中国・立信会計出版社）

第 6 号　2004 年『企業国際経営策略（中文)』（中国・復旦大学出版社）

第 7 号　2006 年『中日対照　経済全球化與企業戦略』(中国・立信会計出版社)

第 8 号　2008 年『亜洲産業発與企業発展戦略（中文）（査読制)』（中国・復旦大学出版社）

第 9 号　2010 年『東亜経済発展與社会保障問題研究（中文）（査読制)』（中国・江西人民出版社）

第 10 号　2009 年『東亜産業発展與企業管理（中文・繁体字）（査読制）』（台湾・暉翔興業出版）

第 11 号　2010 年『亜洲産業経営管理（中文・繁体字）（査読制）』（台湾・暉翔興業出版）

第 12 号　2011 年 亜東経済国際学会創立２０周年記念論文集『アジアの産業発展と企業経営戦略（査読制）』（日本・五絃舎）

第 13 号　2011 年『東亜産業與管理問題研究（中文・日文・英文）（査読制）』（台湾・暉翔興業出版）

第 14 号　2012 年 劉成基博士傘寿記念論文集『東アジアの産業と企業（査読制）』（日本・五絃舎）

第 15 号　2012 年『東亜産業経営管理（中文・英文・日文）（査読制）』（台湾・暉翔興業出版）

第 16 号　2014 年『東亜社会発展與産業経営（中文・日文）（査読制）』（台湾・暉翔興業出版）

第 17 号　2014 年『東アジアの社会・観光・企業（日文・英文）（査読制）』（日本・五絃舎）

第 18 号　2015 年『亜洲産業発展與企業管理（中文・英文・日文）（査読制）』（台湾・昱網科技股份有限公司出版）

第 19 号　2017 年『アジアの産業と企業（日文・英文）（査読制）』（日本・五絃舎）

第 20 号　2017 年『東亜産業発展與企業管理（中文・英文・日文）（査読制）』（台湾・昱網科技股份有限公司出版）

　本書は「藤田紀美枝先生傘寿記念論文集」として出版が企画されたもので，亜東経済国際学会研究叢書（査読付き）の第 21 号目にあたる。亜東経済国際学会副会長の藤田紀美枝先生は間もなく傘寿を迎えられる。しかし，藤田紀美枝先生はまだ 40 歳代にしか見えず，学会等で大きくて明瞭なお声で講演をなさっておられる。また，藤田先生はプロ並みのシャンソン歌手で，学会等の懇親会では「愛の讃歌」を熱唱され，聴衆に大きな感動と勇気を与えてこられた。こ

れからも先生のますますのご活躍とご健康をお祈りする次第である。

　現在，東アジアの国々は経済の面だけでなく，産業や企業の面でも共通した課題を数多く抱えている。特に産業の中でも観光は東アジアの国々の経済発展に及ぼす影響が日増しに大きくなってきている。東アジアの国々は経済発展を図る上で観光をもっと重視する必要がある。2016 年 4 月に発生した熊本地震による災害を乗り越える上で，観光は大きな役割を果たすと思われる。

　このような問題意識の下で，亜東経済国際学会は国内外の学術機関・団体と協力して第 49 回「東アジアの観光・産業・企業」国際学術会議を，2017年 12 月 9 日（土）熊本学園大学で開催した。第 49 回国際学術会議はグローバル地域研究会や東北亜福祉経済共同體フォーラムなど，7 つの機関による共同開催となった。

　本書は東アジアの会員諸氏が，第 49 回東アジアの観光・産業・企業国際学術会議において研究発表した論文に対して，国内外の大学院博士指導教授クラスの研究者による厳格な査読審査を行い，最終的に査読審査に合格した論文を収録したものである。

　本書は序章と 2 編 19 章から構成される。序章は藤田紀美枝先生の珠玉の論文とも言うべき「ダイバーシティ・マネージメントにおける中高齢者雇用論」である。

　第 1 編は「東アジアの観光・消費者・企業等」に関する 12 編の日本語論文から構成される。第 1 編では，「第二次大戦後のアメリカ旅客航空運輸の変遷（第 1 章）」，「『観光立国』における中国語教育対策（第 2 章）」，「日本におけるバリアフリー観光の現況と課題（第 3 章）」，「台湾観光ホテルの経営戦略（第 4 章）」，「マーケティングにおける消費者行動（第 5 章）」，「日本の鹿児島市と中国の威海市における消費者の食品購買行動（第 6 章）」，「環境配慮製品の購買とライフスタイル（第 7 章）」，「訪台したことのある日本人観光消費者の価値観とライフスタイルの関連性（第 8 章）」，「企業活動における『信頼』度の低下とその影響（第 9 章）」，「日本型コンビニエンスストアの経営イノベーション（第 10 章）」，「ビッグデータ技術と中国食材商業界の品質管理（第 11 章）」，「屋

良朝苗の生涯教育哲学の実践（第 12 章）」などを取り上げ，考察している。

　第 2 編は「東アジアの観光・消費者・企業等」に関する 7 篇の英語論文から構成されている。第 2 編では，「"Community Development" through exchanges with Taiwanese leaders of renewable geothermal energy（Chapter13）」，「A Study on the Influence of Available Tourism Resources to Tourism Development of Kaohsiung city（Chapter14）」，「A Research on the Attributes of Trave Website and the Advertising Communication Effect（Chapter15），「An Empirical Research on the Relationships between Personality and Lifestyle of the Tourists in Japan（Chapter16）」，「A Study on Chinese Consumer Cooling-off Period System（Chapter17）」，「The Development of Japanese-Funded Convenience Store in China（Chapter18）」，「A Brief Analysis of the Vertical E-commerce Model of Mothers and Infants in China and Japan（Chapter19）」などを取り上げ，考察している。

　本書を出版するにあたり，五絃舎代表取締役である長谷雅春氏から数々の貴重なアドバイスをいただいた。本書は「東アジアの観光・消費者・企業等」を主に論じた研究書である。本書が広く江湖に受け容れられることを期待する次第である。

編　者　原口俊道　　國﨑　歩　　原田倫妙

2019 年 1 月 29 日

目　次

東アジアの観光・消費者・企業

序章　ダイバーシティ・マネジメントにおける 中高齢者雇用論

【要旨】

　日本では 2015 年に 65 歳以上の高齢者が人口の 25％を占めるようになったために，年金問題が浮上し，社会保障制度と雇用制度の改革が喫緊の課題となった。日本の企業では一部に定年制を廃止する動きがみられるようになってきたが，まだごく少数である。60 〜 75 歳の中高齢者の就業意欲は高いので，生涯現役社会を構築するためには，今後中高齢者，特に中高齢女性の雇用を促進するような雇用システムへと変革することが肝要である。

**【キーワード】：高齢者の現状，定年制廃止の動向，中高齢者の就業意欲，
　　　　　　　　中高齢女性の雇用，生涯現役社会**

1.　はじめに

　人間はなぜ生まれ，なぜ生きているのだろうか。幸福になるために生きているのではなかろうか。高齢者にとって幸福とは一体何か。現在よりもさらにより良い人生を送るにはどのようにしたらよいのだろうか。晩年良ければ全て良しということが言われているので，晩年をどのように幸福に生きていくのか。日本に生まれ，日本で育ち，日本の土となることを考えれば高齢期の幸福を広く深く考察し，その構想を打ち出さなくてはならない。

　P.F. ドラッカー（Peter F. Drucker）は半世紀も長きに亘り，中高年の雇用の重要性を訴え続けている。高齢者人口の急増と若年人口の激減はローマ帝国の

崩壊以来のことである。すでに先進国と中国・ブラジルが出生率 2.2％を下回った。歴史が見たことのない未来が始まり，急激な変化と乱気流の時代へと突入している⁽¹⁾。

米国イリノイ大学の W. C. コッカハム（Willam C. Cockerham）は「世界的な高齢化は，急速に近代の明確な姿になりつつあり，年齢構成上での重要な変化という意味だけではなく，社会の規範や価値観の変化と一致し，高齢者に対する態度や社会政策についても，かつて意味していたことより以上の重大なものとなりつつある。そして，この地球には多くの高齢者が存在しているのも事実であり，このことは 21 世紀には，およそ 5 人に 1 人が 65 歳，またはそれ以上になるという人口統計学的な現実は，非常に大きな意味を内包している。例えば今日，高齢者は過去に比べて教育面は勿論のこと，経済的には高いレベルにあり，さらに主要な社会的政治的な力となりつつある。」⁽²⁾と述べている。

そこで，本章では日本の高齢者の現状について把握し，問題点は一体何処にあるのか，閉塞的な少子・高齢社会をどのように打破しなければならないのか，その解決策と今後の課題を明らかにしてみたい。

2.　日本の高齢者の現状

実際に日本での高齢化のスピードは速く，65 歳以上の高齢人口比率が 7 ％に達する期間を比較すると，フランス 170 年，スウェーデン 105 年，ドイツ 75 年，日本は 43 年となり，非常に短期間で日本は高齢社会を迎えたのである。つまり，2015 年には日本は 65 歳以上が人口の 25％を超え，国民の 4 人に 1 人が高齢者となった。

つまり，日本は世界ではじめてといって良いくらいの高齢社会を経験している。特に男 81 歳，女 86 歳という平均死亡年齢の高さである。高齢人口比率とは国連の定義によると「65 歳以上の高齢人口が総人口に占める割合のこと」を言う。65 歳以上の高齢人口比率が 7 ％を超えると「高齢化社会」と言い，14％を超えると「高齢社会」になったと言う。日本は現在約 19％で「高齢社会」

として世界一である[3]。

　1947 〜 1950 年生まれが団塊の世代と呼ばれ，2007 年に定年を迎えたので「2007 年問題」と言われている。65 歳以上の高齢者，老齢者の存在が特別ではない時代を迎えるのである。このような状況の中で，日本が抱えている公的年金問題が浮上する。

　現在の年金問題は，100 歳以上の老齢者が 2018 年 9 月現在 69,785 人にもなり，平均寿命が 10 〜 12 歳まで伸びたため，高齢比率が上昇し，今までの人口構造で考案された年金制度では維持できないのが現状である。その上，75 歳以上の後期高齢者人口は 2000 年で 900 万人，2015 年には 1,570 万人となった。

　一方若年人口は 2000 年で 1,830 万人が 2015 年には 1,290 万人まで減少する。このようにギャップのある人口動態において社会保障制度と雇用制度の抜本的改革を必要とするのは当然である。それにどのように対策をたてるか，政策変更が課題である[4]。

　現在日本では 65 〜 75 歳までを前期高齢者と呼び，75 歳以上を後期高齢者と称している。85 歳以上が老齢者となるのか，90 歳以上が老齢者と呼ばれるのか定かではないが，筆者は 60 歳から 75 歳まで充分労働可能な年齢とみなし「中高齢者」と名づけた。「中高齢者」と言っても実に個人差があり戸籍年齢で割り切ることはできないのが実情である。

3.　定年制廃止の動向と年齢差別禁止法の登場

　戸籍上の年齢を取り上げて 1980 年に西嶋昭氏は「定年制とは労働協約や就業規則に 60 歳などと，就業年齢の最高限度として一定の年齢を定め，その年齢に達したとき従業員を自動的に退職させる制度である。」[5]と述べている。

　使用者と従業員との労働契約の解除でもなく，定年退職は当事者の意思表示がなくても，労働関係が自動的に終了するところに定年制の特色がある。定年制を実施している企業は現在中小企業にも及んでおり，1974 年には 55 歳定年が 52％であったが，1984 年には 29.6％へと減少し，1974 年には 60 歳定

年が35.4%だったが，1985年には55.4%と過半数を超え60歳定年が定着してきた[6]。

2004年1月には65歳までの継続雇用を企業に義務づける法案が国会で承認された。それ以前にも65歳までの継続雇用を実施していた企業も少数あったが，団塊の世代が60歳定年になってきたこともあり，公的年金問題も喧伝され，全面的に65歳までの継続雇用を実現性の高い政策として実行することが求められている。

定年を65歳に引き上げるか，定年はそのままで65歳まで継続雇用するか，定年を廃止するかなどが企業に求められている。

筆者は退職や職業生活の引退は，本人の意思によって決定されるべきであると思っている。一方では定年年齢以前でも不利にならないように退職するシステムができあがっていて，他企業でも能力発揮ができることが望ましいと考える。それには年金支給が65歳となっているので，定年退職と年金支給が一致していなければならない。これは先進国の一般的ルールである。

働く意思と能力のある中高齢者を，年齢ゆえに阻害しないようにする必要性がある。企業にとって65歳への定年引上げが重要課題になるであろうが，長期的には定年制度を廃止する方向へ導いていくことが望ましい。米国では1967年に「年齢差別禁止法」によって定年を廃止して，「生涯現役社会」を構築しているのである[7]。

日本もそこまでいけば理想的なのであるが，「生涯現役」は雇用ではないので，現時点で企業が中高齢者を雇用する上で問題となるのは，企業の要求する職務遂行能力と，中高齢者の能力がどこまで一致するか，継続雇用を図るにはどのような施策をとるのが望ましいのかなどは検討に値する内容である。

そのために必要なことは，第1には仕事内容の明確化，つまり適職開発の仕事である。第2には処遇体系の再編で，年功賃金制度や昇進制度の抜本的見直しである。第3には中高齢者に見合った生涯能力開発である。第4には中高齢者をプロとして充分活用でき，フラット組織に移行することである。第5には年齢に関係なく能力主義，成果主義，専門職制人材活用制度などを導入するこ

とである。

　仕事人間として中高齢者が培った能力を活かし，その能力に見合った業界共通の職業能力評価基準を作成することも，賃金を受け取ることができるシステム作りも重要となる。筆者は団塊世代が「生涯現役社会」の先駆けとなって仕事を遂行してほしい，と願うことでもあり，定年廃止の必要性を再認識する契機となれば実にうれしい，と思っている。

4.　中高齢者の就業意欲と労働倫理

　ノース・カロライナ州立大学のクラーク（Robert L. Clark）教授の研究により，日本の中高齢者の就業率は，西欧諸国に比べて非常に高いということが知られている。内閣府の調査によっても証明されている。日本は 65 歳までが 40%で 70 歳までが 32%という比率で，75 歳位まで働く意欲のある人が 9% という比率の高さを誇っているのである [8]。

　OECD（経済協力開発機構）の調査によると，2002 年，日本の男性 50 〜 64歳までの中高齢者の労働力率は高く，アイスランドに次いで 2 位であり，65 〜74 歳までは 4 位であった。一方 50 〜 64 歳までの女性の中高齢者の労働力率は30 ヵ国中 11 位であり，65 〜 74 歳では 3 位である。実行引退年齢は日本の男性は 70 歳でメキシコに次いで 2 位で，女性は 66 歳で 5 位である [9]。

　「公的引退年齢」と「実行引退年齢」との乖離度は極めて大きなものである。この乖離度の大きさは日本の男性 65 歳から 5 年は延長できるし，女性は 65歳定年だと 1 年は猶予があるということであるが，男性と同様に 70 歳までは充分働けると思う。

　この高い就業意欲は少子・高齢社会の中で労働力を確保するために大きなプラスの効果を発揮するし，経済供給力は拡大する。所得を得ることは衣・食・住の消費に連動するし，通勤による交通費の支出や，生涯能力開発による教育関連支出も増大する。

　デューク大学の E. パルモアは（Erdman Palmore）は「日本の多くの男性は

60歳の定年にも関わらず，少なくとも70歳くらいまで働き続ける。多くの日本の高齢者は，その国の強い労働倫理のゆえに定年後も働き，働くことに少しも疑いの念を持っていない。しかしながら多くの高齢者にとっては，彼らが働くのは年金などを補うために必要なのである。」と日本人の心理をついて注目される発言をしている[10]。

ここで E. パルモアの言っている労働倫理とは，筆者が思うのに一昔前の二宮金次郎のように山に芝刈りに行き，その往復でも本を読み，常に勤勉が伴って生産性が上がっていることを問うているように思われる。

つまり，基本的な労働倫理であるが，いつまでも同じ仕事を繰り返しているにすぎないような感じを持つのである。新しい労働倫理は自分が活性化する一番良い時間に，良い場所で，得意な仕事をしているという趣味感覚の高じた，実にすがすがしい気分を指しているのではなかろうか。

心理学者のマズローの欲求の五段階説の底辺は，食欲などの生理的欲求であり，その上の階層は病気，災害，危険に対する安全欲求である。その安全欲求は実際には生活安全を念頭に「年金と就業」を組み合わせている中高齢者が大多数である。

彼らが就業しているのは，家族との生活維持のためという金銭的理由がほとんどである。しかし，一方で就業は健康上良いことや，生きがい，社会参加などと言った理由も挙げられる。その次に愛情や所属の欲求，次に承認や自尊心に関する欲求で，最後が自己実現の欲求である。

この自己実現はその目的を達すれば自信がつき，人間性を高めることができる。人間は誰でも意味のある仕事を求めている。仕事が無意味だと人生も無意味である。これは誰でもが良く理解していることである[11]。

しかし，多くの企業では従業員の自己実現は認められないし，常に利益を優先し効率が叫ばれている。人間はお金のために働いているのは事実であるが，実際は仕事の価値を常に求めているのである。

今やどの仕事も永遠には続かないし，企業倒産やリストラに遭わないとも限らない。それなら仕事を楽しんだほうが良いのではなかろうか。自分らしく楽

しい仕事をするということは，自分の仕事に責任を持つということであり，何を以って成功とするかは自分で決めることである。

　仕事が楽しくないと感ずることがあれば，自己選択した仕事に誤算があったのではなかろうか。選択基準としては「自由」であり，「自分らしさ」であり，「責任」が伴う，自分なりの「成功」が価値基準となるのではなかろうか。そこでピーターアウトの法則がよくそれを言い得ている。

　ピーターアウトの法則（The peter-out Principle）とは，「階層社会の構成員は自分の能力を超えた地位まで昇進するという法則である」。つまり，出世するにつれ仕事が楽しくなり，やがて優秀な人材は会社をやめて独立するか，転職するかのどちらかである。自分の仕事に満足していないのに，顧客満足を創造することは困難であるし，自分が活性化していないのに，活性化した仕事を創造することはなお困難である，という法則である[12]。

　人は何のために働くのか。経済的に貧しい時代は目的が明確であったが，豊かになった現在は，人によって働く意味が違ってくる。それは自分の能力を伸ばすため，自分らしい生活を営むため，ゆとりを持って生きるため，自分の力を試すため，など様々である。今や働き方の選択肢が広がってきた。成熟した個人として人生を楽しんだらどうだろうか。

　実際のところ仕事は苦しいものであると言われているが，苦しさを忍耐することで価値ある人生を得ることができると信じている。仕事への満足は高いレベルのものに挑戦してこそ，と思ってきたが，豊かさの実感が得られないのが現在の日本の中高齢者の実態ではなかろうか。仕事を通じて豊かな人生を送り，実りある人生を全うすることが重要である。

　自分にとっての豊かさとは何か，自分は何に価値を置いているのか。自分自身に改めて問い直し確認する必要があるだろう。このことを明確に意識して考え抜いた末には，自分の好きな仕事を実行に移し，やり抜くことである。そのような基盤組織を企業が作り出すことである。

　60 歳定年時にいままでと同様の仕事をしたいという人の割合が，大企業の男性では僅か 20.4%，中小企業では 35.3% という割合である。一方女性は男

性と多少違っており，大企業で40%弱であり，中小企業では55%の割合で延長希望者がいる。筆者は雇用継続者がいないということはないと確信をしている。

定年後の雇用継続に対する希望は，1位には先に述べた仕事の内容で，男性67.2%，女性59.1%も自分の価値ある仕事を望んでいる。2位は労働時間・休日，3位は賃金で男性が35.1%，女性は30.1%である。しかし，小規模企業の従業員や役職経験なしの人，退職後も住宅ローンの支払義務があるものは賃金を重視する傾向にある。

雇用延長の問題点は賃金体系を別体系にするという企業が41.6%で，健康面への配慮が34.6%，作業能率低下の防止に関しては26.6%，ポスト不足等人事管理面での問題は17.8%で，企業にとってはそれほど問題点は多くは無い，という結果が出てきた[13]。

以上のことを考察すると，従業員の労働倫理は40歳前後の早い時期に，企業と従業員が適材適所を見つめなおす作業を怠ってはならないという結果になるのではなかろうか。その後45歳，50歳などの節目に管理者研修などにも取り入れ，申し入れしやすい窓口を作っておくことである。

5. 公的年金受給者が就業に与える影響

公的年金給付は中高齢者の就業意欲を抑制するという現象を引き起こしている。それというのも1983年のデータによると，公的年金受給資格のある中高齢者は，就業確率が15%も低下するという結果がでた。それは年金という非勤労所得によるもので，収入が得られるわけだから就労率を低下させるのは当然である。実際に家賃収入があり，親・兄弟からの仕送りがあると働かないということと同様である。

その上，給付に伴う収入制限があり，公的年金においては年金の受給資格を得てのちに収入を得ると年金が減額される。一定以上の収入になると全額未払いとなる。このため，公的年金受給資格者の中には働き続けようと思っていて

も，年金を受給したいので就業をあきらめたり，就労時間を抑制したりしているのである。

このことは長年培った専門能力を活かして本格的に就労すると，実質収入が多くなるので単純労働を選択するという可能性を秘めている。これは中高齢者の能力発揮においては，マイナスの影響があることを示唆している[14]。

このため，公的年金受給資格者の収入制限制度を撤廃すれば，より多くの労働が市場に提供されるので中高齢者の能力を活用促進することにもなるし，労働意欲に呼応することにも匹敵する。わが国の公的年金制度は再考の余地が十分あり，中高齢者の活用を量的にも質的にも低下させていることを認識する必要性がある。

これは若い世代の保険料の負担増を抑制しつつ，本当に年金が必要になった時点で尊厳ある引退生活が送れるよう年金給付水準を確保するという視点からも，70歳で受給開始としても良いのではなかろうか。就労の意思があり能力を有する中高齢者にはできるだけ働き続けてもらえる環境整備が早急に必要である。

以上のことを鑑みると，中立的制度設計にしておくのも一方法である。ということは年金を遅く受け取り始めれば給付額は多くなり，早く受け取り始めれば給付額は少なくなるという生涯受給年金総額が一定になるような年金制度設計にしておくことである。実はその制度は以前からあったが，現時点では日本の公的年金制度による給付が維持できなくなり崩壊の足音が聞こえてくる状況の中で，早めに受け取らないと年金制度そのものが喪失するのではなかろうかという危惧感を抱いているからである。公的年金受給者は焦り気味であり抜本的見直しが不可欠である。

それと共に公的年金の5,000万件の記載漏れが発覚したことは，国民の権利を無視した国家犯罪にまで及ぶ状況にまで深刻化してきている。社会保険庁は国民に記載漏れを届けるよう必死の呼びかけをしてはいるものの，国民の不信感は免れない事実として真摯に受け止めなければならない状況である。

6. 中高齢女性の雇用について

　先に述べた OECD（経済協力開発機構）の調査から判断しても，日本は中高齢女性の労働力率は 65 〜 74 歳までは世界で第 3 位である。中高齢者の男性以上に働く必要もあり，就労意欲も高い。女性のライフスタイルは子育てや，介護で仕事を中断することなどから，女性の賃金は概して低い。それがひいては中高齢女性の低年金，低資産に結びつき最後には人生の長い一人暮らしを余儀なくされる，という状況を作り出している。

　総務省の調査からも女性の就労意欲は，OECD と同様かなり高い。動機の第 1 位は男女とも「健康維持」だが，女性は「収入を得る必要」があり，その比率は男性 13.3％，女性は 20.1％とはるかに高い。月収は 5 万円〜 100 万円以上と幅が広く，平均 20 万円前後で年代による差はあまりない。臨時パートが多く，自営，自由業，正規雇用の順である。

　NPO の役員や，メンバーが新しい傾向として浮上する。職種はヘルパー，ケアマネージャー，看護師，薬剤師，医師など医療福祉系がトップである。次に教師などの専門職，販売，セールスと続く。就労の経緯は約 7 割が 60 歳定年までに培った仕事の継続である [15]。

　男女雇用機会均等法から 20 年，定年まで勤務する女性は増加傾向にある。自営業やカウンセラー，調査研究員へと女性の生涯にわたるキャリア形成の道筋は見えてきた。21 世紀は中高齢女性比率が高まり，2050 年には全人口の 1/ 4 に達する。この中高齢女性が専業主婦として家事などを引き継いでいるなら，やがて貧困な中高齢女性の大量輩出となる。

　中高齢女性の人口増加を考察すると，医療，介護，福祉系の仕事で活躍することは，日本社会の未来に必須の要件である。彼女達が未来を拓き，働く中高齢女性が日本を支え，「生涯現役社会」の構築のためにも実践してくれることを信じてやまない。

7.　生涯現役社会の構築のために

　生涯現役社会を実現するために企業の雇用制度の抜本的改革，さらに長い職業人生活を通じて労働市場を保障するシステムが重要になる。この改革を行うために定年退職制度や，募集，採用の年齢制限を見直すことである。何歳になっても専門能力により，その貢献度で賃金が支払われる，という制度が一番である。中高齢者の就業意欲や能力発揮を妨害しないような政策が重要である。

　過去の職種の経験は無視できないが，自らの人的投資が必要となり，専門能力を維持，向上させるために常に新しい技術や知識などの能力開発が必要となる。40歳からのキャリア・プランが重要となり，教育，訓練プログラムを充実させなければならない。そのために長期研修休暇も必要となるであろう。

　労働の意思と仕事能力のある中高齢者に就労を続行してもらうような「生涯現役社会」に移行させ，就業・雇用を促進するシステムへと制度を変革することである。日本社会は元来「和」の精神で人を大切に育成し，仕事を大事に，平等を尊ぶという伝統がある。これらの価値観で「生涯現役社会」を構築することが命題である[16]。

　現在，行政による雇用延長支援策として，職業能力開発を目的としたキャリア形成助成金，職業能力開発休暇給付金，長期教育訓練休暇制度導入奨励金，職業能力評価推進給付金，キャリア・コンサルティング推進給付金など，雇用延長を目的に各種の給付金が支給されている。これらを上手に活用して中高齢者の能力を発揮してもらい，労働倫理の概念による自己実現を勝ち取ってもらいたい。

8. 結 び

シモーヌ・ド・ボーヴォワールの大著『老い（下）』の中に，次の一節がある。

「老いがそれまでのわれわれの人生の哀れなパロディーでないようにするには，ただ一つの方法しかない。それはわれわれの人生に意義をあたえるような目的を追求しつづけることである。

それは個人，共同体，公共福祉などへの献身でもよいし，社会的あるいは政治的な仕事，知的，創造的な仕事でもよい。学者たちの忠告とは逆に，われわれは老いても強い情熱を持ち続けることを願うべきであり，そうした情熱こそわれわれがいたずらに過去を懐かしむことのないようにするのである。

われわれが愛や友情や義憤や同情をとおして，他者たちに価値をおくかぎり，人生は価値をもちつづける。その場合にこそ行動し，あるいは発言する理由が存続するのである。人はよく老年を『準備』せよと忠告する。

しかし，もしそれがただ金を貯蓄し，隠居所を選定し，趣味をつくっておくというようなことだけであるならば，いざその時期になったとき，大して役には立たないだろう。むしろ老後のことなどあまり考えずに，たとえあらゆる幻想が失われ，生命の熱気が冷めたのちにも，なおそれを守りつづけうるほど心を打ち込んだ，意義ある人生を生きるべきである。

ただ，そうした可能性はごく少数の特権者（恵まれた人々）にしか与えられていない。老年期においてこそ，これらの人々と最大多数の人間とのあいだの溝が，最も深くなるのである。…………

定年退職者は，たとえ健康と明晰な頭脳を保持している場合でも，あの恐るべき災い，倦怠のとりことなる。現実世界への足がかりを絶たれた彼は，新たな足がかりを見つけることができない。…………

すなわち，彼がそれまでの生涯を通じて常に人間として扱われていたのでなければならない，ということである。現役でなくなった構成員をどう処遇する

かによって，社会はその真の相貌をさらけ出す。すなわち，社会はそれまでも常に彼らを資材とみなしてきたのである。社会にとってはただ利得だけが大切なのであり，その「人道主義」なるものは単なるうわべにすぎないことを白状する。」[17]。

　以上のことから就労においては，今後，企業中心から個人中心に考慮することがますます重要となるであろう。働く意思と仕事能力のある意欲旺盛な中高齢者が，本格的に働く現役期間を延長し，引退期間を短縮することを自由裁量に任せることが重要である。

　つまり，社会体制や企業組織体制が万全でないと，老年期には幸福ではないのである。人は幸福になるために生まれてきた。80歳でも90歳でも快適に過ごせることができればどんなにか幸せであろう。

　生涯現役社会を築くには真に実践性を持った生きた教養によって，個人が自己の環境を把握する手段を持ち，その把握を通じて行う活動が，年月を経るにつれて成就し，更新されるならば，中高齢者は現役であることを辞めず，いつまでも有用で善良な市民であることを証明するであろう。真の教養は「老い」を追放したり，包含したりしながら「老い」を救済しなければならないという思想であろう。

　筆者が望んでいるのは，職業的能力と人間的能力を兼ね備えれば「人間力」に通ずるものがあり，明るく，心豊かな高齢社会が到来するのである。2050年頃になると貧困層の多くの人々は，医療や社会的・財政的サービスを受けられることが困難な格差社会となる。今後地球上の高齢者の処遇を巡って，国家間に大きな格差が見られるようになり混乱するであろう。その混乱を抑制する意味からも，日本がお手本を示さなければならない。

　中高齢者にとっての幸福とは何か。身体の健康，健全なる精神，経済の安定という三本柱を打ち立て，それぞれのバランスをうまく保ち，ケアしていくことである。日本に生まれ，日本で育ち，日本の土となることに感謝の念を抱き，昇天できたら本望である。

　人間は幸せになる為に生まれ，幸せになる為に生きている。それは世界平和にもつながり，日本の繁栄と安寧にも連動するものである。今日から「幸福の進化」を創造していこうではないか。

【引用文献】

(1) P.F. ドラッカー著, 上田惇生訳 (2002),『ネクスト・ソサエティ』ダイヤモンド社, p.4。
(2) 牧　正英 (1994),『高齢化社会と労働問題』恒星社厚生閣, p.1。
(3) 同上書, p.135。
(4) 清家　篤・山田篤裕 (2004),『高齢者就業の経済学』日本経済新聞社, pp.2-3。
(5) 西嶋　昭編著 (1985),『中高齢者規程と作り方』産業労働調査所, p.52。
(6) 同上書, p.52。
(7) 清家　篤・山田篤裕 (2004),『高齢者就業の経済学』日本経済新聞社, p.95。
(8) 牧　正夫 (1994),『高齢化社会と労働問題』恒星社厚生閣, p.7。
(9) OECD 編著, 清家　篤監訳, 山田篤裕・金明中訳 (2005),『高齢社会日本の雇用政策』明石書店, p.45。
(10) 牧　正英 (1994),『高齢化社会と労働問題』恒星社厚生閣, p.3。
(11) ダニエル・ピンク著, 玄田有史解説, 池村千秋訳 (2002),『フリーエージェント社会の到来』ダイヤモンド社, pp.70-71。
(12) 同上書, p.88。
(13) 野田　孝 (2001),『60 歳以上の社員はこんなにいいぞ』中径出版, pp.136-139。
(14) 清家　篤・山田篤裕 (2004),『高齢者就業の経済学』日本経済新聞社, p.97。
(15) 日経新聞, 平成 18 年 9 月 15 日付けを参照。
(16) 清家　篤・山田篤裕 (2004),『高齢者就業の経済学』日本経済新聞社, pp.217-224。
(17) シモーヌ・ド・ボーヴォワール (1972),『老い（下）』人文書院, pp.637-638。

（藤田紀美枝）

第 1 編

東アジアの観光・消費者・企業

第1章　第二次世界大戦後のアメリカ旅客航空運輸の変遷

【要旨】

　第二次世界大戦後の世界の航空運輸産業はアメリカの大手航空輸送企業（メジャー）が主導する国際提携グループへの集約化が進み，シカゴ・バミューダ体制の構築のもと，運輸権「空の5つの自由」が示されたなかでの寡占的競争が繰り広げられた。本章では，シカゴ・バミューダ体制からの寡占状況を経て，1970年代後半からのアメリカ政府・運輸省（DOT）による航空企業規制緩和法による航空自由化政策を振り返ることにより，それまでの枠組みでのアメリカの航空産業の限界から，ハブ・アンド・スポークシステム及びポイント・トゥ・ポイントシステムとCRSというイノベーションが航空自由化の中で進展し，自由で公正な競争をする状況が生まれていった過程を考察する。

【キーワード】：シカゴ・バミューダ体制，ディレギュレーション，
　　　　　　　　　オープンスカイ協定

1.　はじめに

　第二次世界大戦後の国際民間航空を実現させる法制度は，1944年シカゴ会議で締結された国際民間航空条約（以下シカゴ条約[1]）と，1946年バミューダでの米英航空協定（以下バミューダI[2]）によって成り立っており，シカゴ・バミューダ体制と呼ばれる。1919年に国際民間航空の運用に関するはじめての多国間条約としてパリ国際航空条約[3]が成立していたが[4]，これによって

確立された領空主権や国籍条項，安全に関する規定を盛り込んだ新たな取り決めとして 1944 年 12 月 7 日に採択（1947 年 4 月 4 日発効）されたのが，シカゴ条約である。

　第二次世界大戦後間もない 1947 年には，シカゴ条約の下で国際連合経済社会理事会の専門機関として国際民間航空機関（以下 ICAO [5]）を設立させて，加盟国会議の場において，航空機や航空関連施設にかかわる規則や技術的基準を策定し，これらの規則の世界的な統一及び標準化が図られることになったのである。また，1946 年 2 月 11 日にアメリカとイギリスの 2 ヵ国間で結ばれたバミューダ I は，それまで実効性のない協定であった国際航空運送協定を改善するものであった。運送形態を 5 つに分類し，それらを権利として交換し合う「運輸権」という重要な取り決めを 2 ヵ国間のみで結ぶことでより実効性の高いものとした [6]。この協定は，現在，世界各国で結ばれている 2 ヵ国間協定の原型となっている。

　シカゴ条約のもと国際線航空路線は運航されていたが，相手国と自国の二国間及び上空通過国との航空協定が必要となり，増便などを実施する場合，再度協定の変更のため合意が必要となり，その交渉には時間などが掛かっていた。しかし，1960 年代以降の経済のグローバル化に伴い市場の変化が早くなると，両国が合意して協定変更が出来たときには商機を逃すこともあった。そこで，アメリカでは 1970 年代から旅客航空運輸業における規制緩和の動きが現れ，1978 年に成立した航空企業規制緩和法 [7] により，路線設定，運賃を引き下げること，新規参入を自由化するなど，大規模な航空改革を作りあげることが可能になった。また，1995 年頃にはアメリカでオープンスカイ協定が提唱された [8]。これは航空会社が 2 ヵ国間あるいは，地域内の各国において空港の発着枠，航空路線，便数などを決められる航空協定の事である。オープンスカイ協定が締結されると路線は自国内地点，中間地点，相手国内地点及び以遠地点のいずれについても制限なく選択が可能であり，自由にルートを設定することができる。　また便数，参入企業（コードシェア）も基本的に制限は行わないなど行政による供給量の規制が殆ど無くなるため，航空会社の裁量による運航が

可能となり，利用者への利益が還元されるもので航空自由化協定とも呼ばれる。

　本章では，第二次大戦後のアメリカを中心とした旅客航空運輸業界の枠組みの成立から，1970 年代後半からの規制緩和，1990 年代からのオープンスカイ協定がもたらした新規格安航空会社参入等による旅客航空運輸の変遷について考察する。

2.　第二次世界大戦後の国際民間航空の枠組

　第二次世界大戦後の国際民間航空の枠組は，米英を軸につくられた「シカゴ＝バミューダ体制」と呼ばれており，その体制は国内航空産業の保護・育成などを目的とした保護主義であった。これは，第二次世界大戦の結果，超大国としての地位を確立し航空自由化を提唱したアメリカと，戦場と化し国土が疲弊したヨーロッパを代表し，規制を提唱したイギリスとの妥協で生まれたものであった。

　その成り立ちは第二次世界大戦末期，1944 年に連合国中心に 52 ヵ国がシカゴに集まり，戦後の国際民間航空のあり方について議論され，シカゴ条約が採択された。シカゴ条約では，領空通過や給油目的などの着陸を認める「国際通過協定」と，運輸権を規定した「国際航空運送協定」が作成された。その後，1945 年には国際航空運輸協会（以下 IATA [9]）が設立され民間の航空運輸業の方針や統一基準が整備され，1946 年に米英両国がバミューダ島にて二国間交渉を行い，それを条文化したバミューダ協定が締結された。この協定の主な内容は次の３つ

図表 1-1　運輸権，空の５つの自由

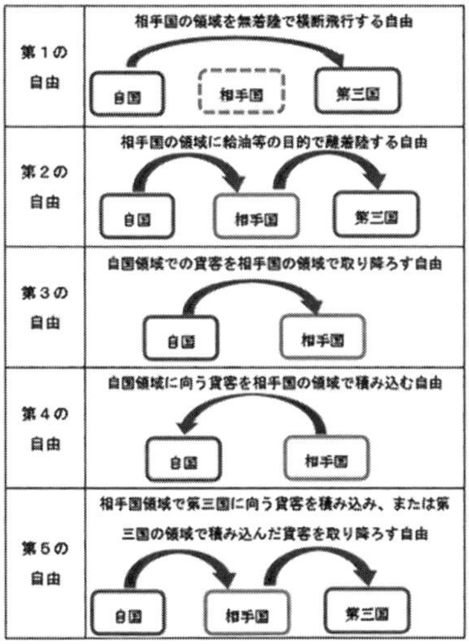

（出所）ANA 総合研究所編著『航空産業入門』東洋経済新報社，2012 年，p.24，図 2-1 をもとに筆者作成。

であった。

1）輸送力についての取り決め。

2）航空業務についての取り決め。

3）運賃・路線に関する 取り決め。

以後，この協定は国際民間航空の2国間協定のモデルとなった。なお，「シカゴ＝バミューダ体制」では，運輸権として空の5つの自由が規定されていた（図表1-1参照[10]）。そして，1947年にICAOが設立され，シカゴ条約批准国は自動的に加盟することになった。

また当時のアメリカでの国際線では，1938年にフランクリン・ルーズベルト大統領が当時アメリカの「国策航空会社」的存在であったパンアメリカン航空[11]のファン・トリップ会長のロビー活動を受けて設立したアメリカ民間航空委員会（以下CAB[12]）の決定により，国際線を運航できる航空会社が限られていた。さらに機内サービスやその運賃設定もCABと航空会社が一方的に決めていたこともあり，このような国際線のカルテル体制が他国に比べてより一層盤石なものとなっていた。

一方でアメリカの国内民間航空政策は，航空産業の新規参入は比較的容易であるものの，安全や機材に対する多額の投資が必要なこと，ある種公益事業であることなどを背景に，運賃や路線などに規制が設けられていた。CABによって，ほとんどの新規参入が禁止され，重要路線では強力に競争するのではなく2〜3社の穏健な競争が展開されるよう規制されていた。価格競争は最小限におさえられ，非価格分野での競争（機内サービス等）が中心だった。しかし，1970年代に入り，ジャンボ機の登場とともに空の大量輸送・大衆化時代に突入し，航空機への利用者の意識が身近になると，次第に航空運賃への不満が高まっていった。

1970年代初め，このCABによる規制の撤廃と競争の圧力がかかり，1975年までに，料金の値下げ，規制緩和が行われた[13]。1978年には航空路規制撤廃法が可決されるころには，自由参入と自由な運賃設定が可能になった。さらに，1983年までにCABも廃止された。この規制緩和の後，新規参入が相

次ぎ，価格の引下げも進んだ。さらにハブ・アンド・スポークシステムとコンピュータ発券予約システム（以下 CRS）[14] という2つのイノベーションも生み出された。

　ハブ・アンド・スポークシステムは発着場使用における既存企業の独占的利用によって，大手航空会社による高度に集中した寡占体制を可能にした。ハブ・アンド・スポークシステムとは，各方面からの旅客を主要空港（ハブ空港）に一旦集め，次の飛行機に乗り換えさせて，最終目的地の支線空港に運ぶというシステムである。また，ハブ空港間は大型機を投入して旅客を大量輸送することで規模の経済性を追求できる。

図表 1-2　ハブ・アンド・スポークシステム概念図

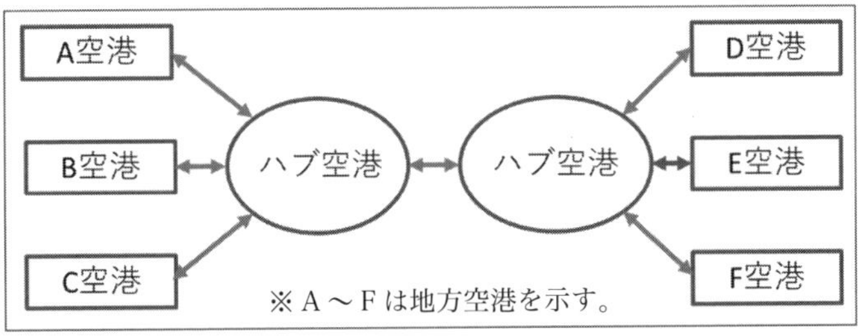

（出所）筆者作成。

3.　航空企業規制緩和法による航空自由化政策

　旅客航空運輸業の規制緩和を決定づけたのは，アメリカで 1978 年に成立した航空企業規制緩和法（以下ディレギュレーション）であった。航空企業規制緩和法により，路線設定，運賃を引き下げること，新規参入を自由化するなど，大規模な航空改革を作りあげることが可能になった。この出来事が格安航空会社（以下 LCC）のビジネスモデルが確立されるきっかけになったと考えられる。

　最初に規制緩和の対象となったのが航空路線の参入規制である。当時アメリカには多くの航空会社があったが，運航権は，以下の三つに分かれていた。

1）ある州内だけを運航する権利

2）州と州をまたいで運航する権利

3）アメリカ国内と海外を行き来するという権利

しかし，航空企業規制廃止法により，1981 年には参入規制の撤廃が実現し，1982 年には運賃の政府認可も必要なくなった。その後も国際航空企業の国内線参入許可などの規制緩和を積み重ね，1985 年には商業的な航空を規制するCAB が廃止され，完全な航空自由化が実現している。ただし，安全や保安については連邦航空局（以下 FAA [15]）が引き続き管理している。

4. アメリカのオープンスカイ協定

1990 年代に入って，ヨーロッパ諸国も顕著に航空自由化を目ざし始めた。この動きに注目したアメリカは，自由型二国間協定をさらに発展させ，ほぼすべての制限を排除した，新しい完全自由化型の二国間航空協定を締結するため，新航空政策である「オープンスカイ政策」を発表し，関係国と個別に交渉を開始した。アメリカの主張によれば，この政策は消費者の利益を保護するものであり，貿易の自由化を促進するうえで手段の自由化は必須であるという主張である。その結果，1992 年 9 月，アメリカとオランダとの間で，乗り入れ地点，輸送力，以遠権（特定路線上にある相手国の地点と，それ以遠の第三国の地点との間を運航する権利）の行使を航空企業の自由決定に委ねる初の本格的なオープンスカイ協定が誕生した。1995 年以降，アメリカは，カナダ，オーストリアなどの諸国と次々にオープンスカイ協定を締結していき，今日では約 100 ヵ国（2008 年時点）が関係する自由化航空協定へと発展している。

5. サウスウエスト航空のビジネスモデル

1971 年 6 月 18 日，ダラス・ヒューストン・サンアントニオの 3 都市を 1日 18 往復する航空会社として，サウスウエスト航空の運航が開始された。当

初，サウスウエスト航空はヒューストンではインターコンチネンタル空港に発着していたが，ヒューストンにはもうひとつ，ホビー空港が存在した。すでにホビー空港はすべての旅客航空会社が撤退していたが，市街地から近いことから，サウスウエスト航空が主なターゲットとするビジネス客には適した空港であった。1971年11月14日より試行的にホビー空港発着便を設定したところ，利用者数が急増したため，サウスウエスト航空は直ちにヒューストンでのすべての発着便をホビー空港に移した。都市部に近い第二空港に発着する手法は，その後LCCの成功の法則のひとつになっている。

　ディレギュレーション後，テキサス州内の航空会社として設立されたサウスウエスト航空も，テキサス州外への路線展開を行うことが可能になった。ここで，それまでのサウスウエスト航空の基本戦略であった「短距離を低運賃・高頻度運航」という方針を今後も続けるべきかどうか検討された結果，基本戦略を変更せずに事業の拡大を進めていくということになった。そこでヒューストンとニューオーリンズを結ぶ路線を開設し，続いてダラスからニューオーリンズの路線の開設申請を行ったが，他社の反対によるロビー活動に阻まれ[16]，最終的にラブフィールド空港からはテキサス州と隣接する州より遠い地点への路線開設ができないことになった。

　ここでサウスウエスト航空が打ち出した方針は，他社のように「ハブ・アンド・スポーク型」と呼ばれるネットワーク形態を構築せず，保有機材であるボーイング737の航続距離や収容力を最大限に活用し，2地点間の輸送に重点を置く「ポイント・トゥ・ポイント型（point to point）」の輸送に徹することであった。つまり，ある程度の集客が見込める短距離・中距離の路線を開設し，それらの路線を相互につなげてゆくことでネットワークを拡大する手法をとったのである。以下にその後に参入するLCC各社のビジネスモデルとなったサウスウエスト航空の経営戦略のポイントを挙げる。

　1）二次空港から短距離・低運賃便を飛ばし，ポイント・トゥ・ポイント戦略を行う。

　2）用機材を統一する。

3）コーポレート・アイデンティティ（CI）を確立する。

このことから，アメリカのLCC市場は，既存の大手企業がシェア拡大に重点を置く中，収益向上に重点を置いていることが分かる。二次空港を利用することにより，コスト削減，多頻度の運航が可能となり顧客に安心感を与えることとなり，顧客満足度が高まったのである。

6. 結 び

1978年に始まった規制緩和は既存の大手航空会社の倒産など当初は混乱が続いた[17]。これはこれまでの枠組みでのアメリカの航空産業に限界がでたと考えられる。航空産業の再編のために80〜90年代には前章で述べたハブ・アンド・スポークシステム及びポイント・トゥ・ポイントシステムとCRSというイノベーションが航空自由化の中で進展し，自由で公正な競争をする状況が生まれていった。そして，ハブ運行システムの構築に有利であった州内に多くの発着枠をもつサウスウエスト航空が，LCCとして急速に拡大していくのである。また，オープンスカイ協定は，航空会社の路線や便数，乗り入れ企業，運賃など，航空協定で決める規制を撤廃し自国の空港を広く開放することで，人・物の流通を促進し経済効果を高められるが，一方で自国の航空会社は厳しい国際競争に立ち向かうことになる。

このためLCC市場が航空会社にダメージを与える場合がある。例として，既存の航空会社が低コストでLCCに参入した場合，需要が伸びずに利潤が低下することもあり得る。この場合運賃を引き上げることで，さらに需要が減少し，最終的には撤退するという形もある。このようなLCCの撤退後大手航空会社は，利益を取り戻そうとするため，LCCが参入する前の価格よりも設定を高くしてしまう傾向にある。そして，それがさらに利用者を失うケースとなってしまうのである。

もう一つは，長距離のLCCの参入である。ノー・フリルサービスが売りのLCCが長距離路線に参入した理由に，機材がたくさんの燃料を使うのは離着

陸時であるので，安定飛行の距離が長いほど，距離あたりの費用が低下すると
いう点が挙げられる。それを表したのが図表 1-3 である[18]。　長距離になれば
なるほど，運賃が低下しているのがわかる。格安航空会社の幹線路線への参入
は，既存の大手航空会社にとっては脅威と言える。これまで幹線路線を独占し
ていた既存の大手航空会社にダメージを与えることがわかる。今後しばらくの
間は，既存大手航空会社と新規参入格安航空会社の経営統合再編は繰り返され
ることが予想される。

図表 1-3　路線距離と実勢運賃低減率

(円の大きさ〔面積〕は 2007 年度の各路線の年間旅客数の規模を表す)

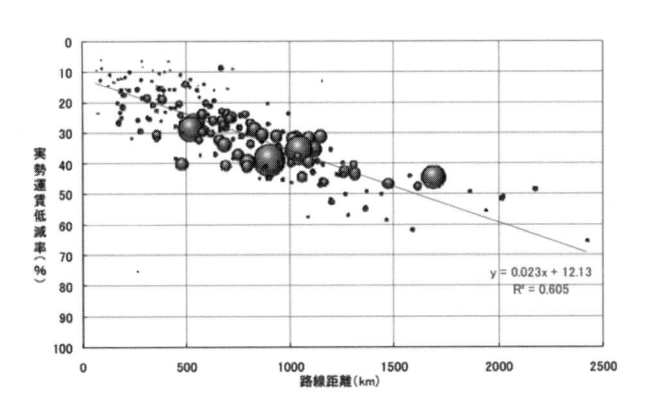

(出所) 丹生清輝「国土技術政策総合研究所資料国内航空の運賃
　　　に関する分析」2010 年 9 月，p.8，図 9 より転載。

【引用文献】
(1) 国際民間航空条約 (Convention on International Civil Aviation)，通称，シカゴ
　　条約。
(2) シカゴ会議では，航空業務に必要な事項を多数国間協定の形で締結することがで
　　きず，運輸権，運賃 (tariff)，輸送力等については，二国間航空協定で解決すること
　　になった。シカゴ会議では，各国が個別に締結する二国間航空協定をできるだけ統一
　　するために「暫定航空路線についての協定に関する標準形式」(シカゴ標準形式) が
　　作成され，二国間航空協定を作成する際の参考資料となった。しかし，シカゴ標準形
　　式では，権利の許与及び条件を定める条項，運賃条項及び輸送力条項については規定
　　が置かれず，各国の二国間航空協定に委ねられた。1946 年，それらの具体的な内容

を含んだ英米間の空協定（バミューダ I）が成立したことにより，その後は，このバミューダ I が世界の二国間航空協定のモデルとなった。

(3) パリ国際航空条約（Convention Relating to the Regulation of Aerial Navigation）は 1944 年のシカゴ条約（国際民間航空条約）により廃棄された。

(4) 1919 年のパリ条約は，国際航空における政治上の問題を解決するはじめての試みであり，国際民間航空機関（ICAO）の前身である国際航空委員会（ICAN）の後援により成立した。条約は基礎となる原則と規定を定めることにより，国によって異なる領空の観念と規制で生じる混乱を低減させようとした。

(5) 国際民間航空機関 ICAO（International Civil Aviation Organization）は，1946 年 4 月 4 日設立。シカゴ条約に基づき，国際民間航空に関する原則と技術を開発・制定し，その健全な発達を目的としている。

(6) 国際航空運送協定 IATA（International Air Transport Agreement）は，定期国際航空業務についての多数国間の協定で，1944 年 12 月 7 日署名，1945 年 2 月 8 日発効された。第 1 の自由：相手国の領域を無着陸で無害横断飛行する自由，第 2 の自由：相手国の領域に，給油，整備等の目的で離着陸する自由，第 3 の自由：自国領域内で積込んだ貨客を相手国の領域内で取りおろす自由，第 4 の自由：自国の領域に向かう貨客を相手国の領域内で積込む自由，第 5 の自由：相手国の領域内で第 3 国の領域に向かう貨客を積込み，又は第 3 国の領域で積込んだ貨客を取りおろす自由の五つの自由を定めているので「五つの自由の協定」とよばれる。

(7) 1978 年 8 月，カーター大統領政権下において「国際航空交渉の実施のために政策声明」が発表された。これは，国際航空分野においても，多様性，質，価格を決定するための競争に基づく制度を目指すものであった。そして，相手国にも米国内の自由乗り入れを与えた。この原則に基づいて作成されたのが，1978 年の米国モデル航空協定である。

(8) イギリスは，バミューダ I によって両国間に利益の不均衡が生じたとして，1976 年にバミューダ I を廃棄する旨をアメリカに通告した。その後，両国間で改正交渉が続けられ 1977 年 7 月 23 日にバミューダ II が発効した。バミューダ I では，特定路線に参入できる指定航空企業の数に制限を設け，輸送力については，バミューダ I の原則を維持しつつ，具体的基準として利用率を導入した。また，新規航空企業参入の際には，既存の航空企業の輸送力を制限することを可能にした。しかし，アメリカは，バミューダ II はアメリカの意に沿わないものであるとして，バミューダ II がバミューダ I に代わる新しい雛形になることを懸念した。そこで，アメリカは「1978 年モデル航空協定」を作成して，英国以外の国とバミューダ協定の改正交渉を開始した。しかし，その後，アメリカ航空業界の不振が続き，モデル航空協定による改正には消極的になった。1990 年代に入るとアメリカは，航空業界の体質強化と国際競争力の向上をめざす方針を発表し，再び「モデル・オープンスカイ協定」を作成して，既存の二国間航空協定の改正交渉に動き出した。

(9) 国際航空運輸協会 IATA（International Air Transport Association）は，1945 年 4 月 13 日設立。世界の航空会社で構成される業界団体で，航空会社の活動を支援し，

業界の方針や統一基準制定に寄与している。

(10)　ＡＮＡ総合研究所編著『航空産業入門』東洋経済新報社，2012 年，p.24，図 2-1 をもとに作成。

(11)　パンアメリカン航空は，1927 年 3 月 14 日に実業家グループによって設立された。最初はアメリカからキューバを結ぶ航空郵便から始め，その後カリブ海路線ならびに南アメリカを結ぶ国際線を運航し，1930 年代には路線網をヨーロッパやアジア太平洋地域をはじめとした世界各国へ拡大した。海外旅行の大衆化，低価格化が進んだ 1980 年代にかけて名実ともにアメリカのフラッグ・キャリアとして世界中に広範な路線網を広げていたが，1960 年代後半頃より世界的に海外旅行が大衆化し価格競争が激化する中，高コストの経営体質を改善できなかったことや，1970 年代にカーター政権下で導入された航空自由化政策「ディレギュレーション」の施行，その後の国内航空会社の買収の悪影響により次第に経営が悪化し，1991 年 12 月 4 日に会社破産し消滅した。

(12)　アメリカ民間航空委員会 CAB（Civil Aeronautics Board）は 1938 年設立，1985 年解散。

(13)　航空規制緩和政策が導入された大きな理由（動機）は次に挙げられることである。1970 年代に入って停滞色を強めていた経済を，規制緩和による競争の促進によって，インフレを抑制しつつ再活性化を図る。同時に，財政の健全化を図るために行政の効率化，官僚機構の縮小化を目指すという狙いがあった。したがって，運航分野の規制緩和は，航空分野だけでなく，自動車輸送や鉄道輸送を含む運輸業全般を対象にしたものだった。

(14)　コンピュータ発券予約システム CRS（Computer Reservations System）は，航空機などの座席を予約するためのコンピュータシステムである。

(15)　アメリカ連邦航空局 FAA（Federal Aviation Administration）は，アメリカの運輸省の下部機関で，航空輸送の安全維持を担当する部局。米国内での航空機の開発，製造，修理，運航の全ては，同局の承認無しには行えない。

(16)　サウスウエスト航空の申請に対して，新しい空港当局，フォートワース市，ブラニフ航空が猛烈に反対した。反対者の中にフォートワース選出の下院議員であるジム・ライトがいたことから，ロビー活動合戦が繰り広げられた。

(17)　1985 年 4 月 22 日，パンアメリカン航空は経営悪化により太平洋航路をユナイテッド航空に売却，1991 年 12 月 4 日，操業停止し 73 年の歴史を閉じた。

(18)　丹生清輝「国土技術政策総合研究所資料国内航空の運賃に関する分析」2010 年 9 月，p.8，図 9 より転載。

【参考文献】

〔1〕中村遥香（2015），「アメリカの航空市場の成長戦略 〜アジア・ヨーロッパの LCC 市場と比較して〜」『神戸国際大学学が丘論集』第 24 号。

〔2〕増井健一（1983），「国際航空における規制緩和政策―アメリカ国際航空政策史ノート」『三田商学研究』25 巻 6 号。

〔3〕丹生清輝 (2010),「国土技術政策総合研究所資料国内航空の運賃に関する分析」『国総研資料』No. 612。

〔4〕髙橋望 (2008),「最近の航空業界の動向と今後の課題」『関西大学商学論集』第53巻第4号。

〔5〕塩見英治 (2009),「米国による航空規制緩和・オープンスカイの展開と競争政策—国内市場と国際市場へ の影響と帰結」『経済理論』第46巻第2号。

(西嶋啓一郎)

第2章 「観光立国」における中国語教育対策
―受身表現の教授法を例として―

【要旨】

　2003年以後，日本は観光産業により経済発展を促すことを開始した。「観光立国」政策は，訪日外国人旅行者のビザ手続きの簡略化，訪日外国人旅行客に対する環境整備と観光ICT化をもたらした。増加する訪日外国人旅行者の中で，中国人の人数と消費額が最も多い。その中で，2015年頃から中国人訪日旅行の方向性と内容に変化が現れ始めた。しかしながら，この変化に現在の日本における中国語教育は対応できていない。そこで，本章では如何に中国人旅行客の観光目的の変化に対応し，「ものの考え方」を中心とした中国語教授法を行えば良いかについて「受身表現」の教授法を例に，筆者による日本人学習者の受身表現における誤用の心理的原因を基礎とした分析を行い，日本人学習者に中国人の「ものの考え方」を学ばせるという情景教授法を説明する。筆者自らの実際の授業において，この種の教授法の有効性は実証されている。

【キーワード】：観光立国，深度游（in-depth travel），中国語教育，
　　　　　　　　　受身表現

1. はじめに

(1)「観光立国」と中国人訪日旅行ブーム

　過去の日本の国際観光収支は不均衡という問題があった。日本人によるアウトバウンド支出が外国人によるインバウンドの収入を超えていたのである。こ

の問題を解決すべく，2003 年の観光立国関係閣僚会議において「観光立国行動計画」が発表された。これにより日本の観光立国に向けての発展戦略が掲げられ，正式に実行に移された。

2006 年，日本政府は「観光基本法」を修正し，「観光立国推進基本法」を打ち出し，これにより日本において初めて「観光」が「立国」のレベルまで押し上げられた。2007 年「観光立国推進基本計画 2007-2011」では日本政府主導による 5 年の観光業発展計画が決定した。これは「観光立国」に向けた具体的な施策の最初の一歩である。本計画の着実な実施のため，2008 年 10 月に日本政府は観光庁を設立し，2009 年には中国人の個人観光ビザ発給を開始した。

「観光立国行動計画」発表から 10 年後の 2013 年，観光立国推進閣僚会議は「観光立国実現に向けたアクション・プログラム」及び「日本再興戦略——Japan is Back」を閣議決定した。これにより「観光立国」は実現に向けて更なる飛躍を遂げた。

「観光立国」は 2013 年以降も安倍政権の地方振興政策の重要な政策の一部となり，実際に第二次安倍内閣発足以降，政府は絶えず訪日外国人旅行客の目標人数を更新した。2013 年，安倍政権は 2030 年訪日外国人客数 3,000 万人実現を掲げ，2014 年には 2020 年の目標を 2,000 万人とした。更に 2016 年には上述の目標を 2020 年に 4,000 万人，2030 年に 6,000 万人へと変更した。

「観光立国」政策がもたらした，大中華圏とくに中国大陸からの旅行者に対するビザ手続きの簡略化，訪日外国人旅行客に合わせた環境整備，そして観光 ICT（Information Communication Technology）化の推進などは全て十分な良い効果を得ている。2015 年の時点で日本は既に 2020 年の目標であった訪日外国人客数 2,000 万人を達成し，この年の外国人旅行者の消費額は 3 兆 5,000 億円であった。このとき中国人旅行客が一番多く全体の 25％を占め，消費額は 1.4 兆円であり，これは全体の消費額の 41％を占める。これからみると，「観光立国」の半分に近い経済効果は中国人によるものであることがわかる。

この中国人訪日旅行ブームは，大学などの教育機関の教育課程にも影響を及ぼした。2003 年以降，日中間が緊密になり，直接の経済関係が深まるにつれ，

全国の各教育機関は経済学科を中心としたものから，徐々に中国語教育の規模を大きくしていった。

2. 中国人訪日旅行ブームの変化と中国語教育

　しかしながら，「観光立国」による中国人訪日旅行ブームは，2015年頃から，その方向性と内容に変化が表れる。この変化はすぐには日本における中国語教育に体現されず，我々教育者は依然として2003年以来の，「中国語の単語の意味，使い方，語順，文法」を中心とする教育方法から変わっていない。言葉を言い換えれば，「ものの言い方」を中心とした教育理念のもと中国語を指導している。しかし，この中国人訪日旅行ブームの変化は，我々の今までの教育方法に対し新たな課題への挑戦を提起しているといえる。

　中国人の訪日旅行の変化をひと言で言うならば，それは即ち旅行目的の「もの」から「こと」への変化である。「観光立国」政策を制定したばかりの2006年前後，中国人の訪日旅行は日本政府主導による誘致策のもとでの産物であった。当時の中国人旅行客は団体客を中心としたものであり，これにかかわる日本の産業は基本的にホテル，航空会社，旅行会社などの「観光関連」企業に限られていた。

　2014年前後，「元高」と「中華圏経済の急成長」という二つの要因により，日本では「爆買い」という社会現象が発生した。このときの中国人旅行者の主要な経済的関係者は，上述の「観光関連」企業から「都市型小売業者」へと広がりを見せたが，後者は前者に比べ中国人旅行者に対応する言葉と文化の理解が十分ではなかった。彼らのこの不備に対する補完的な役割として，その多くの部分が中国語を母国語とする在日職員により解消された。そして，更なる不足の部分は，中国語の初級レベルの訓練を受けた日本語を母国語とする職員により補足された。

　「爆買い」を目的とする中国人訪日旅行者は，彼らの旅行目的は「もの」であるため，彼らが求める中国語によるサービスレベルは高くない。関係業者は，

ただ基本的に正確な「もの」の情報を伝えることさえ出来れば，中国人の訪日旅行のその目的は順調に達成できる。しかし，「爆買い」の状況は，2015年7～9月にピークを迎え，次第に沈静化の傾向を見せた。観光庁の調査によると，中国人の訪日の目的は既に単純な観光旅行や買い物から，日本特有の文化と生活を体験することへと変化した。

　座禅，和太鼓，盆栽，忍者・舞妓体験など文化体験の項目の中で，中国人が中国語によるサービスを望むのは「もの」の情報ではなく，文化活動を通じた交流における「情緒，雰囲気」である。観光庁による「訪日外国人観光客困りごとランキング」によっても，中国人旅行客の旅行に対する要求に変化が発生していることを側面から証明している。2014年のアンケート調査では，「最も困る」のが「無料の公衆無線LANが少ない」であった。しかし，2016年の調査では，「最も困る」のが「コミュニケーションが取れない」であった。わずか2年でアンケート調査の結果に変化が表れた原因は，無線LAN環境の大幅な改善ではなく，また観光業者のコミュニケーション能力の急な下降でもなく，それは訪日外国人旅行客，特にその大多数を占める中国人観光客と地元日本人とのコミュニケーションに対する要求の高まりであると考える。

　この訪日中国人旅行者の需要の変化は，観光関係業者に新たな付加価値への挑戦を促す。以前は主に中国語を母国語とする職員が担当する仕事に頼っていたが，現在においては，ただ彼らに責任を負わすだけでは不可能である。中国人客は日本の特色ある文化と生活を体験したがっており，さらに日本の文化を兼ね備えた日本語を母国語とする職員と交流することを望んでいる。よって，我々中国語教育者から言えば，如何にして中・上級学習者に文化的交流が出来る中国語を習得させるかが問題であり，これがまさに目前の任務である。

3.「ものの考え方」を中心とした教育対策

　文化的交流が出来る中国語とは何か。言うまでもなく，文法上の正確さだけでは不十分である。「情緒や雰囲気」を伝えるためには，学習者が使用する中

国語は中国人の習慣に適合している必要がある。教育を実践する中で，筆者は学習者が中国人の習慣に合わない中国語を使っているのは，往々にして言葉の背景にある「ものの考え方」を自覚していないことによるものだと考える。以下，日本人学習者の受身表現の場合を例に「ものの考え方」を中心とした教育対策を具体的に説明する。

中国語の受身表現は，表記のある受身表現と表記のない受身表現に分けられる。「被」字句は典型的な表記のある受身表現である。

筆者の教育経験では，日本人の学習者が中国語の受身表現で間違える問題について，形式的に5種類にまとめることができる。(1) 書き加え…「被」が必要ない受身表現に「被」を書き加える。(2) 書き漏れ…学習者が受身表現の運用時に受身表現を表す要素を書き漏らす。(3) 代替…不正確な要素が正確な要素に置き換えられている。(4) 語順の誤り (5) 語の使い方の誤り。

以上の (2)(3)(4)(5) はいずれも文法の誤りが明らかな誤文であり，学習者に対して文法のルールを説明した後は，誤文の回避は比較的容易である。

それに対して，(1) の場合は少し複雑である。中国語には表記の受身表現と無表記の受身表現の違いが文法的には厳格ではなく「被」を加えた文は明らかな誤文というほどではなく，ただ「中国人の習慣に合わない」ので，微妙な語義 (ニュアンス) を表現することが出来ない。日本人の学習者に発生する (1) の問題の主な原因は，やはり中国語で使われる日本人の「ものの考え方」である。

よって，日本語と中国語の背景にある「ものの考え方」の方向が不都合なく基本的に一致した段階になって，日本人の学習者が一般的に本場の受身表現を使用することができるといえる。

例えば，

①今天在电车里有人踩了我的脚。

②今天在电车里我的脚被人踩了。

③今日は電車で誰かが私の足を踏んだ。

④今日は電車で (私の) 足を人に踏まれた。

日本語の例文の中で，③は文法上間違いないが，不自然である。話者が被害

を受け強く関与している事態であるのに，中立的に事を述べている。それと比較すると④の話し方はもっと自然である。④の内部には，「私」の立場から「もの」を考える話者中心性と相手を批判する価値判断を付与する主観性という二つの特徴を持つ「考え方」がある。当然このような考え方を持っている日本人の学習者は，中国語を使うときには，ほとんどみな②を選択している。

中国語では，表記のある受身表現は思い通りにできない典型的な受身表現文の構造である。そのため日本人の学習者は日本式の思考の方法で「被」字句②を選択した場合，中国語では適切な受身表現の言葉で不快な気持ちが表現されており，これは中国人の習慣に合った本場の表現である。①は話者の不快な気持ちが表されていないので，②の自然さと生き生きした表現には及ばない。

しかし，受身表現の背後にある中国人と日本人の「ものの考え方」は常に方向が一致するわけではない。以下の例を見ていただきたい。

⑤我听说当时狗肉经常被当作牛肉卖。

⑥我听说当时经常把狗肉当作牛肉卖。

⑦聞くところによると，当時，犬の肉はよく牛肉とされて売っていたそうだ。

⑧聞くところによると，当時，よく犬の肉を牛肉として売っていたそうだ。

日本人学習者のほとんどは迷わず⑤を選択する。⑤は文法上間違いないが，中国人にとっては⑥が自然である。⑤は誤解とまではいかなくとも話の流れを失ってどこか不自然な表現である。

日本人学習者の選択が⑤を選択する原因は，日本語において⑦は⑧と比べて「落ち着いた表現」であるからだ。

日本人の話者は，噂の中で過去に起きたある種の「悪徳商売」を述べたとき，話者の中心性と主観的思考が特に意識せずに，自分の感情移入で犬の肉を売られた顧客になる一方で，まだ出現していない顧客の立場になって状況を説明する。しかしながら，中国語を話すとき，中国人はこのような心理を持っていない。前述のように「被」を表記する受身表現で常に表現されるのは，話者の思い通りにならない気持ちや不快な出来事との遭遇である。聞いた話で話者と関係のないことが，もし「被」字句で表現されても，聞き手には違和感が生まれ

る。よって，⑥の方が⑤より自然であったとしても日本人学習者は⑥の話し方を考えにくい。

　教える中で，私達は如何にして中・上級の中国語学習者に中国人の受身表現の背景にある「ものの考え方」を把握させ，それにより深い交流ができる本場の中国語が話せるようにさせるか。筆者の経験では，情景教授法（situational language teaching）が現在最も有効な方法だと考える。情景教授法は，具体的な場面を設定し，実物を用いて行う教授法である。受身表現の後に隠された意味と心理を把握させ，日本的思考の妨害から脱け出させることができる。

　教師は学習者が実際に見ることが出来る場面設定を利用して受身表現の教育を引き伸ばすことが可能である。

　例えば，教師が宅配便の段ボール箱を開けて学習者にこの段ボール箱の状況を述べさせる。⑨私が教室に入ると段ボール箱が開いているのを見た。⑩私が教室に入ると段ボール箱が開けられているのを見た。そして教師は表記のある受身表現⑩を作った学習者及び無表記の受身表現⑨を作った学習者を一緒にどの受身表現がより中国人の「ものの考え方」に適合するかを討論し，その理由をはっきると述べる。

　教師はこれを基礎に，受身表現のパターンとルールを説明し，日本語の受身表現と比較を行う。最後に学習者をグループ別に練習させる。グループ別練習では教師は学生に「財布がなくなった」「食堂の料理が値上がりした」などの彼らの生活の現象を述べさせる。これは日本語の中で受身表現を用いるべき文でも，中国語の中では「被」字句を使わず表現でき，さらにこのような状況では「被」を使わないのが「本場」の表現になる，ということを学習者に体得させることが出来る。このように，教師はその創造的なコミュニケーション環境において，受身表現の語用機能を際立たせ，学習者が受身表現で交流する能力を確実に向上させることができる。

4. 結 び

　中国人の訪日が「深度游（in-depth travel）」化するにしたがって，日本の各教育機関の旧来の「単語の意味，使い方，語順，文法」を中心とした中国語教育課程は，しだいに中国人旅行者と日本人が深く交流する中での需要に適応しなくなった。文法的に正しい文が，必ずしも深い交流に必要とされるコミュニケーションができるとは限らない。そのため，中上級の中国語の課程には，中国語の背後にある「ものの考え方」を習得してもらうパートを設定しなければならない。

　以上，本章では日本人学習者の受身表現の問題を通じて，彼らの使用する文法上は正しくても不自然な受身表現の原因が，彼ら日本人の「ものの考え方」による中国語であることを論じた。学習者は，情景教授法（situational language teaching）の中で繰り返しの訓練を経て，交流しながら中国語の背景にある「ものの考え方」を身につけることができ，彼らが使っている言葉の表現を理解することができる。

　受身表現だけではなく，上記の「ものの考え方」を中心とした教学法は，中上級の中国語課程の他の学習ポイントにも適用できる。例えば「给」の使い方，介詞「里」と「上」の区別などである。このような教授法を体系的に理論的に中・上級の中国語に応用した教育は筆者の今後の研究課題である。

　そして，この研究課題に取り組むことが，日本の観光立国政策を推し進める上で，中国語教育という側面からの一つのアプローチにもなるのではないだろうか。

【参考文献】
〔1〕永井知美　日本が本気で「観光立国」を目指すなら nippon.com http://www
　　nippon. com/ja/in-depth/a03703/　（最終検索日：2018 年 8 月 15 日）
〔2〕日本政府官邸　『第 2 回明日の日本を支える観光ビジョン構想会議』議事要旨，
　　2016 年 3 月 20 日，http://www.kantei.go.jp/jp/singi/kanko_vision/dai2/gijiyousi.

pdf　（最終検索日：2018 年 8 月 15 日）

〔3〕観光庁「訪日外国人消費動向調査」http://www.mlit.go.jp/kankocho/siryou/
toukei/syouhityousa.html　（最終検索日 :2018 年 8 月 15 日）

〔4〕観光庁「第 3 回 中国人の爆買いはいつまで続くのか？」http://www.mlit.go.jp/
common/000225644.pdf#search（最終検索日 :2018 年 8 月 15 日）

〔5〕観光庁,「訪日外国人旅行者の国内における受入環境整備に関するアンケート」結果,
https://www.mlit.go.jp/common/001171594.pdf(最終検索日 :2018 年 8 月 15 日)

（張博・小椋吾郎）

第3章　日本におけるバリアフリー観光の現況と課題

【要旨】

　バリアフリーという言葉は，段差の解消に関する建築用語として使われ始めたものであるが，最近では高齢者や障害者にとって使いにくい製品やシステムの改善を目指す様々な場面で用いられるようになっている。本章で扱うバリアフリーとは，鉄道，バス等の交通機関の施設や，旅館，ホテル等の観光産業施設における障害者，高齢者等に対するバリアフリーである。

　2020年には東京オリンピック・パラリンピックの開催を控えており，高齢者や障害者，外国人を含め，数多くの観光者の訪問が想定されるために，誰でも気軽に旅行できるようにする「バリアフリー観光」の動きが広がっている。このような背景の下，日本では，高齢者や障害者，外国人を含め，誰もが旅行を楽しめるようなバリアフリー観光を推進していくことが求められ，観光地のバリアフリー化はますます重要になっている。アジア諸国の中で，日本のバリアフリー観光は最も発展しているが，その不足点はまだまだあり，特に観光地におけるバリアフリーの整備が遅れている状況にある。

　本章では，日本におけるバリアフリー観光の現況を論述し，今後のバリアフリー観光の課題を提起する。

【キーワード】：バリアフリー，バリアフリー観光，高齢者，障害者，観光地

1. はじめに

「旅がしたい」という欲求は，すべての人にある。それは決して若者や健康な人だけの特権ではなく，小さな子供から高齢者，そして障害のあるなしにかかわらず，同じはずである。現在盛んに「バリアフリー」，「ユニバーサルデザイン」といった言葉がもてはやされているが，旅についての情報やきっかけがなかなかなく，旅をあきらめている高齢者や障害を持つ人は少なくない。

バリアフリーという言葉は，段差の解消等に関する建築用語として使われ始めたものであるが，最近では，高齢者や障害者にとって使いにくい製品やシステムの改善を目指す様々な場面で用いられるようになっている。本章で扱うバリアフリーとは，鉄道，バス等の交通機関の施設や，旅館，ホテル等の観光産業施設における障害者や高齢者等に対するバリアフリーである。

日本では今後，団塊の世代を中心に高齢者の増加による高齢化の進展を背景に，高齢旅行者の増加が見込まれている。一方でバリアフリー化が進むと，身体的障害を持つ人々の旅への欲求も増すことが考えられる。これらの人々の欲求に答えるべく，観光産業にはハード・ソフト両面にわたる受入体制の整備が求められている。

総務省統計局のデータによると，日本では65歳以上の高齢者人口は3,384万人（平成27年9月15日現在推計）で，総人口に占める割合は26.7%となった。前年（3,295万人，25.9%）と比べると，89万人，0.8ポイント増と大きく増加しており，人口，割合共に過去最高となった。また，80歳以上の人口は1,002万人（同7.9%）で，前年と比べ38万人，0.3ポイント増となり，初めて1,000万人を超えた。

このように日本は急速な高齢化が進む一方で，障害者の自立と社会参加の重要性も高まり，人々の安全かつ円滑な移動を推進する公共交通機関等のサービスの充実が緊急の課題となってきた。現在，日本の観光地の動向でいえば，岐阜県高山市のように，車道と歩道の間に段差のない道路のバリアフリー化が進

んでいるところもある。一方で，鉄道駅での階段や，市電，バス等公共交通の
バリアフリー化の充実が求められている。車いすを利用したままでも利用が容
易なバスやノンステップバスの普及が考えられる。日本はアジアの中ではバリ
アフリー化が進んでいる方だが，寺社等の木造建築は重要文化財に指定されて
いるために修築が難しく，人気のある観光地でもバリアフリー化が進んでいる
とは言えない。このため，高齢者や障害者の希望に見合った旅行行程を検討す
ることが困難な場合が多い。誰でも楽しめる旅行にするためには，旅行先や観
光地がバリアフリーになっていなければならない。

　2020 年の東京五輪・パラリンピックを控え，高齢者や障害者らが気軽に旅
行できるようにする「バリアフリー観光」の動きが広がっている。受け入れ体
制を整える地域が増え，バリアフリー化の改装に取り組む宿泊施設や観光施設
も目立ち始めた。高齢者や障害者等，足腰に不安を抱える観光客が急増してお
り，バリアフリー化が商機につながるという見方が広がっていることも背景に
ある。観光地のバリアフリーはますます重要になっている。

2.　バリアフリー観光における高齢者・障害者のバリア

　第二次世界大戦後，医学の進歩によって，疾病，事故，戦争等による障害者
の生存率が高まる一方，リハビリテーションの社会心理的側面，物的環境，補
助器具の質の向上等が障害者のニーズに追い付かず，トータルなリハビリテー
ションの達成が狙まれて，障害者問題が顕在化してきた。このような背景の
中，先進諸国は，1960 年代から障害者配慮設計に関する基準化の動きを開始
した。アメリカでは，全米建築基準協会 ANSI が 1961 年に世界で最も早く，「身
体障害者にアクセスしやすく使用しやすい建築や施設設備等に関するアメリカ
基準の仕様書（American National Standard Specifications for Making Buildings
and Facilities Accessible to, and Usable by, the Physically Handicapped）」が成
文化された。その後，1963 年にイギリスでは「Accessible for the disabled
to Buildings」が，1965 年にカナダでは「Buildings Standards for the

Handicapped 」が成文化された。1974 年に国連専門家会議報告書である「バ
リアフリーデザイン」が出版されてから，バリアフリーという言葉が一般的に
使われるようになった。

　日本では，バリアフリーデザインは 1950 年代に建築環境において身体障害
者を狙むバリアを取り除く運動として始まった。初期の建築，道路，交通環境
等は障害者が利用できないことが大きな問題で，障害者に対するバリアを取り
除くことに重点が置かれていた。そのバリアとは，物的デザイン，情報，制度，
意識等の四つの障壁であった。

　このような経緯から，バリアフリーデザインとは，障害を持つ人の社会参加
を狙んでいる障壁（バリア）を取り除く設計のことを言う。これに対してユニ
バーサルデザインは高齢者，障害者といった区分を超えて，はじめから誰にで
も使用しやすいデザインを目指すことを意味し，観光地では，バリアフリー観
光という言葉が出てきた。

　バリアフリー観光における高齢者・障害者のバリアは，大きく四つに分ける
ことができる。それは，物理的なバリア，制度的なバリア，文化・情報面での
バリアおよび意識上のバリアである。

図表 3-1　バリアフリー観光における高齢者・障害者のバリアの分類

種類	概要と具体例（障害者に関わる問題を中心として）
物理的な バリア	**〔概要〕** 道路・公共交通機関・建築物等において，利用者に移動面での困難もたらす物理的 な障壁のこと。車いす利用者や杖利用者等の歩行困難者，身体機能の低下した高 齢者，ベビーカーの利用者，妊婦，内部障害者，難患者等にとって，移動の際の障 壁となっている。 **〔具体例〕** ［道路上のバリア］歩道の段差，路上の放置自転車，電柱，歩道橋，ガードレールで 仕切られた狭い歩道等 ［公共交通機関のバリア］ 乗降口に段差のある車両構造のバス，鉄道・地下鉄等の駅の狭い改札口，ホームま での階段等 ［その他のバリア］ 建物の出入り口の段差や回転ドア，車いすに座ったままでは届かない公衆電話や自 動販売機，狭い公衆トイレ

制度的な バリア	**(概 要)** 法令・制度等の存在によって障害者が機会の均等を奪われている構造のこと。能力以前の段階で入学，就職，資格取得等の機会が与えられないというケースを生み出している。 **(具体例)** ［資格制度・入試制度等のバリア］ 資格制度，大学等の入試制度，就職・任用試験等における，障害を理由とした欠格事由等 ［その他のバリア］ 知的障害者や痴呆性老人に対する禁治産宣告。公営住宅への重度障害者の単身入居制限。視覚障害者が盲導犬と一緒には入れないレストラン，スーパーマーケット等の施設。
文化・ 情報面で のバリア	**(概 要)** 情報を入手する際に困難をもたらす構造のこと。これは，情報障害者といわれる視覚障害者・聴覚障害者・知的障害者等にとって，安全で自立した生活を送る際の障壁になっている。視覚障害者は全盲と弱視者に，聴覚障害者はろう者と難聴者に分けてバリアを考える必要がある。また，中途失明者，中途難聴者の場合のバリアも分けて考える必要がある。 **(具体例)** ［視覚障害者にとってのバリア］ 一般の人が日常生活の中で専ら視覚に頼っている時計の時刻表示や家電機器の操作，新聞，交差点の信号等の情報，タッチパネル式の ATM（現金自動預け払い機）や電化製品等 ［聴覚障害者にとってのバリア］ 音声言語コミュニケーションにおける困難，字幕の無い放送音。鉄道駅・車内におけるアナウンス情報。音による緊急時の警報・警告等。 ［知的障害者にとってのバリア］ 分かり難い案内や言葉
意識上の バリア	**(概 要)** 社会の中にある心の壁のこと。障害のある人が社会参加しようとした時の最も大きな問題となる **(具体例)** ［無知や無関心による偏見と差別の障害者観］ この障害者観の下では，障害者を社会にとって役に立たない，迷惑な存在とし，好奇心の目で，ときには嫌悪の目で見ることになる。犯罪を精神障害者と短絡的に結びつける発想，地域の中に障害者施設を建設しようとすると起きる反対運動等 ［憐れみ，同情の障害者観］ 障害者を庇護すべき存在と考え，優越的な立場から不幸な障害者のための何かをしてあげようとする姿勢。障害者が人間として当たり前の要求，権利を主張する際の「障害者のくせに」という態度。

（出所）筆者作成。

　バリアフリー観光で重要なことは，第一に観光商品をできるだけ多くの人が利用できるようにバリアフリー化することであり，第二に観光地への公共交通のターミナルや車両をバリアフリー化することであり，第三に観光地の街並みや宿泊施設等をバリアフリー化することである。

3.　日本におけるバリアフリー観光の現況

　現在325万人と推計されている身体障害者も，今後の高齢化と相まって，その数は増加することが予測されている。2020年の東京五輪・パラリンピックを控え，高齢者や障害者が気軽に旅行できるようにする「バリアフリー観光」の動きが広がっている。バリアフリー化の促進に向けて，国レベルでは，「ハートビル法」（1994年），「交通バリアフリー法」（2000年），「バリアフリー法」（2006年）等が制定され，制度面では一定の成果を見たと言われている。そして，2018年5月に新バリアフリー法が改正され，公布された。

　バリアフリー観光においては，旅行会社を中心に高齢者・障害者が旅行しやすい環境が整いつつある。また，移動・交通に関しても，交通バリアフリー法の制定等を受けて，公共交通事業者は対応を図り，旅客施設や車両はバリアフリー化されている。

　その一方で，観光地サイドにおいては，一部に岐阜県高山市等の先進的な事例があるものの，依然として多くの観光地では未だバリアフリー化は進んでいない。国土交通省の調査によると，2017年時点では，バリアフリー法に基づき，公共施設や駅がある地区のバリアフリー化を重点的に進める基本構想を作成している全国の市区町村は，17％しかないことが分かった。未作成の自治体の多くは，予算やノウハウの不足を原因として挙げていた。

　岐阜県高山市は，バリアフリー都市として日本で第一歩を踏み出している。高山市は2017年現在高齢化率が約20パーセントと高く，観光客のためだけではなく，市民のためのバリアフリー都市として取り組んでいる。高山市の観光地と言えば，上三之町をはじめとする古い町並みであり，お店に入るまでの

段差はなく，車いすでも安心して入ることができるようになっている。しかし，一部の店には厚い板がスロープになっていて入りにくいところがあり，古い町並みという景観を崩さずにバリアフリーに取り組むことは難しいようである。

図表 3-2　公共交通施設や建築物のバリアフリー化の現況及び設備目標

施　設		2015 年度末 （現況）	2020 年度までの目標
鉄軌道	鉄軌道駅	86%	3,000 人以上を原則 100%
	ホームドア	65 路線，665 駅	約 800 駅
	鉄軌道車両	65%	70%
バス	バスターミナル	90%	3,000 人以上を原則 100%
	ノンステップバス	50%	70%
	リフト付きバス	6%	25%
船舶	旅客船ターミナル	100%	3,000 人以上を原則 100%
	旅客船	37%	約 50%
航空	航空旅客ターミナル	86%	3,000 人以上を原則 100%
	飛行機	90%	90%
タクシー	福祉タクシー車両	15,026 台	約 28,000 台
道路	重点整備地区内の主要な生活関連経路を構成する道路	85%	原則 100%
都市公園	移動等円滑化園路	49%	60%
	駐車場	44%	60%
	便所	34%	45%
路外駐車場	特定路外駐車場	58%	70%
建築物	2,000㎡以上の特別特定建築物の総ストック	55%	60%
信号機等	主要な生活関連経路を構成する道路に設置している信号機	98%	原則 100%

（出所）国土交通省総合政策バリアフリーホームページより。

　ホテル，旅館等の宿泊施設のバリアフリー推進に向け，国土交通省は全客室を対象にした設計指針を改定した。高齢者や障害者が快適に過ごせるように浴室やトイレの入り口では段差をなくした上，幅を 80 センチ以上確保することや，字幕放送対応テレビを導入することが挙げられている。バリアフリー法に基づく国の基準では，客室が 50 室以上ある宿泊施設は車いす用客室を 1 室以上設けることが義務付けられている。専用客室は車いすが転回するスペースが

いるため，一般客室の 1.4 倍の広さが必要あり，運営者側にとっては，一般客室数を一定程度確保しながら，車いす用客室を数多く設置するのが難しいケースも少なくない。国土交通省は，一般客室でも一定のバリアフリーに対応できるように指針を改定した。この新指針は 2017 年度以降に新築したり増改築したりする宿泊施設を対象として，「客室のバリアフリー化を進め，多くの人が快適に利用できる宿泊環境の整備を促す」と規定した。ソフト面では，例えば鹿児島市は誰もが鹿児島観光を快適に楽しめるように，電話でアドバイスする「鹿児島バリアフリー相談センター」を 2014 年 7 月から始動させた。センターは車いす等の介助が必要な人や乳幼児連れの家族等の旅行者に応じて，無料で旅の提案をする。センターでは，宿泊施設や飲食店の従業員に対する勉強会や研修会も担当する。

　現在，日本におけるバリアフリーの現況は，他のアジアの各国よりも発展しているが，依然として厳しい状況にある。今後の課題としては，旅館等の小規模な民間の施設においては，人によるサービスのノウハウを蓄積し，そして外国語を含む情報発信力を充実しなければならない。

4.　日本におけるバリアフリー観光の課題

　ユニバーサルデザイン 2020 関係閣僚会議（2017 年 2 月）で決定された「ユニバーサルデザイン 2020 行動計画」において，東京オリンピック・パラリンピックに向けた重点的なバリアフリー化とともに，日本全国のバリアフリー水準の底上げを目指すこととなっている。

　高齢者数や障害者数が増加傾向にある中で，障害者権利条約締結（2015 年）を踏まえ，また東京オリンピック・パラリンピックの開催を契機として，共生社会や一億総活躍社会の実現に対する期待が高まっている。さらに，視覚障害者のホーム転落事故の発生等により，ハードとソフトの両面からのバリアフリー対策が急務となっている。高齢化の急速な進行の中で，21 世紀の観光地には，まさにこれに対応した変化が求められている。特にその観光地が個人客・

グループ客をメインターゲットとするならば，今後の市場性等を勘案しても，高齢者・障害者への対応を図るために，バリアフリー化への取り組みは必要不可欠である。

日本におけるバリアフリー観光の面から言えば，今後の課題について，以下のようにまとめることができる。

・高齢者，障害者等の社会参画の拡大を推進する。

高齢化社会に観光地として生き残るためには，まずバリアフリー法の適用対象事業者の拡大を検討しなければならない。バリアフリー化をまちづくりの観点で捉え，一部の人だけでなく，高齢者，障害者等の社会参画の拡大も推進しなければならない。

・バリアフリーのまちづくりに向けた地域連携を強化する。

コストの問題も含めて，皆が理解・納得できる施策を展開していくことが重要である。施設間の乗り継ぎにおいて不便を感じるケースも多く，連携が必ずしも十分でない。地域の関係者の連携を促進し，バリアフリーのまちづくりを推進しなければならない。

・ハード・ソフトの両面が一体となった取り組みを推進する。

ハード面の設備のバリアフリーは空港や鉄道駅で進んでいるが，今後はソフト面での対応も重要になっている。ソフト面では，宿泊施設，旅行代理店，鉄道駅等での従業員の対応は，以前よりは障害者に対する応対が良くなってきている。しかし，介護者費用に関する公的補助の対象者は制度の改正により広がった一方で，利用者負担は逆に増えており，利用者にとっては逆にバリアができてしまったと受け取られている。

5.　結　び

日本は超高齢社会に突入し，そして「障害を理由とする差別の解消の推進に関する法律」の制定により，より一層のバリアフリー化が求められている。また，2020 年には東京オリンピック・パラリンピックの開催を控えており，海

外からも障害者も含め多くの観光者の訪問が想定される。このような状況に対し，日本では，高齢者や障害者を含め，誰もが旅行を楽しめるようなバリアフリー観光を推進していくことが求められている。アジア諸国の中で，日本のバリアフリー観光は最も発展しているが，その不足点はまだまだある。今後の課題として，高齢者，障害者等の社会参画の拡大，バリアフリーのまちづくりに向けた地域連携の強化，ハード・ソフトの両面が一体となった取り組みの推進等の三つの課題が残されている。

【参考文献】

〔1〕社団法人日本観光協会（1995），『すべての人の旅行促進にむけて（概要版）』。
〔2〕社団法人日本観光協会（1995），『すべての人の旅行促進にむけて（概要版）』。
〔3〕佐野正（1995），『障害者旅行ハンドブック』学苑社。
〔4〕斉場三十四（1999），『バリアフリー社会の創造』明石書店。
〔5〕一色清（2002），『観光学が分かる』朝日新聞社。
〔6〕山本誠（2003），『モニターが創ったバリアフリーのまち』。
〔7〕鈴木浩明（2003），『バリアフリー時代の心理・福祉工学』ナカニシヤ出版。
〔8〕秋山哲男・清水政司・伊澤岬・江守 央・松原悟朗（2010），『観光のユニバーサルデザイン— 歴史都市と世界遺産のバリアフリー』。
〔9〕中子富貴子（2011），「観光の権利化とバリアフリー・ツーリズム」『日本福祉のまちづくり学会—福祉のまちづくり研究』。
〔10〕高萩徳宗（2011），『バリアフリーの旅を創る』。
〔11〕国土交通省「交通バリアフリー法に基づく基本構想作成予定調査」2012 年 6 月。
〔12〕中邑賢龍・福島智（2012）『バリアフリー・コンフリクト：争われる身体と共生のゆくえ』。
〔13〕国立社会保障・人口問題研究所「日本の将来推計人口（2015 年 1 月推計）」。
〔14〕内閣府「平成 27 年版障害者白書」。
〔15〕総務省「人口統計月報（2017 年 6 月 1 日現在）（確定値）」。
〔16〕安楽玲子（2018），『住まいで「老活」』。
〔17〕国土交通省総合政策バリアフリーホームページ。

（王新然）

第4章　台湾観光ホテルの経営戦略

【要旨】

　2015 年から台湾では中国からの観光客が減少している。台湾交通部観光局によると，観光客向けホテルの昨年の客室稼働率は前年比で 2〜5% 下落している。しかし，台湾では 2018 年までに 47 のホテルがニューオープンする予定であることもあり，台湾のホテル業界では競争が激しくなることが予想されるので，今後安定的かつ継続的な成長を遂げるためには，ホテル側が適切な経営戦略を策定・実施することが不可欠となる。本章では台湾観光ホテルの経営戦略と競争因子の間にどのような関係があるかを分析した。分析結果によれば，経営戦略は企業属性，競争相手，競争戦略および企業収益性との間にやや相関関係があることや，経営戦略は競争戦略に影響を及ぼすこと，などが判明した。

【キーワード】：観光ホテル，経営戦略，競争戦略，競争優位

1.　はじめに

　台湾は 2008 年に中国大陸からの旅行を解禁した。2010 年は訪台旅客の総数が初めて 500 万人を突破した。2011 年の時点で，すでに 24.24 億米ドル，2,600 億円相当の観光消費額で，台湾 GDP の 5.26% を占めた。今後も旅客は増え続ける見通しであり，台湾観光局は「今後 5 年間で 1 千万人以上に増加する」との予測を示している。

　しかし，2015 年から台湾では中国からの観光客が減少している。台湾交通部観光局によると，観光客向けホテルの昨年の客室稼働率は前年比で 2〜5%

下落している。台湾では 2018 年までに 47 のホテルがニューオープンする予定であることもあり，台湾のホテル関係者の間では「台湾のホテル業界には2〜3年後に淘汰の波が押し寄せるだろう。高級ホテルが増える一方で，平均的な所は減ることになる」と予想されている。

　台湾のホテル業界では競争が激しくなることが予想されるので，今後安定的かつ継続的な成長を遂げるためには，ホテル側が適切な経営戦略を策定・実施することが不可欠となる。ここに台湾観光ホテルの経営戦略を研究する意義がある。

2. ホテルの経営戦略と価格戦略に関する先行研究の整理

(1) ホテルの経営戦略に関する先行研究の整理

　「バランスト・スコアカード」は，Kaplan and Norton (1992) [1] により紹介された。Kaplan and Norton (1992) では業績測定システムとして位置づけられているが，後に Kaplan and Norton (1993) [2] ではマネジメント・システムとして紹介されている。①「財務の視点 (financial perspective)」，②「顧客の視点 (customer perspective)」，③「社内ビジネスの視点 (internal business perspective)」または「社内ビジネス・プロセスの視点 (internal business process perspective)」，④「イノベーションと学習の視点 (innovation and learning perspective)」または「学習と成長の視点 (learning and growth perspective)」という4つの視点を基本的枠組みの構成要素とし，後述する「戦略マップ」とともに用いることで「ビジョンと戦略の効果的な策定と実行を確保」し，「経営の品質向上に資するなどの経営目的に役立てられる戦略的マネジメント・システム」である（櫻井 2009) [3]。

　さらに，「戦略マップ」については，Kaplan and Norton (2000) [4] により，「戦略とプロセスを伝達するツール，そしてその実行を助けるシステム」として，また，「バランスト・スコアカードに記入された項目を記入し，因果関係を示すリンク上にはめ込み，期待する成果とそれをもたらす要因とがわかりやすく結びつけられている」として紹介された。この「戦略マップ」の実例として，

鈴木（2011）[5]は，統計的手法による分析の結果として描いた「都市近郊型リゾートホテルの収益性向上プログラム」におけるバランスト・スコアカードと戦略マップを示した。

Heskett et al. (1994) [6]によれば，「サービス・プロフィット・チェーン」とは，「収益性，顧客のロイヤリティ，社員の満足，従業員のロイヤリティ，そして生産性のそれぞれを関係づけるものである」。

これら先行研究において示した3つ（バランスト・スコアカード、戦略マップおよびサービス・プロフィット・チェーン）の構成要素には，多くの類似性を見ることができる。そこでこれら3つを参考にしつつ作成した，ホテル産業における戦略マップを，次に示すことにする。

ホテル産業を含むサービス業の特徴として，①生産物が無形であること，②生産と消費の同時性と生産物の品質の事後測定が不可能であること，③生産物が生産者自身の要因の影響を受けやすいという3点を挙げることができる（清水,2001）[7]。これらの特徴により清水（2001）は，サービス業においては「マネジメントコントロール・システムを構築するのが難しい」としつつも，顧客満足を獲得するためには「顧客と直接接する従業員に焦点を合わせて，顧客の満足を企業の競争的優位に確実に組み込んでいくためのマネジメントコントロール・システムを構築することが不可欠」としている。また，櫻井（2009）[8]は「組織目的の達成のために，資源を効果的かつ効率的に取得・利用することを経営者が確保するプロセス」とする「マネジメント・コントロール」のための仕組み（システム）構築が必要だと指摘している。

（2）ホテルの価格戦略に関する先行研究の整理

ホテルの客室部門の収益を拡大するために，客室料金設定は重要な要素といえる。そして，各ホテル企業としては，できるだけディスカウントすることなく（つまり安売りや値引きをすることなく），適切な価格，すなわち適切な収益と利益を獲得できる価格で，自ホテルを利用してもらいたいと思うであろう。

Ziqiong et al. (2011) [9]は，ホテルの客室料金の決定要因について，イン

ターネット上のいわゆるクチコミサイトにおける，旅行経験に関する顧客の証言や評価のデータ（2009年のデータ）を用い，米国ニューヨークにある243のホテルについて調査した。 まず，対象とするホテル全体について，ホテルのクオリティーに関する公式な指標値としての「ホテルのクラス」（いわゆる星の数）（"hotel class,as an official indicator of hotel quality"）が，最も客室料金の決定要因として重要であることを明らかにしている。さらに，客室クオリティー（room quality）とロケーション（location）の両方が，客室料金に著しい影響を及ぼすことを示している。その一方で，清潔さ（cleanliness）が客室料金の決定要因として，統計的には有意な値を示さなかったことを明らかにしている。

また，客室料金に関する別の視点として，大島（2011）[10]は客室料金の定価（ラックレート）の設定について，投資資金回収の視点で論じている。ホテル経営がビジネスでありボランティア活動ではない以上，どのようなビジネス環境（いわゆる内部環境，外部環境とも）におかれるとしても利益を獲得することは必須といえる。

また，ホテル建築やリノベーションのために資金を借り入れるのであれば，その借入金の返済も必須であり，ホテル企業はその返済の元手となるキャッシュをホテルビジネスから獲得する必要がある。この点で投資資金回収という着眼が不可欠であるというのである。

さらに，井上（2008）[11]は，価格政策が「利益決定の最も重要なファクターの1つ」と指摘しつつも，ホテルの客室部門のように変動費率の低いビジネスにおける料金設定に際し，「原価プラス価格決定法」では，原価と料金（すなわち販売価格）との直接的な関連性や明確性がないことを指摘している。そして，マーケット志向の価格設定が重要であることを示しつつ，実態として，原価プラス価格決定法や目標利益率基準価格法が基礎にあり，それらに加えてマーケット志向の価格設定方法によって調整が行われるという点を明らかにしている。

これらの先行研究（Ziqiong et al (2011)，大島（2011），井上（2008））から，ホテルの客室価格の決定方法として，視点の違いや着眼点の違いにより，様々

な方法と勘案すべき要素があることがわかる。例えば，Ziqiong et al（2011）
による調査結果として明らかになった「便利なロケーション」という要素は，
井上（2008）のいうマーケット志向の価格決定方法と関連する重要な要素と
いえるだろう。すなわち，「便利なロケーション」というとき，その便利さは
ホテル企業側にとってのものだけではなく，マーケットたる顧客側によって知
覚される便利さであり，このことからロケーションという1つの要素を抽出
するだけでも，マーケット志向の価格設定が可能であり，かつ必要であること
がわかる。

　さらに，単にマーケット志向の価格設定のみに注目するのではなく，企業ま
たはビジネスとしての視点として欠かすことができないと大島（2011）が指
摘した投資資金回収の視点も必要であるといえる。

　Kimes S.E.（2009）[12] ではこの点について，「ペイ・ワット・ユー・ウォ
ント」方式は売り手が価格決定権を買い手に完全に委譲することによって，
貨幣市場的関係性（money-market relationship）から，社会市場的関係性（social
market relationship）に変えてしまうため，買い手は支払わなくてもよいのに
支払ってしまうという仮説を設定している。すなわち，「ペイ・ワット・ユー・
ウォント」方式においては，価格という形である製品の価値あるいは効用が
数量的に捉えられる貨幣市場的関係性ではなく，互恵，共有，配分といった
事柄に関わる社会的な交換基準に従って行動する社会市場的関係性に変わっ
てしまうため，買い手が支払わなくてもよいのに支払ってしまう利他的思考
が働くと考えている。

3.　台湾観光ホテルの経営戦略に関するアンケート調査

(1)　　分析モデルと仮説

図表 4-1　台湾観光ホテルの競争力因子関係図

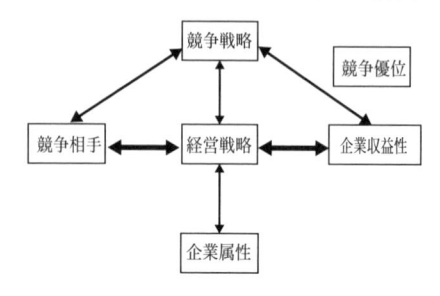

（出所）筆者作成。

仮説

1．企業属性と経営戦略の間には明らかな相関関係がある。

2．競争相手と経営戦略の間には明らかな相関関係がある。

3．経営戦略と競争戦略の間には明らかな相関関係がある。

4．経営戦略と企業収益性の間には明らかな相関関係がある。

5．経営戦略は競争戦略に影響を与える。

（2）アンケート調査の概要

アンケート調査票の提出　　2013 年 8 月 31 日

アンケート調査票の中国語（繁体字）翻訳

アンケート調査票・封筒・依頼状等の印刷・校正　　2013 年 9 月

アンケート調査の時期　　2013 年 10 月～11 月

アンケートの回収状況　配布数　252 社

　　　　　　　　　　　回収数　114 社

　　　　　　　　　　　無効回答　14 社

　　　　　　　　　　　有効回答　100 社

(3) 経営戦略に関する質問項目

図表 4-2 経営戦略に関する質問項目

1	貴社の所属産業は経営戦略の選択に影響を及ぼしている。
2	貴社の業種は経営戦略の選択に影響を及ぼしている。
3	貴社の経営戦略は現地市場志向戦略である。
4	貴社の経営戦略は現地市場プラス海外市場志向戦略である。
5	貴社の経営戦略はグローバル市場志向戦略である。
6	貴社の現地事業戦略は競争戦略に影響を及ぼしている。
7	貴社の競争の基本戦略はコスト・リーダーシップ戦略である。
8	貴社の競争の基本戦略は差別化戦略である。
9	貴社の競争の基本戦略は集中戦略である。
10	貴社の主要な競争優位の内容は価格である。
11	貴社の主要な競争優位の内容はサービスの品質である。
12	貴社の主要な競争相手は現地系企業である。
13	貴社の主要な競争相手は現地のアジア系企業である。
14	貴社の主要な競争相手は現地の日系企業である。
15	企業の収益性を決定する主な要因は同業者間の敵対関係である。
16	企業の収益性を決定する主な要因は買い手の交渉力である。
17	企業の収益性を決定する主な要因は売り手の交渉力である。

（出所）筆者作成。

(4) 質問項目の分類

企業属性

1. 貴社の所属産業は経営戦略の選択に影響を及ぼしている。
2. 貴社の業種は経営戦略の選択に影響を及ぼしている。

経営戦略

3. 貴社の経営戦略は現地市場志向戦略である。
4. 貴社の経営戦略は現地市場プラス海外市場志向戦略である。
5. 貴社の経営戦略はグローバル市場志向戦略である。
6. 貴社の現地事業戦略は競争戦略に影響を及ぼしている。

競争戦略

7. 貴社の競争の基本戦略はコスト・リーダーシップ戦略である。

8. 貴社の競争の基本戦略は差別化戦略である。

9. 貴社の競争の基本戦略は集中戦略である。

競争優位

10. 貴社の主要な競争優位の内容は価格である。

11. 貴社の主要な競争優位の内容はサービスの品質である。

競争相手

12. 貴社の主要な競争相手は現地系企業である。

13. 貴社の主要な競争相手は現地のアジア系企業である。

14. 貴社の主要な競争相手は現地の日系企業である。

企業収益性

15. 企業の収益性を決定する主な要因は同業者間の敵対関係である。

16. 企業の収益性を決定する主な要因は買い手の交渉力である。

17. 企業の収益性を決定する主な要因は売り手の交渉力である。

4. SPSS による分析結果

(1) 相関係数の判定方法と相関分析の結果

図表 4-3　相関係数の判定方法

相関係数R	関係性
0.2 未満	ない
0.2 以上 0.5 未満	ほとんどない
0.5 以上 0.7 未満	ややある
0.7 以上 0.9 未満	ある
0.9 以上 1 未満	きわめて高い

（出所）筆者作成。

図表 4-4　企業属性と経営戦略の相関関係

変数		経営戦略
企業属性	A　Pearson相関 有意確率(両側)	.538 .000***
	B　Pearson相関 有意確率(両側)	.523 .000***

(出所) 筆者作成。

仮説1. 企業属性と経営戦略の間にはやや相関関係がある。

図表 4-5　競争相手と経営戦略の相関関係

変数		経営戦略
競争相手	L　Pearson相関 有意確率(両側)	.697 .000***
	M　Pearson相関 有意確率(両側)	.552 .000***
	N　Pearson相関 有意確率(両側)	.691 .000***

(出所) 筆者作成。

仮説2. 競争相手と経営戦略の間にはやや相関関係がある。

図表 4-6　経営戦略と競争戦略の相関関係

変数		経営戦略
競争戦略	G　Pearson相関 有意確率(両側)	.542 .000***
	H　Pearson相関 有意確率(両側)	.667 .000***
	I　Pearson相関 有意確率(両側)	.610 .000***

(出所) 筆者作成。

仮説3. 経営戦略と競争戦略の間にはやや相関関係がある。

図表 4-7　経営戦略と企業収益性の相関関係

変数		経営戦略
企業収益性	O　Pearson相関 有意確率(両側)	.442 .000***
	P　Pearson相関 有意確率(両側)	.523 .000***
	Q　Pearson相関 有意確率(両側)	.670 .000***

（出所）筆者作成。

仮説4.　経営戦略と企業収益性の間にはやや相関関係がある。

（2）回帰分析の結果

図表 4-8　経営戦略の競争戦略への影響

予測変数	B予測値	標準誤差	標準化 回帰係数 (β)	$t_値$	有意確率 P値
（定数）	.784	.063	.531	4.552	.000***
G	.596	.049	.653	5.320	.000***
H	.492	.061	.729	4.440	.000***
I	.636	.055	.337	2.664	.000***
F値=91.337					
R²= .698					

（出所）筆者作成。

仮説5.　経営戦略は競争戦略に影響を与える。

（3）仮説検証の結果

図表 4-9　仮説検証の結果

仮説	結果
1.　企業属性と経営戦略には相関関係がある。	△
2.　競争相手と経営戦略には相関関係がある。	△
3.　経営戦略と競争戦略には相関関係がある。	△
4.　経営戦略と企業収益性には相関関係がある。	△
5.　経営戦略は競争戦略に影響を与える。	○

（出所）筆者作成。（注）△部分的に成立。○成立。

5．結　び

　台湾観光ホテルの経営戦略に関する先行研究には定性的な研究が多く，定量的な研究が極めて少なかった。本章では台湾観光ホテルの経営戦略に関するアンケート調査による定量的な分析を行った。

　本章では台湾観光ホテルの経営戦略と競争因子の間にどのような関係があるかを分析した。分析結果によれば，経営戦略は企業属性，競争相手，競争戦略および企業収益性との間にやや相関関係があることや，経営戦略は競争戦略に影響を及ぼすこと，などが判明した。

【引用文献】

(1) Kaplan, R.S. and Norton, D.P. (1992), "The Balanced Scorecard – Measures that Drive Performance", *Harvard Business Review*, Vol.70, No.1, Jan.-Feb., Harvard Business School Press.(本田圭子 訳(1992)「新しい経営指標"バランスド・スコアカード"」『DIAMOND ハーバード・ビジネス』Vol.17, No.3,1992 年 5 月号，ダイヤモンド社，pp.81-90。)

(2) Kaplan, R. S. and Norton, D. P. (1993), "Putting the Balanced Scorecard to Work", *Harvard Business Review*, Vol.71, No.5, Sep.-Oct., Harvard Business School Press. (鈴木一功・森本博行訳 (1994)「戦略バランスト・スコアカードによる企業変革」『DIAMOND ハーバード・ビジネス』Vol.19, No.1,1993 年 1 月号，ダイヤモンド社，pp.94-109。)

(3) 櫻井通晴 (2009),『管理会計〔第四版〕』同文舘，pp.34-35。

(4) Kaplan, R. S. and Norton, D. P. (2000), "Having Trouble with Your Strategy? Then Map It", *Harvard Business Review*, Sept.-Oct., 2000, Harvard Business School Press. (伊藤嘉博監訳，村井章子訳 (2001)「有形資産の効率性と無形資産の価値を高めるバランスト・スコアカードの実践ツール：「ストラテジー・マップ」『ダイヤモンド・ハーバード・ビジネス・レビュー』Vol.26, No.2, 2011 年 2 月号，ダイヤモンド社，pp.28-41。)

(5) 鈴木研一 (2011),「中期利益計画とバランスト・スコアカード」浅田孝幸・頼誠・鈴木研一・中川優・佐々木郁子 (2011)『管理会計・入門〔第 3 版〕』有斐閣，pp.28-30。

(6)Heskett, J. L., Jones, T. O., Loveman, G. W., Sasser, W. E. And Schlesinger, L. A. (1994), "Putting the Service-Profit Chain to Work", *Harvard Business Review* (March - April), Harvard Business Publishing. (小野譲司 訳 (1994),「サービ ス・

プロフィット・チェーンの実践法」『Diamond Harvard Business』1994 年 6-7 月号, ダイヤモンド社, pp.44-47。)

(7) 清水孝 (2001),『経営競争力を強化する戦略管理会計』中央経済社, pp.21-26。

(8) 櫻井通晴 (2009),『管理会計〔第四版〕』同文舘, pp.30-35。

(9) Ziqiong Zhang and Qiang Ye (2011), "Determinants of Hotel room price: An exploration of travelers hierarchy of accommodation needs", *International Journal of Contemporary Hospitality Management*, Vol. 23. No,7, pp.972-981.

(10) 大島正克 (2011),「ホテル産業における客室料金設定に関する一研究 - 投資資金回収の観点から -」『経営論集』第 47 巻第 1 号, pp.3-35, 亜細亜大学経営学会。

(11) 井上博文 (2008),「ホスピタリティ産業における価格決定法に関する一考察」『観光学研究』第 7 号, pp.1-ll, 東洋大学国際地域学部。

(12) Kimes, S.E. (2009), "Hotel Revenue Management in an Economic Downturn: Results of an International Study", Cornell Hospitality Report, Vol.9, No.12, Cornell University School of Hotel Administration, pp.47-56.

【参考文献】

〔1〕山村順次 (1990),『観光地域論』古今書院。

〔2〕Pearce,D.G (1995), "Tourism today:A Geographical Analysis, second edition" (内藤嘉昭訳 (2001),『現代観光地理学』明石書店)。

〔3〕西岡久雄編 (1996),『観光と地域開発』内外出版。

〔4〕鶴田英一 (2000),「ホテルの立地展開と稼働率」『経済地理学年報』第 46 巻第 4 号。

〔5〕Barney,J.B (2002), "Gaining and Sustaining Competitive Advantage, second edition", (岡田正大訳 (2003),『企業戦略論』ダイヤモンド社)。

〔6〕井上博文 (2008),「ホスピタリティ産業における価格決定法に関する一考察」「観光学研究」第 7 号。

〔7〕The Hotel Association of New York City.Inc. (2006), "Uniform System of Accounts for the Lodging Industry",10th Revised Edition. American Hotel & Lodging Educational Institute. (山口祐司・金子良太訳 . 大塚宗春監修 (2009),「米国ホテル会計基準 II」税務経理協会)。

〔8〕大島正克 (2011),「ホテル産業における客室料金設定に関する一研究 - 投資資金回収の観点から -」「経営論集」第 47 巻第 1 号。

〔9〕徳江順一郎 (2013),『ホテルと旅館の事業展開』創成社。

(李　蹊・原口俊道)

第5章　マーケティングにおける消費者行動

【要旨】

　マーケティングの概念は，時代の変遷に伴い，絶えず変化しそのあり方は発展し続けている。AMA の定義の変化を確認してみると，マクロ的視点の導入，営利企業だけでなく非営利組織活動を含む概念への拡大，さらには社会的概念の領域にまで拡張されたことが先行研究の文献整理から伺える。また，マーケティング研究のスタンスの変遷として，生産指向的マーケティングにはじまり，消費者志向的マーケティングへと移行し，消費者行動は企業が行うマーケティング活動の重要な要素となり，消費者ニーズに適応した市場細分化戦略が必要となった。

【キーワード】：マーケティング，消費者行動，市場細分化戦略

1.　はじめに

　マーケティングは，20 世紀初頭にアメリカで誕生した経営実践ないしそれを基盤とした学問であり，その具体的なあり方は社会経済構造の変化とともに絶えず革新し続けている [1]。

　マーケティングの定義についてみてみると，統一された定義はなく，マーケティングの定義は，マーケティングの展開過程においてそれぞれ異なっており，機関や学者によっても様々である [2]。本章では，マーケティング研究の経緯について先行研究の整理を行い，マーケティングの概念，消費者志向に至るまでのマーケティングのスタンスの変遷，マーケティングと消費者行動の関連性

について考察する。

2. マーケティングの概念

AMA（American Marketing Association）の前身である全国マーケティング教師協会において 1935 年に最初に公開された定義によると，「マーケティングとは生産から消費にいたる商品やサービスの流れに携るビジネス活動である。」とされており，これについて岩永忠康（2015）は「この定義はマーケティングを経済活動としてマクロ的視点から規定している [3]」と述べている。

第二次世界大戦後，1948 年に AMA の定義は「マーケティングとは生産者から消費者あるいは利用者にいたるまでの商品およびサービスの流れを方向づける種々のビジネス活動の遂行である」と規定し，1960 年に若干の修正が行われたが，この修正について岩永忠康（2015）は，「この定義は，マーケティングを企業活動としてミクロ的視点から規定している [4]」とされ，さらにマクロ的視点が導入されたという点で変化している。

2007 年の定義になると，「マーケティングとは，顧客，依頼人，パートナー，社会全体にとって価値のある提供物を創造・伝達・配達・交換するための活動であり，一連の制度，そしてプロセスである [5]」となり，この変化について「この定義は，実施主体を顧客・依頼人・パートナー・さらに社会全体まで拡大し，価値ある提供物を創造・伝達・交換する活動として社会的概念の領域にまで広がっている。この定義もまた，マーケティングを社会的概念にまで拡張した概念として規定している。[6]」とマーケティング概念が拡張したことに注目されている。

資本主義が自由競争段階から独占状態になり，生産者の生産能力が高められる反面で消費力は増大しないという状況下で，相対的に狭隘化した市場で市場を確保・拡張するために，販売を自己の経営問題としてこれを解決するために展開する手法としてマーケティングが必要とされた [7]。

技術革新による生産力の増大と購買力の相対的低下といった市場問題の解決を志向する企業戦略としてマーケティングが登場したとされている [8]。技術

革新の急速な進展は生産力の増大に伴う過剰生産の矛盾が発生し，その結果，この問題の解決を流通過程，つまり販売の領域における最重要事項として取り上げることになる[9]。

　マーケティングにおいて最初に重要視された戦略は価格の引き下げ競争であったが，その後は価格以外の新製品開発競争，広告競争，ブランド競争などの非価格競争へと移行し，この非価格競争が実行可能なのは豊富な資金力や高度な技術を備えた大企業においてのみである[10]。このような寡占経済体制のもとでは，大企業の独占的地位がいっそう強化されてしまうため，競争形態の変化を背景に，市場シェアの獲得，市場支配の技術としてマーケティングが重要視されてきた[11]。

　さらに，Kelly はマーケティングを「マーケティングは，顧客の満足できる商品もしくはサービスの流れから消費にいたる商品ならびにサービスの流れを開発し，移転するために必要とされるビジネスの課業を含んでいる[12]」と定義し，Macarthy は「マーケティングは，顧客を満足させるため，また企業の目的を達成するため，生産者から消費者もしくは使用者に製品もしくはサービスの流れを指向する経営活動の遂行である[13]」と定義している。

　これは経済成長に伴うマーケティング機能の重点の変化，企業における経営理念の変化，消費者志向もしくはマーケティング志向の企業経営の導入によるものである[14]。

3.　マーケティング研究のスタンスの変遷

　マーケティング研究のスタンスは，塩田静雄（2002）によると，消費者志向的マーケティングにいたるまでのプロセスを三段階に分け，生産志向的マーケティング，販売志向的マーケティング，消費者志向的マーケティングの3つに分類される[15]。近年においては，環境問題に直面した社会志向的マーケティングおよび戦略的マーケティングやリレーションシップ・マーケティングと複雑多様化してきている。

(1) 生産志向的マーケティング

　生産志向的マーケティングは，世界大恐慌前のアメリカにおいて一般的なマーケティングの特徴であったとされている[16]。

　製造業においては生産を販売に優先して，商業においては仕入れを販売に優先して考えるというマーケティングのあり方であり，消費者ニーズや需要を全く無視した生産中心のマーケティングである。これは，需要が生産を上回っていて，いわゆる売り手市場の状況という特徴によるものである。

　Kotler は，生産志向のマーケティング理念が妥当するための条件として，1. ある製品の需要が供給を超過している場合，2. 生産コストを低減させることで，需要を喚起することができる場合の二つであるとしている[17]。

　また，Peattie は，「生産志向とは顧客が基本的に価格に敏感であると信じることである。そのマーケティングの目的は，生産量を増加させ，単位コストを引き下げるために製品を効率的に作り，広く流通させることであろう」と説明している[18]。

　つまり，経営者は，ビジネスの中で生産を最も重要な機能として位置づけ，消費者の購買時における最大の関心事が価格にあるという信念に基づいて，安い製品を大量に生産することに最大の経営目標を置いていた点に特徴がある[19]。

　生産を最優先させる生産志向の代表的な事例として，ヘンリー・フォードによる T 型モデルの開発が挙げられてきた。

　コトラーは，生産志向をさらに 2 つに分け，生産志向と製品志向に分けて分類している[20]。生産志向と製品志向の相違点は，製品志向の企業が，製品の品質改良を重視した経営を行っているのに対して，生産志向が生産効率の改善を重視する経営を行っているという点をあげている[21]。

　ピーティーは，製品志向の企業の目的が「マーケティング活動は製品の開発と改良および品質の維持に焦点を当てる」ことを主要な目的と述べている[22]。

(2) 販売志向的マーケティング

　販売志向的マーケティングは世界大恐慌後のマーケティングにみられる。そ

れは，消費者需要を上回る生産過剰，市場の飽和化，販売経路の狭隘化がおこり，まず最初に販売を考え，次にそのために必要な商品を生産もしくは仕入れるというマーケティングのあり方である[23]。

　前段階の生産志向的マーケティングにおいてみられた経営者的観点に立った販売から消費者観点を組み込んだ販売活動に転換したという点に大きな特徴がみられる。つまり，「生産志向的マーケティングと異なる点は，消費者の需要調査が行われ，その結果，販売活動に取り入れようとする意図がうかがわれる点である。[24]」

　しかし，まだ企業志向的な高圧的販売活動，例えば広告中心のマーケティングが行われており[25]，アフターサービスの責任問題には関心が払われていなかった[26]。

(3) 消費者志向的マーケティング

　消費者志向的マーケティングは，第二次大戦後のアメリカのマーケティングの特徴がみられる[27]。

　ここでは，消費者を出発としたマーケティングのあり方・考え方を検討し，消費者ニーズを反映したマーケティングを展開していった[28]。前段階の販売志向的マーケティングと比較して，その領域が拡大され，マーケティング調査（消費者調査）は，消費者ニーズ，消費者需要，消費者行動，市場状況などの情報収集・分析などを通じて消費者研究を中核としたマーケティングフレームワーク（枠組み）の構築に寄与してきたといえる[29]。

(4) 社会志向的マーケティング

　1950年代の後半以降，環境問題に直面し新しい視点が出現し，その一つが，1960年代末頃からあらわれたソーシャル・マーケティングであるといえよう[30]。

　Dalrympleは，「問題は，マーケティング・コンセプトが，短期的な消費者の欲求（大型の乗用車や洗剤の欲求）の満足化と長期的な消費者の福祉に対するニーズ（すなわちクリーンな水やエネルギーの保全）を区別しなかったことにある。

あまりにも短期的な需要に迎合しすぎたために，長期的な消費者の福祉が無視されてきた」と述べている[31]。

大須賀明（2000）によると，「消費者志向は消費者の短期的欲求満足化に専念しすぎ，消費者や社会の長期的な利益を等閑視してしまったものと思われる[32]」と述べている。

消費者志向的マーケティングに代わるマーケティング視点が必要になってくると，コトラーはそれをソサイエタルマーケティング・コンセプトと命名し，「組織の仕事は，顧客を引きつけ，維持する鍵として欲求の満足を創造するばかりでなく，個人や社会の長期的なベネフィットを創造するように，ターゲット市場に奉仕することである[33]」と述べており，これについて岩永忠康（2015）によると，「ソーシャル・マーケティングは，マネジリアル・マーケティングの反省と調和を図りながら社会性を強調するものである[34]」とされている。

つまり，社会志向的マーケティングは，消費者志向の欠点を修正し，長期的な社会利益の視点を加えたものであるということになる[35]。

さらに，1990年代になると，従来のマネジリアル・マーケティングあるいは戦略的マーケティング[36]とともに，新たなリレーションシップ・マーケティング（関係性マーケティング）が台頭してきた[37]。

消費者が成熟化し，受け身の消費者から能動的な多様なライフスタイルを築こうという消費者に対して，顧客志向であってもこれまでのように企業から消費者への一方向的な関わり方では限界がみえ，企業は消費者の生活の中での商品の利用や消費の意味をこれまで以上に知るために，顧客との双方向的なコミュニケーションの必要性が指摘され始めている[38]。顧客を新規に獲得するよりも顧客との長期的に良好な関係づくりをいかにして行うかに関心が集まっている[39]。

4. マネジリアル・マーケティング

マーケティングは，大規模・寡占企業の市場問題の対応策から始まり，非営利企業への拡大解釈など，多くの事業・組織でマーケティングの理念や経営ノ

ウハウが取り入れられ，いわゆるマネジリアル・マーケティングとして実践されている[40]。

　マネジリアル・マーケティングのフレームワーク(枠組み)は，ハワードやマッカーシーによって一応確立されたといわれている[41]。

(1) ハワードのモデル

　ハワードのマネジリアル・マーケティング体系（フレームワーク）には，具体的に消費者がこの体系の中心に位置づけられていない。消費者に対する認識は十分にあったと考えられるが，顕在的には消費者志向的なマーケティング体系の確立とはいえない[42]。

　まだ消費者志向的なマーケティング理念を明確に組み込んではいないが，マネジリアルな観点によって貫かれているところに最も大きな特徴を見出すことができる[43]。

(2) マッカーシーのモデル

　マッカーシーは，ハワードに組み込まれていなかった消費者を，マネジリアル・マーケティングのフレームワークの中心に位置づけ，消費者志向的な観点を貫いたマーケティング体系を確立した[44]。つまり，「マーケティング活動は製品またはサービスを市場に提供することによって，特定消費者集団の人々を満足させるために遂行されるものであるとし，さらにこれらの人々のニーズを十分に満たすためにマーケティング戦略を策定することがマーケティング・マネジメントの仕事である[45]」と述べている。

　マッカーシーは，マーケティングフレームワークの中心に消費者を位置づけ，その消費者に満足を与えて購買を促進するために製品(product)，場所(place)，販売促進(promotion)，価格(price)，いわゆる4P政策を4つのマーケティング・ツールとして4Pの最適マーケティング・ミックスを考えた。そのために，外部環境に適合しながらマーケティング・ツールの最適ミックスを図らなければならないために，外部環境要因について十分な理解が必要であり，そのための

情報収集がなされなければならない⁽⁴⁶⁾。

情報収集がなされなければならない [46]。

5. マーケティングにおける消費者行動

　伝統的な戦後のマーケティングフレームワークは消費者志向的なマーケティング理念の確立に向けて精緻化されてきた。その場合，つねに消費者および消費者行動が企業のマーケティング活動を直接的に制約する環境要因のうちの重要な一つであり，消費者行動は，消費者志向的なマーケティングフレームワークを構成しているマーケティング・システム内の問題として取り上げられる [47]。

　マーケティング調査は，買い手としての消費者がつねに中心（基本）であり，消費者需要の量的な側面に関するものと質的な側面に関するものとが調査の重要な部分を占めている。前者は消費者調査と呼ぶことができ，消費者集団が形成する市場がもつ需要の大きさや需要の動向などの経済学的研究の観察が主な内容をなしており，後者は消費者研究とよぶことができ，消費者のライフスタイル，購買行動，購買動機など心理学的，社会学的研究がそのおもな内容である。

　消費調査，消費者行動研究を含めたマーケティング調査の結果，獲得されたマーケティング情報は，不確実な市場環境をより確実化し，市場標的の選定とともに市場標的の特性に見合ったマーケティング・ツールの選択とマーケティング・ミックスの構成を決定しなければならない。このことがマーケティング戦略の出発点となる [48]。

(1) 市場細分化戦略

　生産に先立って消費者の欲求や需要を調査したうえで生産に反映させなければならない。そのために市場調査やマーチャンダイジングが重視され，その製品戦略としては消費者ニーズに適応した市場細分化戦略が中心となる [49]。

(2) マーケット・セグメンテーション

　マーケット・セグメンテーションとは，消費者の異質性を前提として，消費

者全体を同質的ないくつかの消費者グループに分ける軸を探ることを目的とし，この発見された軸によって同質的な消費者グループを識別することである[50]。

　消費者をその異質性に応じていくつかの階層に区分し，その中から企業の目標市場を選択することがマーケティング戦略の出発点と考えられ，この政策をマーケット・セグメンテーション政策とよぶ[51]。

　マーケット・セグメンテーションが必要とされた背景は，市場の多様化，市場を構成する消費者ニーズの多様化に対応することが要求されたためである。また，技術革新，第二次世界大戦後の新しい教育制度のもとで教育を受け，少年期を過ごした若者などという新しいライフスタイルの消費者が増加してきたためといわれている[52]。

　そのいずれかにターゲットを絞り込むことによって，より効果的なマーケティングを展開しようとするものである[53]。

　市場を細分化するためには，ターゲットとなるセグメントを浮かび上がらせるために細分化する基準が必要となる[54]。

(3) マーケティング・ミックス

　市場標的が選定されると，つぎにマーケティング・ミックスが行われる。マーケティング・ミックスは，企業のマーケティング活動に関する意思決定の中心課題であり，目的達成のために利用される統制可能なマーケティング・ツールの統合である。企業目的を達成するための効果的なマーケティング・ミックスは，市場標的の特性に最も適合したものとして構成されることを最適ミックスという[55]。

　セグメンテーションを行う意味は，ターゲットを識別し，それに向けてマーケティング・ミックスをより効果的に行うことができるということである。今日，製品差別化だけではなく，広告戦略，価格戦略，流通チャネルの選択などマーケティング戦略全体に関連する問題を解決するのに用いられている[56]。

　消費者の欲求が多様化すると，同じような欲求を持った消費者のグループをターゲットとして商品を開発し，販売したほうが効率的である[57]。ターゲッ

トを細分化する基準として，人口統計的変数（年齢や性別などの最も基本的な基準），地理的変数，社会経済的変数（職業や所得など），心理的変数（ライフスタイル，パーソナリティ），購買行動変数（購入の数量や頻度など）の変数によって市場が細分化される[58]。

6. 結　び

　マーケティングは，時代とともにその概念が拡大され，マーケティング研究のスタンスは，消費者需要が生産を上回る売り手市場の状態から，需要を上回る生産過剰へと変化した時代背景のもとで，生産指向的マーケティングから消費者志向的マーケティングへと移行し，消費者を出発点としたマーケティングを展開していった。伝統的なマーケティングのフレームワークは消費者を中心に据え，消費者のニーズに対応するべく市場細分化戦略が必要となりマーケット・セグメンテーションやマーケティング・ミックスなどの手法が用いられることになった。

　近年では，環境問題に直面し，長期的な社会利益を考慮するという新しい視点を取り入れた社会志向的マーケティングへと発展し，マーケティングの概念やマーケティング戦略は大きく変化してきている。

【引用文献】
(1) 岩永忠康 (2015)，「マーケティングの概念」岩永忠康編著『マーケティングの理論と戦略』五絃舎，p.3。
(2) 塩田静雄 (2002)，『消費者行動の理論と分析』中央経済社，p.12。
(3) 岩永忠康 (2015)，前掲論文，p.3。
(4) 同上論文，p.3。
(5) 高橋郁夫 (2008)，「マーケティング研究の今とこれから」『日本商業学会第58回全国大会報告要旨集』，pp.10-11。
(6) 岩永忠康 (2015)，前掲論文，p.4。
(7) 同上論文，pp.7-8。
(8) 橋本勲 (1968)，「マーケティングの成立と展開」森下二次也・荒川祐吉編著『体系マーケティング・マネジメント』千倉書房，pp.4-7。

(9) 塩田静雄（2002），前掲書，p.11。

(10)　同上書，p.12。

(11)　同上書，p.12。

(12)　E.J.Kelley（1965），*Marketing:Strategy and Functions*，Prentice Hall，p.1.

(13)　E.J.McCarthy（1964），*Basic Marketing：A Managerial Approach*，Richard Irwin，Inc.p.23.

(14)　塩田静雄（2002），前掲書，p.13。

(15)　同上書，p.13。
　　　杉本徹雄（2009）も，同様に，生産志向・製品志向，販売志向，消費者志向・顧客志向という３つに分けられるとしている（杉本徹雄（2009），『消費者理解のための心理学』福村出版，p.16）。
　　　大須賀明（2000）はさらに細かく６つに分類し，生産志向，製品志向，販売志向，消費者志向，社会志向，グリーン志向に分類できるとしている。これによると，生産志向：生産効率の向上のニーズと低価格中心のマーケティング活動，製品志向：製品改良ニーズと生産者の価値基準に基づく製品開発中心のマーケティング活動，販売志向：売上高ニーズとセールスマン，チャネル，広告を中心としたマーケティング活動，消費者志向：消費者ニーズの満足化と利益の実現を目指す統合化されたマーケティング活動，社会志向：社会のニーズとその満足化を目指す安全で健康で倫理的なマーケティング活動，グリーン志向：地球環境保全のニーズとその満足化を目指す資源リサイクル・システムをベースとしたマーケティング活動という特徴をあげている（大須賀明（2000），『環境とマーケティング』晃洋書房，p.2）。

(16)　塩田静雄（2002），前掲書，p.14。

(17)　P.Kotler（1965），*Principles of Marketing*，Prentice-Hall，Inc.，p.20.

(18)　K.Peattie（1992），*Green Marketing*，London:Ptiman Publishing，p.5.

(19)　大須賀明（2000），前掲書，p.2。

(20)　P.Kotler（1965），前掲書，p.20.

(21)　大須賀明（2000），前掲書，p.3。

(22)　K.Peattie（1992），前掲書，p.5.

(23)　塩田静雄（2002），前掲書，p.14。

(24)　同上書，p.14。

(25)　同上書，p.14。

(26)　大須賀明（2000），前掲書，p.5。

(27)　塩田静雄（2002），前掲書，p.14。

(28)　同上書，p.14。

(29)　同上書，p.14。

(30)　岩永忠康（2015），前掲論文，p.6。

(31)　D.J.Dalrymple & L.J.Parsons（1976），*Marketing Management*，J.Wiley &Sons，Inc.，p.15.

(32)　大須賀明（2000），前掲書，p.10。

(33) P.Kotler (1965), 前掲書, p.25.

(34) 岩永忠康 (2015), 前掲論文, p.5。

(35) 大須賀明 (2000), 前掲書, p.11。

(36) 1980 年代になると, マーケティングは, 技術革新とグローバリゼーションという社会経済情勢の変化により, より総合的な戦略的マーケティングへと発展していった。それは, 全社的な戦略的プランニングが基礎であり, マーケティング・ミックスを構成する市場創造変数に全社的戦略という視点から接近したためである (岩永忠康 (2015), 前掲論文, p.6)。

(37) 同上論文, p.6。

(38) 和田充夫 (1996), 「リレーション・マーケティング」和田充夫・恩蔵直人・三浦俊彦『マーケティング戦略』有斐閣。

(39) 杉本徹雄 (2009), 前掲書, p.17。

(40) 同上書, p.4。

(41) 塩田静雄 (2002), 前掲書, p.15。

(42) J.A.Howard (1957), *Marketing Management:Analysis and Decision*, Richard Iwrin, Inc.pp.4-8.

(43) 塩田静雄 (2002), 前掲書, p.15。

(44) 同上書, p.15。

(45) McCarthy (1964), 前掲書, p.37.

(46) 塩田静雄 (2002), 前掲書, p.16。

(47) 塩田静雄 (2002), 前掲書, p.20。

(48) 同上書, p.20。

(49) 岩永忠康 (2015), 前掲論文, p.49, p.6。

(50) 塩田静雄 (2002), 前掲書, p.26。

(51) 同上書, p.22。

(52) 杉本徹雄 (2009), 前掲書, p.19。

(53) 塩田静雄 (2002), 前掲書, p.26。

(54) 杉本徹雄 (2009), 前掲書, p.19。

(55) 塩田静雄 (2002), 前掲書, p.26。

(56) 同上書, p.26。

(57) 杉本徹雄 (2009), 前掲書, p.18。

(58) 同上書, p.19。

(國﨑　歩)

第6章　日本の鹿児島市と中国の威海市における消費者の食品購買行動

【要旨】

　中国国内で頻繁に起こっている食品安全事件と継続的に悪化している生態環境の影響を受け，安全，健康，環境に優しいという特徴を持った安全な食品へのニーズが日増しに高まっており，安全な食品に関する消費者の購買行動も日に日に学術界で注目されてきた。消費者の食品購買行動に影響を及ぼす要素を究明するため，本章は日本鹿児島市の消費者230名と中国威海市の消費者230名を対象にしてアンケート調査を行い，日中の消費者は個人属性によって食品の購買行動（購買前行動，購買中行動および購買後行動）が異なるという仮説を検証した。仮説検証の結果，「日中の消費者は個人属性によって購買前行動，購買中行動および購買後行動が異なる」という仮説は部分的に支持されることが判明した。本分析成果の一つは「性別によって日中の消費者の購買前行動に有意な差が見られること」を実証したことである。

【キーワード】：日中の消費者，食品購買行動，個人属性

1.　はじめに

(1) 研究背景と目的

　現代の食品経済の仕組みが日増しに複雑化・国際化・多元化するにつれて，食品は生産と流通の全プロセスの中で汚染される可能性が絶えず高まっている。それと同時に，科学技術が食品に及ぼす不確かさも徐々に顕著になってき

た。その結果，世界における食品安全の情勢は楽観を許さないほど重大な食品安全事件が相次いだ。

　例えば，1986 年牛海綿状脳症はイギリスで爆発的に発生し，その後は欧州の他の国ないしアジアの日本まで広がった。人は一旦その病気に感染してしまうと，致死率がほぼ 100% である。1999 年にベルギーで発がん性があるだけでなく，さらに免疫系と生殖機能の障害をきたすダイオキシン汚染事件が発生した。2001 年に口蹄疫は猛威を振るい，その後欧州大陸に侵入し，そして南アメリカに上陸した。中国においても，食品安全問題は同様に深刻になっている。マスメディアの報道によると，1998 年から 2002 年の間，中国各地で発生したクレンブテロールが含まれている豚肉や豚の内臓類，クレンブテロールで飼育された鳥肉や魚などによる中毒事件が 58 件にも達しており，1957 人が被害を被った（賈敬敦，陳春明，2003）。2008 年「三鹿粉ミルク」にはメラミンが含まれていることが暴き出された。その事件によって 30 万人以上の児童は被害を受けた（「南洋商報」，2009）。2014 年，上海テレビのジャーナリストは上海福喜食品公司に潜り込んで調査を行った結果，その会社には賞味期限が切れた肉類原料を再加工し，賞味期限を改ざんするなど重大な食品安全問題があり，さらにその生産されたチキンマックナゲット，肉餅などの商品はマクドナルド，ケンタッキーなどの川下の世界的に有名な飲食企業に供給されていたことがわかった。

　それを受け，中国政府も自国の安全な食品生産と認証を始め，食品安全認証の仕組みを次第に構築し，食品の安全性を改善し，そして食品業界自体の発展と農民の収入増を図っている。安全な食品の生産と認証はより早い発展速度を見せたが，他の国に比べると，中国はまだ大きく遅れている。したがって，安全な食品製造をさらに推進するには中国政府が継続的に力を入れていく必要がある。しかし，中国政府が上記のプロセスで努力して効果を上げるためには，生産者からの協力だけでなく，食品の消費者からの協力も非常に重要である。

　本章は「問題提起―モデル確立―データの収集と分析―仮説検証―考察」という実証研究の考え方に沿いながら，消費者の購買行動理論をベースにして，

日中の消費者の食品購買行動を分析する。

2.　国内外の関連研究レビュー

　ここでは，まず消費者行動研究の歴史・沿革を回顧する。消費者行動研究と経済学，心理学，社会心理学，社会学，人類学などの関連科学との密接な関係を明らかにする。つぎに，食品の消費研究について回顧する。食品の消費研究は消費者の認識，支払意欲および購買行動の3つの側面から展開されている。

(1) 消費者行動研究の歴史・沿革

　昔は消費者は「経済人」であると仮定され，その行動は利益の最大化を図るために理性的な選択をするという風に解釈されていた。しかし，経済学は消費者の動機の複雑性を解釈するために必要な全ての概念を提供できなかった。Katona（1951）によれば，経済学は一方的に消費者の客観性と理性を強調し，消費者の感情的要素を棚上げにしてきた。心理学は個人行動を研究対象としているために，消費者行動学では心理学の概念と理念を一番多く参考にしてきた。消費者の消費活動と購買行動は，消費者の心理によって支配されるところが大きい。消費者の心理プロセスは商品への認識プロセス，感情プロセスおよび意欲プロセスを経なければならない（華光彦，1985）。

　消費者行動についての研究が深まるにつれて，研究者の注目点は消費者の「心理の中核」から消費者行動に対する外部からの影響へと転じるようになった。多くの研究者は社会心理学にある社会的感覚，社会的影響，社会的奨励，同輩プレッシャー，社会的暗示，社会的制裁などの概念を，消費者行動を解明するために応用するようになった。このような研究は消費者行動に対する外部からの影響を強調している。消費者行動は集団と個人が存在している背景の下で生じるものなので，そのような状況は消費者の情報処理と決定に影響を与える（Kassarjian，1994）。このような研究と類似しているが，役割理論，社会的階層，家庭のライフサイクル，革新の拡散，人口集団などの社会学の概念は消費

者行動学の研究者に大きな影響を与え，彼らの注意を引きつけた（Hoyer and MacInnis, 2000）。それとともに，民間伝説，文化神話，ギフト贈与，祝日習俗，儀式，迷信などの人類学の概念も消費者行動を理解する際に大きく役立つ（華光彦，1985）。特に文化人類学は異なる文化を研究対象としているので，研究者らは異なる国家の消費者行動を比較する際に，文化人類学の方法を参考にする研究が急速に増えた（Oliver, 1994）。

(2) 食品消費の研究

国内外において，多くの食品消費の研究は消費者の認識，支払意欲および購買行動の3点から展開されている。

1) 消費者の認識（購買前行動）

Dhar ら（1994）の研究によると，6種類の主要要素は消費者の食品安全への認識に影響を与えたという。6種類の主要要素の中に化学的要素（例えば，ミルクにあるホルモンの含有量と食品添加剤），健康要素（栄養バランスなど），汚染要素（微生物汚染），政策要素（食品検査およびラベル管理）などがある。419名の消費者に対する彼らの調査では，化学的要素，健康要素および汚染要素に対する消費者の注目度が違えば，消費者の食品の安全性への認識も異なることが認められた。Huffman ら（2004）は欧州とアメリカの消費者に対する実証研究を元に，民族特徴，文化および宗教の差異が消費者の遺伝子組み換え食品を受け入れるレベルに影響を与える重要な要素であることを検証した。王志剛（2003）はグリーン食品と遺伝子組み換え食品を対象に，天津の289名の消費者に対する抜き取り調査を行い，消費者の上記二種類の食品への安全認識と購買行動への影響を分析した。分析結果によると，性別，学歴，居住環境および食品の安全性への関心度は消費者のグリーン食品への認識に有意な影響を与えた。また，年齢，学歴および喫煙状況は消費者の遺伝子組み換え食品への認識に有意な影響を与えた。

2) 支払意欲（購買中行動）

Zanoli（2004）は有機食品に対する消費者の支払意欲へのマスコミの影響

を研究した。その研究によると，マスコミは有機食品に対する消費者の支払意欲に影響を及ぼす重要な要素であることや，テレビは新聞などのメディアよりさらに消費者行動の変化に影響を与えることが分かった。Halbrendt ら (1995)は結合分析法を用いて，価格，技術データおよび肉類の脂肪含有量という 3 つの指標で豚肉への消費者の支払意欲を評価した。Henson（1996）は仮説評価法を用いて安全マークがある桃への消費者の支払意欲を評価した。その結果によると，安全マークのある桃への支払を増やすよりも，消費者は安全マークがない桃に罰を与える傾向があった。

　中国国内の研究を取り上げると，王鋒ら（2009）は二元 logistic 回帰モデルを用いて北京，山東，浙江などの地域にいる 186 名の消費者を対象として調査した。その調査データの分析によると，追跡可能な農産物への消費者の支払意欲は職業，購買行動，情報などの要素の影響を受けた。多くの回答者は一般農産物よりも追跡可能な農産物に高い金額を支払う意欲があるものの，支払意欲がある回答者の内，10% 高い金額で支払う意欲があるものは 30.1%しかいなかった。卿樹濤ら（2011）は Tobit と多項式 Logit モデルを用いて長沙市の 500 名の都市・農村部の消費者に対する調査データの推計では，販売者が提供したところの権威機構によって検査が実施された農薬残留情報は消費者の希望支払い価格に与えた影響が極めて限られる。消費者の支払意欲には有意な変化が認められなかった。一方，正確な食品安全情報を手に入れると，消費者は品質が安全レベルに達した農産物により高い金額を支払う意欲があった。

3）購買行動（購買意欲）

　Jensen（1995）はハワイでミルク汚染危機が爆発的に発生した後に消費者のミルクニーズへの変化を考察した。その研究では，ニュースメディアによるマイナスイメージの報道はミルクのニーズに大きな影響を及ぼしたことが分かった。Rickertsen（1998）は広告効果が及ぼす新鮮野菜ニーズへの影響を調べた。その結果によると，ノルウェーでは，広告効果が及ぼす新鮮野菜の消費に明らかな影響が認められなかった。Fousekis（2000）はマイナスイメージ

の報道と広告効果がイギリスの消費者に及ぼす肉類ニーズへの共同的な影響を考察したが，牛海綿状脳症の報道は牛肉へのニーズにマイナスの影響を及ぼしたが，豚肉へのニーズにプラスの影響を与えたことが分かった。

　中国国内研究を上げると，周応恒ら（2004）は南京市のスーパーマーケットに来た消費者に対する調査では，消費者は識別可能な安全な食品により強い購買意欲を示し，食品の安全情報は消費者の態度に影響を及ぼすことでその安全な食品への購買意欲に影響を与え，また消費者は一定の情報強化（または刺激）を受けた後に行動が明らかに変わった。靳明と趙昶（2008）は浙江のグリーン農産物の消費状況についての調査を例に，都市・農村部の異なる消費者集団のグリーン農産物への消費意欲と消費行動の一般特徴およびその関係を分析した。彼らの研究によれば，いま中国の消費者の食品品質の安全意識と全体的な生態環境意識はより大きく向上しており，それがグリーン農産物の消費意欲の向上に繋がった。しかし，より高いグリーン農産物への消費意欲は確実かつ有効にグリーン農産物の実際消費行動に転換しなかった。消費者にはより高いレベルで消費意欲と消費行動との間にズレが存在していることがわかったという。王軍と張越楳（2009）は Logistic モデルを用いて質の優れた朝鮮人参商品を購入する消費者の意欲およびその影響要素を計量的に分析した。その結果によると，消費者が質の優れた朝鮮人参商品を購入することに対しては複数の要素から影響を受けており，その内，消費者の年齢，家庭収入のレベル，品質安全を心配する程度，朝鮮人参商品の購入金額などは消費者が質の優れた朝鮮人参商品を購入することに対してはプラスの影響があった。

(3) 簡単なレビュー

　これまでの消費者行動の研究は他の科学から有用な概念と理念を吸収してきた。経済学，心理学，社会心理学，社会学，人類学における多くの概念は消費者行動学の研究者に大きな影響を与え，彼らの注意を引きつけた。それらの科学の理念と概念のおかげで，消費者行動学は今の有機的につながる4部分の理念の枠組みを形成した。即ち，①外部プロセスである消費者文化（消

費者の多元化，社会階層，家庭の影響，価値観，人格，ライフスタイル，消費者行動
への社会的影響など），②内的消費プロセスである心理的中核（動機づけ，動機，
認識，信念，態度，記憶など），③決定プロセス（問題識別・情報検索，判断・決定，
評価など）および④消費者行動の結果（消費行動の拡散，適合性のある消費者行
動など）である（ホイル・マックイニス，2008）。そのなかでも，消費者行動学
においては心理学の概念と理論が最も多く導入され，それはほぼ消費者の心
理的中核の全決定プロセスをカバーした。それに対して，社会心理学，社会
学などの他の科学からの影響は主に①消費者文化と④消費者行動の結果に現
れている。

3.　研究方法とデータの収集

(1) アンケート設計と研究方法

　本章は中国と日本における消費者の食品購買行動の差異を定量的に比較分析
を行うものである。日中両国のアンケート調査の対象はいずれも一般消費者で
あり，それぞれ 230 部のアンケートを配布した。2013 年 2-3 月に中国威海市
で，2013 年 9-11 月に日本鹿児島市で調査を行った。無効回答を除き，アンケー
トの有効回収率は中国 70.9%，日本 74.3% であった。

　本章では関連文献を整理した上で本分析の構造と測定の仕組みを作り上げ
た。消費者行動の測定変数は消費者の「個人属性」，「購買前行動」，「購買中行動」
および「購買後行動」である。個人属性は名目尺度である以外，他はいずれもリッ
カート 5 点尺度（5-point Likert scale, 即ち 1 ＝とても賛成しない，2 ＝賛成しない，
3 ＝一般，4 ＝賛成する，5 ＝とても賛成する）を用いて測定を行った。

　データの分析方法は SPSS19.0 を用いて行った記述統計分析，T 検定および
ANOVA 分析である。

(2) 分析モデルと仮説

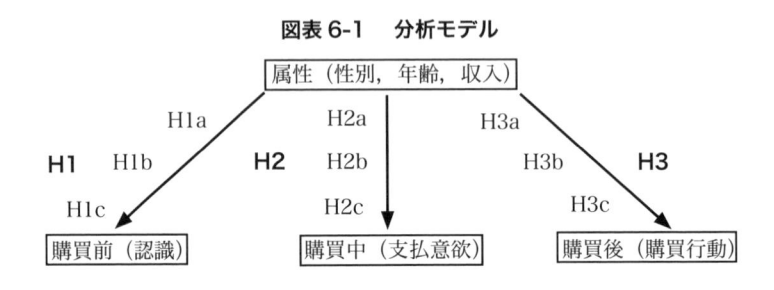

図表 6-1　分析モデル

（出所）筆者作成。

仮説：

H1，個人属性が違うと，日中消費者の購買前行動が異なる。

H1a，性別が違うと，日中消費者の購買前行動が異なる。

H1b，年齢が違うと，日中消費者の購買前行動が異なる。

H1c，収入が違うと，日中消費者の購買前行動が異なる。

H2，個人属性が違うと，日中消費者の購買中行動が異なる。

H2a，性別が違うと，日中消費者の購買中行動が異なる。

H2b，年齢が違うと，日中消費者の購買中行動が異なる。

H2c，収入が違うと，日中消費者の購買中行動が異なる。

H3，個人属性が違うと，日中消費者の購買後行動が異なる。

H3a，性別が違うと，日中消費者の購買後行動が異なる。

H3b，年齢が違うと，日中消費者の購買後行動が異なる。

H3c，収入が違うと，日中消費者の購買後行動が異なる。

4. 研究結果の比較

(1) 記述分析

　図表 6-2，図表 6-3，図表 6-4 に示すように，日本のアンケート調査のデータによると，性別は男性が多く 54.4% を占める。年齢は 20-30 歳未満が一番

多く 37.4% を占める。収入は毎月 10-20 万円未満の比重が一番多く 41.5% を占める。

　中国のアンケート調査のデータによると，性別は女性が多く 57.1% を占める。年齢は 20-30 歳未満が一番多く 56.4% を占める。収入は一番多い比重を占めたのが 2-4 千元未満で，55.2% を占める。

図表 6-2　性別

性別	日本	中国
男性	93 人 /54.4%	70 人 /42.9%
女性	78 人 /45.6%	93 人 /57.1%
合計	171 人 /100.0%	163 人 /100.0%

（出所）本研究整理。

図表 6-3　年齢

年齢	日本	中国
20 歳未満	26 人 /15.2%	4 人 /2.5%
20 - 30 歳未満	64 人 /37.4%	92 人 /56.4%
30 - 40 歳未満	28 人 /16.4%	36 人 /22.1%
40 - 50 歳未満	17 人 /10.0%	21 人 /12.9%
50 - 60 歳未満	21 人 /12.3%	7 人 /4.3%
60 歳以上	15 人 /8.8%	3 人 /1.8%
合計	171 人 /100.0%	163 人 /100.0%

（出所）本研究整理。

図表 6-4　収入

日本の 1 ヶ月収入	日本	中国の 1 ヶ月収入	中国
10 万円未満	21 人 /12.3%	2 千元未満	37 人 /22.7%
10 万円 - 20 万円未満	71 人 /41.5%	2-4 千元未満	90 人 /55.2%
20 万円 - 30 万円未満	46 人 /26.9%	4-6 千元未満	22 人 /13.5%
30 万円 - 40 万円未満	16 人 /9.4%	6-1 万元未満	11 人 /6.7%
40 万円以上	17 人 /9.9%	1 万元以上	3 人 /1.8%
合計	171 人 /100.0%	合計	163 人 /100.0%

（出所）本研究整理。

（2）消費者の個人属性の分析と比較

図表 6-5　日中結果の比較（1）

性別 ── Ｔ検定によるＰ値の比較	日本	中国
	有意性（両側）	有意性（両側）
購買前（H1a）	0.003	0.015
購買中（H2a）	0.018	0.075
購買後（H3a）	0.230	0.520

注：Ｐ値は 0.05 未満の場合は，有意レベルになる。
（出所）本研究整理。

　図表 6-5 の分析結果から，①性別によって日中の消費者の購買前行動に有意な差が見られること，②性別によって日本の消費者の購買中行動に有意な差が見られるが，中国の消費者の購買中行動に有意な差が見られないこと，③性別によって日中の消費者の購買後行動に有意な差が見られないこと，などが分かった。

図表 6-6　日中結果の比較（2）

年齢──ANOVA 分析によるＰ値の比較	日本	中国
	有意性（両側）	有意性（両側）
購買前（H1b）	0.122	0.164
購買中（H2b）	0.711	0.019
購買後（H3b）	0.004	0.060

注：Ｐ値は 0.05 未満の場合は，有意レベルになる。
（出所）本研究整理。

　図表 6-6 の分析結果から，①年齢によって日中の消費者の購買前行動に有意な差が見られないこと，②年齢によって日本の消費者の購買中行動に有意な差が見られないが，中国の消費者の購買中行動に有意な差が見られること，③年齢によって日本の消費者の購買後行動に有意な差が見られるが，中国の消費者の購買後行動に有意な差が見られないこと，などが分かった。

図表 6-7　日中結果の比較（3）

収入――ANOVA 分析による P 値の比較		
	日本	中国
	有意性（両側）	有意性（両側）
購買前（H1c）	0.117	0.274
購買中（H2c）	0.448	0.155
購買後（H3c）	0.234	0.025

注：P 値は 0.05 未満の場合は，有意レベルになる。
（出所）本研究整理。

　図表 6-7 の分析結果から，①収入によって日中の消費者の購買前行動に有意な差が見られないこと，②収入によって日中の消費者の購買中行動に有意な差が見られないこと，③収入によって日本の消費者の購買後行動に有意な差が見られないが，中国の消費者の購買後行動に有意な差が見られること，などが分かった。

（3）仮説検証の結果

図表 6-8　仮説検証の結果（1）

H1a	性別が違うと，日中消費者の購買前行動が異なる。	○
H2a	性別が違うと，日中消費者の購買中行動が異なる。	△
H3a	性別が違うと，日中消費者の購買後行動が異なる。	×
H1b	年齢が違うと，日中消費者の購買前行動が異なる。	×
H2b	年齢が違うと，日中消費者の購買中行動が異なる。	△
H3b	年齢が違うと，日中消費者の購買後行動が異なる。	△
H1c	収入が違うと，日中消費者の購買前行動が異なる。	×
H2c	収入が違うと，日中消費者の購買中行動が異なる。	×
H3c	収入が違うと，日中消費者の購買後行動が異なる。	△

　（出所）本研究整理。（注）○は成立，△は部分的に成立，×は不成立を示す。

図表 6-9　仮説検証の結果（2）

H1（H1a，H1b，H1c）	個人属性が違うと，日中消費者の購買前行動が異なる。	△
H2（H2a，H2b，H2c）	個人属性が違うと，日中消費者の購買中行動が異なる。	△
H3（H3a，H3b，H3c）	個人属性が違うと，日中消費者の購買後行動が異なる。	△

　（出所）本研究整理。（注）○は成立，△は部分的に成立，×は不成立を示す。

5. 結 び

　本章は日本鹿児島市の消費者 230 名と中国威海市の消費者 230 名を対象にしてアンケート調査を行い，日中の消費者は個人属性によって食品の購買行動（購買前行動，購買中行動および購買後行動）が異なるという仮説を検証した。仮説検証の結果，「日中の消費者は個人属性によって購買前行動，購買中行動および購買後行動が異なる」という仮説は部分的に支持されることが判明した。

　性別，年齢および収入についての分析から明確になった主要な点は，以下の 5 点である。

①性別によって日中の消費者の購買前行動に有意な差が見られること。

②性別によって日本の消費者の購買中行動に有意な差が見られるが，中国の消費者の購買中行動に有意な差が見られないこと。

③年齢によって日本の消費者の購買中行動に有意な差が見られないが，中国の消費者の購買中行動に有意な差が見られること。

④年齢によって日本の消費者の購買後行動に有意な差が見られるが，中国の消費者の購買後行動に有意な差が見られないこと。

⑤収入によって日本の消費者の購買後行動に有意な差が見られないが，中国の消費者の購買後行動に有意な差が見られること。

　本章の成果の一つは「性別によって日中の消費者の購買前行動に有意な差が見られること」を実証したことである。第二は，日本の消費者は性別によって購買中行動に有意な差が見られることや，年齢によって購買後行動に有意な差が見られることを明確にしたことである。第三は，中国の消費者は年齢によって購買中行動に有意な差が見られることや，収入によって購買後行動に有意な差が見られることを明確にしたことである。

　最後に，本章の調査範囲は中国山東省の威海市と日本鹿児島市に限られ，調査対象は主に都市部と郊外部の消費者であり，農村地域の消費者サンプルサイズが少ない。今後より広い地域（郷鎮と農村部地域を含む）で層化抽出を行い，

より多くのサンプルサイズを得て，研究の結果により大きな普遍性を持たせる
ように研究を展開したい。

【参考文献】

〔1〕賈敬敦，陳春明（2003），『中国食品安全態勢分析』中国農業科学技術出版社。

〔2〕南洋商報（2009），「三鹿ミルク事件」2009.01.23。

〔3〕華光彦（1985），「消費者研究（二）- 消費者心理初探」『管理世界』1985 年第 5 期。

〔4〕Kassarjian H.H., (1994), " Scholarly Traditions and European Roots of American Consumer Research", in *Research Traditions in Marketing*, Boston Mass: Kluwer Academic Publishers, 1994.

〔5〕Hoyer W.D., Maclnnis D.J., (2000), *Consumer Behavior*, 2nd Edition, New York: Houghton Mifflin.

〔6〕華光彦（1985），「消費者研究（一）- 消費習俗」『管理世界』1985 年第 3 期。

〔7〕Oliver H., Consumer (1994), *Behavior in China: Customer Satisfaction and Cultural Values*, Padstow, Cornwall: T J Press.

〔8〕Dhar T., Foltz J.D., (2005), "Milk by Any Other Name-Consumer Benefits from Labeled Milk", *American Journal of Agricultural Econmics*, 2005, 87 (1) :214-302.

〔9〕Huffman W.E., Rousu M., Shogren J.F., Tegene A., (2004), "Who Do Consumers Trust for Information: The Case of Genetically Modified Food? ", *American Journal of Agricultural Economics*, 2004, 86（5）:1222-1229.

〔10〕王志剛（2003），「食品安全的認知和消費決定:関于天津市个体消費者的実証分析，『中国農村経済』2003 年第 4 期。

〔11〕馬驥，秦富（2009），「消費者対安全農産品的認知能力及其影響因素 - 基于北京市城鎮消費者有机農産品消費行為的実証分析」『中国農村経済』2009 年第 5 期。

〔12〕Zanoli R., (2004), "The European Consumer and Organic Food", *Orranic Marketing Initiatives and Rural Development*, School of Management and Business at University of Wales Aberystwyth.

〔13〕周潔紅，姜励卿（2004），「食品安全管理中消費者行為的研究与進展」『世界農業』2004 年第 10 期。

〔14〕Henson S., (1996), "Consumer Willingness to Pay for Reductions in the Risk of Food Poisoning in the UK", *Journal of Agricultural Economics*, 1996, 47 (1-4) :403-420.

〔15〕王鋒，張小栓，穆維松，傅澤田（2009），「消費者対可追溯農産品的認知和支付意愿分析」『中国農村経済』2009 年第 3 期。

〔16〕卿樹涛，胡新良（2011），「農薬残留対消費者意愿支付価格的影響 - 以西紅柿為例」『中国農村経済』2011 年第 12 期。

〔17〕Jensen K., (1995), "Fluid Milk Purchase patterns in the South: Effects of Use of Nutrition Information and Household Characterstic", *Journal of Agricultural and Applied Economics*, 1995, 27 (2) :644-657.

〔18〕 Rickersten K., (1998), "The Effects of Advertising in an Inverse Demand System: Norwegian Vegetables Revisited", *European Review of Agricultural Economics*, 1998, 25 (1) :129-140.

〔19〕 Fousekis P., Revell B.J., (2003), "Meat Demand in UK: A Differential Approach", *Journal of Agricultural and Applied Economics*, 2000, 32 (1) :11-19.

〔20〕 周応恒, 霍麗玥, 彭暁佳 (2004),「食品安全：消費者態度，購買意愿及信息的影响 - 対南京市超市消費者的調査分析」『中国農村経済』, 2004 年第 11 期。

〔21〕 靳明, 趙昶 (2008),「緑色農産品消費意愿和消費行為分析」『中国農村経済』2008 第 5 期。

〔22〕 王軍, 張越杰 (2009),「消費者購買優質安全人参産品意愿及其影響因素的実証分析」『中国農村経済』2009 年第 5 期。

〔23〕 韦恩・霍依尔, 德波拉・麦克依尼斯 (2008),『消費者行為学』中国市場出版社。

〔24〕 罗丞 (2013),『消費者安全食品購買意愿研究』社会科学文献出版社。

（孫愛淑・原口俊道）

第7章　環境配慮製品の購買とライフスタイル

―デザイン性への影響分析を中心として―

【要旨】

　日本の消費者のライフスタイルを明らかにするため，本研究において因子分析とクラスタ分析を行った結果，5因子と4つのセグメントに分けることができた。エコ製品に関心が大きいグループが「自立幸福型」と「積極的社交型」であり，「雰囲気影響型」と「トレンド重視型」が消極的であるということが明らかになった。また，エコ購買態度の新要因として実証された「デザイン性」に対しては，「社交的・熟考」「好み優先」「優柔不断」「流行・知名度」のライフスタイル因子が正の影響を与えることが判明した。

【キーワード】：ライフスタイル，環境配慮製品，購買，日本，消費者

1.　はじめに

　温暖化現象に代表される地球の環境問題は，世界共通の問題として認識されている。しかし，日本における環境配慮行動についての先行研究は数少なく，消費者の環境配慮製品の購買行動に関する先行研究は極めて不足している状態にある。

　そこで，本章では消費者のライフスタイルとエコ購買態度の影響要因として新たに認められた「デザイン性」の関係性に着目し，2つの要因に関する考察を行った。その根拠として消費者は消費財の購買に際しては，価格のみならず品質・デザイン性の側面を重要視して購買行動を行っているからである。

　本章の課題は，日本の消費者を対象として，環境配慮製品の購買の観点から，ライフスタイルの態様を明らかにし，ライフスタイルとデザイン性という2つの変数間の関係性を定量的に分析することを目的とする。

　本章では，まず先行研究とその問題点を明らかにし，分析モデルと仮説を構築し，アンケート調査の結果に基づいて仮説の検証を行い，最後に研究課題に対する解答を述べる。

2.　ライフスタイルの定義

　ライフスタイルの概念は，もともと社会学者の間で使われてきたものであり，社会学の分野では，ライフスタイルは，通常，社会階層ないし社会的地位との関連において取り上げられてきた。その代表的な例が Max Weber である[1]。ウェーバー社会学の基本的なテーマは宗教（聖なるもの）と経済（俗なるもの）との相互関連である。この2つの世界を媒介するものが社会層または社会階層である[2]。

　ウェーバーは，社会階層を経済的諸関係からのみ理解するのは不十分であるとして，社会層の生活様式，生活態度，人生観などの心理的，精神的要素を特に強調している。これが，"ライフスタイル"観念の端緒であり，その基本的意味内容である[3]。

　ライフスタイルとは，消費者の生活スタイルへの考え方を示すもので，モティベーションリサーチの持つ質的研究とパーソナリティ研究の持つ量的な研究を合わせもち，消費者に対して既存の文献などから作成された質問項目を質問し，それをデモグラフィック要因の分析と同様に，数量的に処理できるようにしたのが特徴である[4]。

　個人差という概念を導入し，それを規定している個人特性を明らかにすることは，消費者行動研究において重要な意味を持ち，マーケティングの遂行という実務的な立場からは，マーケットセグメンテーション（市場細分化）を実施するための個人差研究の必要性が指摘される[5]。

　ライフスタイル研究は，生活意識，生活行動，価値観といった心理的変数，行動的変数に基づいて消費者を分類する。心理学や社会学からのいわば「借り物」といえるパーソナリティ概念では消費者行動の個人差を充分に説明できないという認識が一般的なものとなり，それに代わるものとしてでてきた[6]。

3.　先行研究

(1)　日本国内における消費者の購入意向

　首都圏在住の 15 歳から 64 歳の男女 1,000 名を対象にした「電通グリーンコンシューマ調査 2013」によると，日本の消費者の環境問題への関心も高まっており，電通の調査によると，関心のある社会問題として，5 年連続で環境問題が一位となっており，環境配慮製品の購入を検討したことがある人は全体の 8 割にものぼっている[7]。加えて，同調査の環境配慮製品の購入経験者は，2012 年と 2013 年では 46％から 56％と増加している。この調査からも，日本の消費者の環境配慮行動は消費者行動研究において重要な研究領域であるといえる。

(2)　環境配慮行動の影響要因に関する先行研究

　先行研究において，環境配慮行動の規定要因として，当初は，年齢，性別，世帯，収入等の人口統計要因が取り上げられていたが，一貫した結果が見出されておらず，最近の研究では，人の個性に関する要因を加え，態度，有効性評価，社会的規範，ベネフィットなどの心理的要因が中心となってきた。

　例えば，Webstar Jr. (1975) [8]，野波他 (1997) [9]，Straugahan and Roberts (1999) [10]，西尾・竹内 (2007) [11] の研究で，有効性評価が環境配慮行動を促進する要因であることが実証された。

　Balderjahn (1988) [12]，Crosby et al. (1981) [13]，Schwepker and Cornwell (1991) [14]，西尾 (2005) [15]，李 (2009) [16] の研究では，態度は環境配慮行動の重要な予測変数であることが確認されている。

(3) デザイン性

　環境配慮製品の購買行動について，製品のデザイン性についての実証研究を確認したところ，先行研究は極めて少なく，ほとんど見当たらない。消費者が環境配慮製品を選ぶ際に，何を重視するかについて調査を行ったもので，葛本（2007）の研究があげられる。葛本（2007）は，耐久消費財の環境配慮型製品購入時の重視項目について，ウェブ上で国内約 2,000 人のアンケート調査を行った。その結果，「環境に配慮され，かつデザインも良い製品を選択する」が 18.9％，「デザイン重視で製品を選択する」が 51.9％となっており，デザインを重視しているのは，全体の約 70％であることが実証された[17]。

　また，環境配慮製品とデザイン性についての数少ない先行研究の一つとして，前田（2012）は，大学生 187 名を対象にアンケート調査を行い，調査の結果，エコバッグの使用動機を測定する 19 項目について，因子分析を行い，6 因子を抽出した。そして，エコバッグの使用を促進する新たな要素として，「ファッション性」の可能性をあげている[18]。

　葛本（2007），前田（2012）の研究結果から，デザインは環境配慮製品を選ぶ際に重要な役割を果たすと予想され，國﨑（2017）の研究で環境配慮製品の購買行動の規定要因として，新たに「デザイン性」を提案し実証された[19]。

4．先行研究の問題点

　環境配慮製品についての電通の調査では，購入経験者は年々増加しており，今では 8 割を超える人が購入意向があるということがわかった。それに対して，国内での環境配慮製品の購買行動の影響要因に関する実証研究が不足している。これが第一の問題点である。

　また，環境配慮製品の購買行動の影響要因に関する実証研究であっても，その調査対象が大学生に限られている場合がほとんどで，幅広い年代の消費者を対象とした実証研究が必要である。これが第二の問題点である。

　加えて，研究者が各々新しい要因の実証分析を行うことで環境配慮行動の要

因に関する研究は深化してきており，環境配慮行動の規定要因の解明のために
は，更なる実証研究が必要である。新たな影響要因を加え，環境配慮製品の購
買行動モデルを策定し，影響要因について幅広い年代を対象として実証研究を
行い，モデルの適合性を実証することが求められる。これが，第三の問題点で
ある。

　日本の消費者のライフスタイルがエコ購買態度の影響要因に与える影響につ
いて実証的に分析した先行研究は見当たらない。これが第四の問題点である。

　そこで，本章では環境配慮製品の購買に関して，日本の消費者のライフスタ
イルの態様とエコ購買態度の新要因として実証された「デザイン性」へのライ
フスタイルの影響について以下のモデルと仮説を構築した。

5.　分析モデルと仮説

図表 7-1　分析モデル

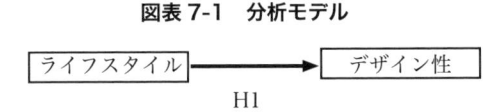

H1

　　仮説　Ｈ１　ライフスタイルはデザイン性に顕著な影響を与える。

（出所）筆者作成。

6.　アンケート調査の概要

(1) アンケート設計

　本章では文献整理に基づいて，調査項目を「ライフスタイル」「デザイン性」
の２つとした。「ライフスタイル」に関する項目は，古木・宮原・山村（2008）[20]，
寥（2014）[21] を参考に 23 問設定した。「デザイン性」は，葛本（2007）[22]，前
田（2012）[23]の研究を参考に独自に６問設定した。個人属性に関する項目を除き，
「同意する」を５，「同意しない」を１とする５段階評価の解答様式とした。

（2）アンケート調査の実施概要

本章では，日本の消費者を対象にアンケート調査を行った。2015年7月から11月にかけて930部のアンケートを配布し，その結果，解答未記入や無効分を除いた有効解答数は821部となった（有効回収率：88%）。

（3）分析方法

分析ソフト SPSS17.0 を用いてデータの統計分析を行い，研究仮説の検証を行う。

7．調査結果

（1）サンプル分析

回収したサンプルについて，男女比は「女性」が58.5%，「男性」が41.5%と若干女性の割合が多く，「未婚」が62.5%，「既婚」が36.8%と未婚者が大半を占めている。年齢は10代から60代以上まで分布しており，「20代」が34.1%と一番多く，次いで「10代」が15.6%，「30代」が14.7%という順番になっており，最も少ないのは「60代以上」で7.8%であった。学歴は，「大学」が57.1%と約半数を占め，「短大・専門学校」が20.1%，「高校以下」が16.9%という割合になっている。職業は，「学生」が39.1%，次いで「会社員」が30.5%，「パート・アルバイト」が11.7%であり，今回の回答者は，学生と会社員がほぼ同じ割合で過半数を占めるというアンケート結果となった。

加えて，環境配慮製品の購買経験については，最も多いのが「1～3回」の63.6%，「4～10回」が17.8%，「それ以上」が11.7%となっており，9割以上の消費者が購買経験があるという結果になっている。「なし」と答えたのは，わずか11.7%であった。

また，環境配慮製品の購買理由は，最も多いのが「自分・家族のため」の42.5%と半数に近く，次が「地球のため」で35.7%という結果であった。最も少ないのが「国のため」の1.1%であった。

(2) サンプルの因子分析

　日本のサンプルの中で上記の 3 つの共通度が低い項目（< 0.4）を除き，固有値が 1 を超える共通因子を残し，残りの 20 個の変数について最尤法で因子抽出を行った。因子の回転方法においてはバリマックス直行回転で分析した。その結果，KMO 値が 0.831 であったのでサンプル抽出が適切であることを示している。

　また，日本のサンプルは，バートレットの球面性検定の X^2 値が 3301.001 であり，有意確率が 0.000（P 値< 0.05 で結果が有意を表す）であったので，因子分析に適した数値が出ている。そして，バリマックス法直行回転の後，5 つの因子を抽出し，累積寄与率が 35.986% に達した。

図表 7-2　日本の消費者のライフスタイルの KMO 値検定

KMO および Bartlett の検定

Kaiser-Meyer-Olkin の標本妥当性の測度		.831
Bartlett の球面性	近似カイ 2 乗	3301.001
検定	自由度	190
	有意確率	.000

（出所）筆者作成。

　因子分析の結果，5 つの因子が抽出され，先行研究を参考に，因子分析の結果に基づき，因子 1「社交的・熟考」，因子 2「好み優先」，因子 3「優柔不断」，因子 4「流行・知名度」，因子 5「自己解決」と命名した。

　前述の 5 つの因子を用いて，Ward 法によるクラスタ分析を行い，4 つのクラスタを得た。第 1 クラスタには 126 名，第 2 クラスタには 64 名，第 3 クラスタには 402 名，第 4 クラスタには 229 名の調査対象が含まれていた。

図表 7-3　因子の命名と寄与度

	因子 1	因子 2	因子 3	因子 4	因子 5
命名	社交的・熟考	好み優先	優柔不断	流行・知名度	自己解決
寄与度	10.468%	7.705%	7.366%	6.521%	3.927%

（出所）筆者作成。

回転後の因子行列 a

		因子					備考
		1	2	3	4	5	
23	世の中の物事に対して広く関心があるほうだ	.558	.220	.138	.133	.148	因子1
5	家族との共同行動を重視する	.558	-.062	.102	.165	.136	
1	旅行と自然が好きだ	.516	.160	-.158	.177	.023	社交的
2	地域活動やボランティア活動に取り組みたい	.506	-.071	.163	.177	.124	・熟考
6	商品をいくつかの店で比べてから購入する	.501	.193	.011	.142	-.086	
8	商品を購入する際、よく説明書を読む	.480	.188	.083	.062	.104	
15	商品の品揃えのいい店に買いに行く	.295	.580	.167	.091	-.144	因子2
12	購入したい商品は、他人の紹介より自分で選ぶ	.070	.561	.140	.037	.050	
11	好きなものは、すぐに買う	-.094	.404	.346	.178	.113	好み優先
18	商品を買う際、長い列に並ぶことが嫌いだ	.207	.402	.117	-.071	.201	
10	商品を買った後、後悔することが多い	-.067	.063	.604	.141	.186	
13	いつも予定より多く買ってしまう	.084	.223	.553	.147	.022	因子3
19	他人の意見を聞いた後、自分のやり方を変えることがよくある	.093	.067	.390	.043	.176	
14	買い物の際、よく値引き券やクーポン券を使う	.219	.282	.387	.194	-.106	優柔不断
16	安ければ、遠くても買いに行く	.289	.226	.359	.009	-.004	
4	流行しているものに興味がある	.198	.043	.201	.681	.052	因子4
7	ファッションに興味がある	.273	.160	.069	.592	-.041	流行・
3	知名度の低い商品は購入しない	.142	-.018	.108	.475	.063	知名度
20	他人に手伝ってもらうより、自分で完成させる方である	.118	.439	.104	.066	.533	因子5
21	家具や水道などが故障した場合、自分で修理をする	.154	-.022	.187	.039	.514	自己解決
	固有値	4.493	1.916	1.519	1.330	1.073	
	分散寄与率	10.468	7.705	7.366	6.521	3.927	
	累積寄与率	10.468	18.173	25.538	32.059	35.986	

（出所）統計数値に基づき筆者作成。

（3）クラスタ分析による消費者のセグメント化

図表 7-5　各グループのケース表（日本）

グループ名	ケース数	パーセント
雰囲気影響型	126	15.3 %
トレンド重視型	64	7.0 %
自立幸福型	402	48.9 %
積極的社交型	229	27.8 %
合計	821	100.0 %

（出所）筆者作成。

　統計分析の結果により，グループの数の大きさの順番からみると，第1グループを「雰囲気影響型」，第2グループを「トレンド重視型」，第3グループを「自立幸福型」，第4グループを「積極的社交型」と命名した。

　日本のサンプルの中で，最も多いのは「自立幸福型」で全体の48.9%を占め，二番目に多いのは「積極的社交型」で全体の27.8%を占める。三番目は，「雰囲気影響型」の15.3%で，四番目は「トレンド重視型」の7%という順番である。

　エコ製品への関心度から見ると，まず全体では821人で，大きいが103人（12.5%），多少関心ありが334人（40.7%），普通が294人（35.8%），あまり関心なしが57人（6.9%），まったく関心なしが33人（4.0%）であり，多少関

図表7-6　日本のサンプルのクラスタ分析値

因子	最終クラスタ			
	雰囲気影響型	トレンド重視型	自立幸福型	積極的社交型
社交的・熟考	− (-.3176196)	− (-1.0010428)	+ (.0097618)	+ (.4373911)
好み優先	+ (.5225750)	− (-1.3377741)	+ (.0080527)	+ (.0722092)
優柔不断	+ (.1061227)	− (-.6498647)	+ (.4098082)	− (-.5961704)
流行・知名度	− (-.0598497)	− (-.3464995)	+ (.2265901)	− (-.2680008)
自己解決	− (-1.0835906)	− (-.0089131)	+ (.3045169)	+ (.0641356)

（出所）筆者作成。

図表7-7　所属するグループから見るエコ製品への関心度の割合

		クラスタ				合計
		雰囲気影響型	トレンド重視型	自立幸福型	積極的社交型	
関心大きい	実数（人）	9	4	47	43	103
	構成比（%）	7.1%	6.3%	11.7%	18.8%	12.5%
多少関心あり	実数（人）	37	15	186	96	334
	構成比（%）	29.4%	23.4%	46.3%	41.9%	40.7%
普通	実数（人）	55	16	151	72	294
	構成比（%）	43.7%	25.0%	37.6%	31.4%	35.8%
あまり関心なし	実数（人）	17	12	12	16	57
	構成比（%）	13.5%	18.8%	3.0%	7.0%	6.9%
全く関心なし	実数（人）	8	17	6	2	33
	構成比（%）	6.3%	26.6%	1.5%	.9%	4.0%
合計	実数（人）	126	64	402	229	821
	構成比（%）	100.0%	100.0%	100.0%	100.0%	100.0%

（出所）統計数値に基づき筆者作成。

心ありが最も多く，次いで普通，大きいという順である。関心がないと答えた
のは1割程度で，ほぼ9割の人が何らかの関心を示している。

「トレンド重視型」グループは，全く関心がないと答えた人の人数が全ての
クラスタで一番多く，関心が大きいと答えた人は一番少ない結果となった。

また，「雰囲気影響型」と「トレンド重視型」は，関心が大きいと多少関心
有りと答えた人の割合が3割程度であるのに対し，「自立幸福型」と「積極的
社交型」は5割を超えている。このことから，「雰囲気影響型」と「トレンド
重視型」はエコ製品への関心が低く，「自立幸福型」と「積極的社交型」は関
心が高いということがいえる。

(4) ライフスタイルからデザイン性への影響力分析

この結果によると，デザイン性に対するライフスタイル因子の重判定係数
(R^2) は 0.288 で，これは予測変数（ライフスタイル因子）が従属変数（デザイン性）
の 28.8% を説明できることを表している。すなわち，「ライフスタイルはデザ

図表 7-8　ライフスタイル因子→デザイン性の影響力分析表

係数 [a]

モデル	標準化されていない係数		標準化係数	t 値	有意確率
	B	標準偏差誤差	ベータ		
1（定数）	3.564	.020		179.931	.000
社交的・熟考	.211	.024	.264	8.686	.000
好み優先	.189	.026	.225	7.353	.000
優柔不断	.103	.026	.120	3.911	.000
流行・知名度	.252	.025	.299	9.893	.000
自己解決	-.009	.027	-.010	-.338	.736

a. 従属変数 デザイン性

F 値＝ 65.994

R^2 ＝ .288

注：***p<.001

（出所）筆者作成。

イン性に影響を与える」ことを検証した。具体的には，「自己解決」の因子は「デザイン性」に明確な影響がなく，因子「社交的・熟考」，「好み優先」，「優柔不断」，「流行・知名度」の4つは「デザイン性」に正の影響を与えている。

　すなわち，自分のことは自分で解決しようとする因子は，デザイン性への影響が顕著ではない。また，外部の世界と繋がることを好む因子，好きなものをすぐに買おうとする因子，他人の意見に影響されたり，買ったあとに後悔することが多い因子，流行やファッションに興味があり商品の知名度を重視する因子を持つことは，デザイン性に正の影響を与える。

　これにより，仮説1が支持された。

8.　考　察

　本分析の結果，日本の消費者のライフスタイルに関して「社交的・熟考」「好み優先」「優柔不断」「流行・知名度」「自己解決」の5因子が抽出され，クラスタ分析の結果，「自立幸福型」，「積極的社交型」「雰囲気影響型」「トレンド重視型」の4つのグループに分類できることがわかった。

　さらに，「自立幸福型」と「積極的社交型」がエコ製品に積極的であり，「雰囲気影響型」と「トレンド重視型」というエコ製品に消極的なグループの2つに分けられる。

　また，エコ製品に最も消極的なクラスタは，エコ製品への関心がない人数が最も多い「トレンド重視型」である。

　日本の消費者のライフスタイルの特徴として，デザイン性への影響力順にみていくと，流行やファッションに興味があり，商品の知名度を重視し（「流行・知名度」因子），購入と使用の前に情報入手をしっかりと行い，世の中に対して関心があり，社交的であり（「社交的・熟考」因子），好みが明確で好きなものをすぐに買うことを望み（「好み優先」因子），他人の意見に影響されたり，買ったあとに後悔することが多い（「優柔不断」因子）ライフスタイルがデザイン性に正の影響を与えることが判明した。

　全体的な累積寄与率が最も少ない「自己解決」がデザイン性に対しても影響がないという結果は，自分一人で解決するというライフスタイルの割合が少ないためだと考えられる。

　また，累積寄与率が5因子中4番目である「流行・知名度」がデザイン性に対しては最も影響力が強いという特徴がある。

9. 結　び

　これまでの先行研究では，有効性評価や態度などのエコ購買態度の影響要因のみを実証する研究であり，本章ではこれにライフスタイルの観点を加味し，新要因である「デザイン性」への影響力を実証することができた。これにより，日本の消費者のライフスタイルの態様と「デザイン性」へ影響を与えるライフスタイル因子を定量的に明らかにした。

　今後は，ライフスタイルから他の影響要因への影響の分析を行い，複数の要因の間でライフスタイルからの影響力を比較分析する予定である。

【引用文献】

(1) 山口和男・犬伏宣宏訳 (1946),『マックス・ウェーバー』ミネルヴァ書房, pp.153-154。 H.H.Gerth & C.W.Mills (1946), *From Max Weber;Essay in Sociology*, A Galaxy Books. 原文参照。

(2) 塩田静雄 (2002),『消費者行動の理論と分析』中央経済社, p.32。

(3) 山口和男・犬伏宣宏訳 (1946), 前掲書, pp.153-154。

(4) 清水聡 (2004),『新しい消費者行動』千倉書房, p.55。

(5) 杉本徹雄 (2009),『消費者理解のための心理学』福村出版, p.179。

(6) 同上書, p.185。

(7) 電通グリーンコンシューマ調査 2013 (http://www.dentsu.co.jp/)

(8) Webste, F. E. Jr. (1975), "Determiing the Characteristics of the Socially Conscious Consumer", *Journal of Consumer Research*, 2, pp.188-196.

(9) 野波寛他 (1997),「資源リサイクル行動の意思決定における多様なメディアの役割: パス解析を用いた検討」『心理学研究』68巻4号, pp.264-271。

(10) Straughan, R.D. and Roberts, J.A. (1999), "Environmental segmentation alternatives", *Journal of Consumer Marketing*, Vol.16 No.6, pp.558-575.

(11) 西尾チヅル・竹内淑恵 (2007),「消費者のエコロジー行動とコミュニケーショ

ンの方向性」『日経広告研究所報』230 号，pp.18-24。

(12)　Balderjahn.I. (1998), "Personality Variables and Environmental Attitudes as Predictors of Ecologically Responsible Consumption Patterns", *Journal of Business Reserch*, Vol.17, pp.51-56.

(13)　Crosby, L.A., J. D. Gill, and J.R.Taylor (1981), "Consumer Voter Behavior in the Passage of the Michigan Container Law", *Journal of Marketing* , 45, pp.19-32.

(14)　Schwepker, C. H. Jr., and T.B. Cornwell (1991), "An Examination of Ecologically Concerned Consumers", *Journall of Public Policy and Marketing*, 10 (2), pp.77-101.

(15)　西尾チヅル (2005), 「消費者のゴミ減量行動の規定要因」『消費者行動研究』11 巻 1 号，pp.1-18。

(16)　李振坤 (2009), 「日本と中国の消費者の省エネ行動意図規定要因に関する国際比較研究」『横浜経営研究』第 30 巻第 1 号，pp.221-241。

(17)　葛本直央哉 (2007), 「消費者から見た環境配慮型製品に求められる要件」『デザイン学研究・第 54 回研究発表大会概要集』, pp.142-143。

(18)　前田洋光 (2012), 「エコバッグの使用動機が環境配慮行動に及ぼす影響」『産業・組織心理学研究』25 巻 2 号，pp.172-175。

(19)　國﨑歩 (2017), 「日本におけるエコ購買態度への影響要因—有効性評価, 独自性, デザイン性の分析を中心として—」原口俊道監修 / 張慧珍・寥筱亦林・李建霖編著『アジアの産業と企業』五絃舎，pp.57-68。

(20)　古木二郎・宮原紀壽・山村桃子 (2008), 「環境配慮製品における購買層の特性と環境性能の価値評価に関する調査研究」『三菱総合研究所所報』49 巻，pp.128-141。

(21)　寥筱亦林 (2014), 「地域消費者のライフスタイルと購買後行動に関する研究：日本鹿児島市と中国武漢市の化粧品購買者を例として」鹿児島国際大学博士論文。

(22)　葛本直央哉 (2007), 前掲論文, pp.142-143。

(23)　前田洋光 (2012), 前掲論文, pp.172-175。

（國﨑　歩・原口俊道）

第8章　訪台したことのある日本人観光消費者の価値観とライフスタイルの関連性

【要旨】

　本章では，観光消費者の価値観とライフスタイルの関連性について明らかにするため，訪台したことのある日本人観光消費者を対象にアンケート調査を実施した。計1,900部のアンケートを配布し，1,623部の有効回答数（有効回収率は93.00%）を得た。

　統計分析の結果から，訪台したことのある日本人観光消費者の価値観とライフスタイルには顕著な相関関係があることがわかった。また，訪台したことのある日本人観光消費者の価値観がライフスタイルに顕著な影響を与えることがわかった。

【キーワード】：観光消費者，価値観，ライフスタイル

1.　はじめに

(1)　研究の背景と動機

① 21世紀はエコロジーの世紀，サービス産業社会の時代およびライフスタイルや価値観の多元的な社会となり時代である。

　近年，世界では，経済の急速な成長に伴い，個人所得が増加して，また勤務時間が減少して観光旅行のブームが起こっている。そして，全産業の中で地球環境にやさしい事業の一つに「観光」があり，エコロジー意識の向上によって，各国は観光事業を積極的に拡大してきた。そして，経済の高度成長が消費生活

やライフスタイルを大きく変化させ，現代人は大量の情報によって多元的な価
値観を持つようになり，社会も消費環境も以前より活性化している。

②日台双方の観光消費客の動向

　2015年に日本の外国観光消費者は 1,974 万人に達し，そのうち台湾からの
観光消費者は 368 万人である[1]。一方，台湾の外国観光消費者は 1,044 万人
で，そのうち日本からの観光消費者は 163 万人である[2]。

　下記の図表8-1 から見ると，2006 年から 2015 年までの期間において，
2011 年を除き，訪日の台湾観光消費者のほうが多かった（原因は日本の東日本
大震災があったためである）。そして，2015 年には訪日の台湾人観光消費者は多
くなり，訪台の日本人観光消費者の 2 倍以上となった。

③日本における外国人観光消費者の旅行消費額

　日本における外国人観光消費者の旅行消費額は，中国人が 14,174 億円
（40.8％）と第一位であり，第二位は台湾人の 5,207 億円（15％）である[3]。
しかし，中国の人口 13 億人と台湾人口 2,300 万人を考慮すると，台湾人一人
あたりの旅行消費額は中国人のそれと比較すると極めて大きい。

(2) 研究の目的

　本章の目的は次のことを明らかにすることである。

①高度経済成長に伴う消費者のライフスタイルは大きく変化したため，訪台
　の日本観光消費者の価値観がライフスタイルに如何に影響を与えるかを明
　らかにしたい。

②日本観光消費者の価値観およびライフスタイルの状況。

③日本観光消費者の価値観とライフスタイルの関係性。

図表 8-1　訪日台湾観光消費者数と訪台日本観光消費者数の比較

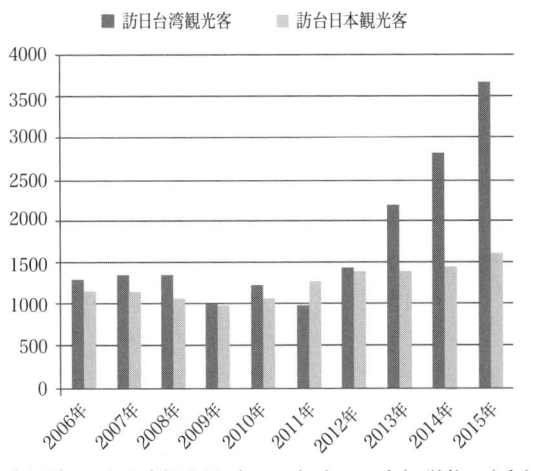

（出所）日本政府観光局（JNTO）（2016 年）単位　（千人）

2.　文献整理

(1)　観光の定義と観光行動論の体系

　1）世界観光機構（UNWTO）によると，観光とは「1 年を超えない期間で余暇やビジネス等を目的として，居住地以外の場所を訪れ滞在すること」と定義されている [4]。また，槻本邦夫（2006）[5] によれば，観光とは「観光欲望の充足を目的とした日常空間の一時的・自発的転換行動である」と定義することができる。観光は，総合的な多元化産業である。さらに，広範囲に影響を及ぼす。例えば，観光消費者は消費活動をする際に，食，衣，住，交通，教育，娯楽などがすべて包括されている [6]。

　観光行動とは，観光行動を指す場合と，関連する事象を含めて社会現象としての観光現象を指す場合とがある。観光行動と解する場合，狭い意味では，他国，他地域の風景，風俗，文物を見たり，体験したりすること，広い意味では，観光旅行とほぼ同義で，楽しみを目的とする旅行一般を指す [7]。

　観光行動論を消費者行動論の枠組みの中の新たな学問領域と認識し，その分析の枠組みを考える際に，観光行動の歴史（観光行動史），観光行動の理論（観光行動理論）および観光行動の政策（観光行動政策）の 3 分野に体系化することができる[8]。

2）観光消費者行動の影響要因

　本章では，消費者行動理論を基礎として，観光消費者行動理論を参考に，台湾を訪れる日本人観光消費者の消費者行動に影響を与える価値観とライフスタイル要因を解明する。さらに，Homer と Swarbrooke(1996)[9]の研究によれば，観光消費者行動に影響を及ぼす要因は，観光消費者の内的要因と外的要因に分類されるという。

①内的要因：個人動機，パーソナリティ，分配可能所得，健康，家族への投資，仕事への投資，過去の経験，選好・趣味，旅行の知識，ライフスタイル，態度・認知などである。

②外的要因：商品の利便性，旅行社の提案，観光地・観光組織・観光メディアを提供する情報，親友の口コミ，観光企業の推進プロジェクト，観光地の気候などである。

　そして，Cooper（1993）[10]の研究によれば，観光消費者行動への決定要因は 4 つあると指摘している。その 4 つの決定要因は，つぎのとおりである。

①観光旅行の刺激：広告，プロモーション，旅行ガイドブックなど。

②観光行動の個人決定要因：パーソナリティ，態度，動機，価値観，期待など。

③外的要因：観光地のイメージ，旅行代理店への信頼，旅行コスト，時間の制限など。

④観光地のサービスの特徴と機能のアトラクション：コスト，価値の認知など。

(2) 価値観の文献整理

1）価値観の定義

　Rokeach（1973）[11]は，「価値観は，永続的な信念の一種であり，個人または社会の価値は，特定の行為または生活様式の好みの永続的な信念である。」

と述べ，価値観は，特定の状況を超え，行動，人，物事に関する選択肢や判断を導く [12] (Schwartz,1994)。要するに，価値観は，個人の選択や行動に誘導効果をもたらす信念や目標である。社会的，文化的，環境的刺激を受け，長年の経験を反映した個人の価値観は，行動の決定に深く影響している。その意味を包括すると，価値観は人間の心の信念の基盤と基盤に根ざしており，それは個人の行動に影響を及ぼし，最終決定を下すものだ [13] と言える。

　汪志堅 (2015) [14] は，価値観 (Values) は，一種の信念が持続したものであり，さらにある 1 つ項目の行動に影響を及ぼすと述べた。例えば，エコロジーの重視程度は，ごみの分類，ビンの回収などの行為に影響を及ぼす。さらに，長島直樹 (2010) [15] は，旅行に関する消費行動では，旅行を取り上げるのは，ある程度価値観を反映しているとみなすことができ，選択的消費の代表例とみられる旅行においては，情報収集や意思決定のプロセスなど，消費者が主体的に意思決定しているという感覚を持つのが一般的であるとした。

2）価値観の分類

　① Spranger (1928) [16] は，人々が人生を追求する方法に応じて 6 つの種類に価値観を分割している。彼の考えによると，理論的なタイプ，社会的なタイプ，審美的なタイプ，宗教的なタイプ，政治的なタイプおよび経済的なタイプの 6 つに分けられる。

　② Rokeach (1973) [17] は，行動モデル (model of conduct) と生存ターゲット (end-stateof existence) の選好理論に基づいて，価値観を 2 つの種類の道具性価値 (instrumental value) と目的性価値 (terminal value) に分類している。

　③Schwartz(1992) [18] は価値観にはそれぞれ5つの特性が含まれているという。

　(1)アイデアや信念が含まれている。(2)究極的な欲望や行動が存在する(欲望や行動が最終的に存在する)。(3) 個々の状況を変換する。(4) 事象および行動を指導または評価する。(5) 価値観の相対的な重要性に基づいて，順番に並べ替える。

3）価値観の測定方法

　価値観の測定方法には，① Rokeach 価値分析法，② Schwartz 価値分析法，

③LOV 分析法，④手段―目的チェン分析法などがある。

LOV 分析法は，広く普通に使用されている。LOV 分析法は Rokeach 価値分析法から抽出されたもので，他人に優しい関係，自己満足，興奮，自尊心，尊重心，帰属感，安全，成就感，興味・享受の９つのセグメンテーションにわけられる（汪志堅，2015）[19]。

上述の定義と概念によると，価値観とは私たちが事物を追求することに対して持つ信念である。その信念は，やがて行動方式，手段，目標を選択するときに影響を及ぼす。消費者は，消費行動を行うときに，様々な人間が様々な購買決定活動を行う。そのとき，価値観は一種の重要な影響変数である。価値観は，長期間に亘る変更しにくい信念であるので，消費者行動への価値観の影響を測定することができる。ゆえに，本章は，価値観変数を加えて研究を行う。

（3）ライフスタイルの文献整理
１）ライフスタイルの概念・定義

ライフスタイルの起源は，心理学および社会学に基づいている。その理論は，George Kelly（1975）[20] の「個人認知概念理論」（Theory of personal Constructs）から形成されている。ライフスタイルに関する研究は，1968 年に始まって，Lazer（1963）[21] が，このライフスタイルの概念をマーケティングの領域に応用した。

ライフスタイルとは「生活行動，関心事，意見など生活の仕方」である[22]。つまり，人々がどのように生活しているかを示すものである。さらに，ライフスタイルは，消費者の生活態度や生活様式のことである。個人の価値観や行動様式などによって，ライフスタイルは決定され，ライフスタイルの違いは，消費行動に大きく影響を与える[23]。

２）ライフスタイルへの影響要因と測定方法

Hawkins, Roger and Kenneth（1989）[24] によれば，ライフスタイルに影響を及ぼす要因には９つの要因があり，さらにライフスタイルが消費者行動にも影響を与えているという。下記の図表 8-2 のとおりである。

図表 8-2　ライフスタイルへの影響要因

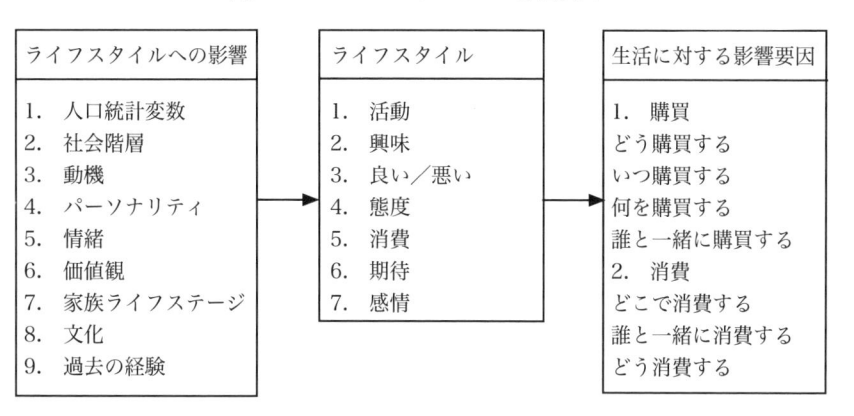

ライフスタイルへの影響	ライフスタイル	生活に対する影響要因
1.　人口統計変数	1.　活動	1.　購買
2.　社会階層	2.　興味	どう購買する
3.　動機	3.　良い／悪い	いつ購買する
4.　パーソナリティ	4.　態度	何を購買する
5.　情緒	5.　消費	誰と一緒に購買する
6.　価値観	6.　期待	2.　消費
7.　家族ライフステージ	7.　感情	どこで消費する
8.　文化		誰と一緒に消費する
9.　過去の経験		どう消費する

（出　所）Del, I. H., Roger, J. B. & Kenneth, A. C.(1989), *Consumer Behavior*, 4th ed., Richard D. Irwin, Inc., p.39 に基づいて作成。

　Zins（1998）[25] は，観光旅行者の旅行中の特性と行動を測定するために，必ず旅行と関連ある観光旅行者の活動，趣味，意見（AIO）を通して測定しなければならないと主張する。

　鄭健雄・劉孟奇（2001）[26] は，消費者行動を解釈し，予測する際には，ライフスタイルは非常に重要な解釈変数であると述べている。

　Plummer（1974）[27] はライフスタイルに人口統計変数を加え，AIO 測定模式を提唱した。

　Plummer の AIO モデルは，今まで多くの人が採用したモデルである。

　上述の諸学者が主張するように，ライフスタイルは消費者の購買行動に影響を与えるものである。本章では，ライフスタイルへの影響要因として特に価値観を取り上げ，価値観がライフスタイルに及ぼす影響を分析する。

3）価値観とライフスタイルの相関関係

　Lazer（1963）[28] によれば，ライフスタイルは，文化,価値観,人口統計変数,社会的地位，参照グループ，家族，人格，モチベーション，認知，学習，マーケティング活動などが組み合わさって形成されるという。

　Blackwell and Kollat（1978）[29] は,「ライフスタイルは個人的価値観とパー

ソナリティの重要な現れであり，個人的価値観は同じ環境であっても自分の文化によって深く影響を受けている」と主張している 。

(4) 先行研究の問題点の整理

先行研究に見られる問題点を抽出すると，つぎのとおりである。

①訪台したことのある日本人観光消費者の価値観がライフスタイルに影響を及ぼすことに関する定量的な研究が非常に少ないこと。

②訪台したことのある日本人観光消費者の価値観とライフスタイルを結びつけた研究が極めて少ないこと。

3. 分析モデルと研究仮説の設定

(1) 分析モデル

本章では，訪台したことのある日本人観光消費者の価値観とライフスタイルを分析する。分析モデルは，Plummer（1974），Wells & Tigert（1971），鄭健雄・劉孟奇（2003），土井千章（2014）などの文献を参考にして作成した。図表8-3に示すとおりである。

図表 8-3　本研究の分析モデル

（出所）筆者作成。

(2) 研究仮説

前述の文献に基づき本章の仮説を以下のように設定する。

仮説 H1 : 訪台したことのある日本人観光消費者は個人属性が違えば，価値観とライフスタイルが異なる。

仮説 H2 : 訪台したことのある日本人観光消費者の価値観とライフスタイルには明らかな相関関係がある。

仮説 H3 : 訪台したことのある日本人観光消費者の価値観はライフスタイル

に顕著な影響を与える。

(3) 研究の範囲と対象

本章は訪台したことのある日本人観光消費者を対象として，観光消費者の人口統計変数，価値観およびライフスタイルを調査する。

(4) アンケート調査の概要

日本では，2017 年 2 月 1 日から 2017 年 4 月 30 日までアンケート調査を行った。調査の対象は訪台したことのある日本人観光消費者で，合計 1,900 部のアンケートを配布し，1,745 部を回収した。回答未記入や無効分を除いた有効回答数は 1,623 部で，有効回収率は 93.00％であった。以下の図表 8-4 に示す。

図表 8-4　アンケートの回収状況

地域	配布の数	回収の数	無効の数	有効の数	有効回収率
東京	1,000	953	44	909	95.30%
鹿児島	400	352	50	302	85.70%
大阪	500	440	28	412	93.60%
合計	1,900	1,745	122	1,623	93.00%

（出所）筆者作成。

(5) アンケート調査票の設計

本研究は文献整理に基づいてアンケート項目を作成した。そして消費行動比較変数を観光消費者の「人口統計変数」「価値観」「ライフスタイル」とした。個人属性が名義尺度である以外は，リカートの五件法を採用して測定を行った。

図表 8-5　アンケートの設計

変数	項目数	参考文献
観光消費者の人口統計変数	9	Grace & O'Cass（2004），Lages（2005），蔡長清等（2009）など
価値観	5	Rokeach（1973），汪志堅（2015），Kahle（1983），王志剛，謝文雀（1995）と Schwartz（1992）など
ライフスタイル	15	Plummer（1974），Wells & Tigert（1971），鄭健雄，劉孟奇（2001），土井千章（2014）など

（出所）筆者作成。

(6) 資料の分析方法

　回収したアンケート調査票に対しては，統計ソフトの SPSS21.0 を使用して，記述統計，因子分析，ピアソン（Pearson）相関分析および回帰分析を行った。

4. 分析結果

(1) アンケート回答者の個人属性

1) 訪台したことのある日本人観光者の個人属性

　アンケートに回答した日本人観光者で最も多いのは「女性」(57.4%),「未婚」(30%),「20-29 歳」(22.6%) である。職業は「会社員」(41.1%) が最も多く，月収は「15 万 -25 万円未満」(24.2%)が最も多く，滞在日数は「3 ～ 4 日」(31.5%) が最も多い。旅行の同伴者は「家族」(43.8%) が最も多く，旅行費用は「10 万円未満」(34.3%) が最も多く，居住地は東京:56 %，大阪: 25.4 %，鹿児島: 18.6%の順となっている。

2) 訪台したことのある日本人観光消費者の差異検定

　本章の目的の一つは，訪台したことのある日本人観光消費者は個人属性が

図表 8-6　訪台したことのある日本人観光消費者の個人属性と価値観・ライフスタイルについての T 検定と ANOVA 分析の結果

項目	訪台したことのある日本人観光消費者		
	価値観	ライフスタイル	P 値（有意確率）
1. 性別			0.37（価値観） 0.80（ライフスタイル）
2. 年齢	○	○	0.00***（価値観とライフスタイル）
3. 職業	○	○	0.00***（価値観とライフスタイル）
4. 婚姻状況	○	○	0.00***（価値観とライフスタイル）
5. 月収	○	○	0.00***（価値観とライフスタイル）
6. 旅行日数	○	○	0.00***（価値観とライフスタイル）
7. 旅行同伴	○	○	0.00***（価値観とライフスタイル）
8. 旅行費用	○	○	0.00***（価値観とライフスタイル）

＊注：○（差異がある），空白（差異がなし）。* 表示 $P<0.05$；** 表示 $P<0.01$；*** 表示 $P<0.001$
（出所）筆者作成。

違えば，価値観やライフスタイルも異なるという仮説を検証することである。○は，差異がある（有意確率 p 値は，P<0.05；P<0.01；P<0.001 の条件に達する）。空白は，差異がなし（有意確率 p 値は，P<0.05；P<0.01；P<0.001 の条件に達しない）。図表 8-6 は仮説検証の結果を示している。

　T 検定や ANOVA 分析（一元配置分散分析）の結果，性別によって価値観やライフスタイルに有意差はないが，年齢，職業，婚姻状況，月収，旅行同伴などによって価値観やライフスタイルに有意差があることが分かった。したがって，H1 の仮説は部分成立した。

(2) ライフスタイルについての因子分析の結果

　ライフスタイルについての因子分析の結果によると，主因子法でカイザーのルールに基づいて固有値が 1 を超える共通因子を残し，直交回転によって比較的はっきりした因子負荷の要素を生む（Kaiser 1974;呉明隆 2008）。まず KMO 値は 0. 866 で，サンプル抽出が適切であったことを示している。それ以外にバートネットの球面性検定のカイ二乗値は 8855.339*** （p=0.00 < 0.001）と因子分析に適した数値が出ている。軸回転の後 3 つの因子項目が抽出され，信頼度分析を用いてそれぞれの信頼度が規定範囲の中にあるため（クロンバック α 値は 0. 866），累積寄与率は 55.18%に達した。よって本章は，Grace & O'Cass (2004)，Plummer (1974) のライフスタイル理論に基づき，3 つの因子項目（Cronbach's α : 0.815, 0 .741, 0.685）をそれぞれ「充実生活」「時尚生活」「ストレス生活」と命名する（図表 8-7）。

(3) 訪台したことのある日本人観光消費者の価値観とライフスタイルの相関
　　分析の結果

　本章ではピアソンの相関分析を利用して日本人観光消費者の価値観とライフスタイルの相関性を検定した。その結果は図表 8-8 に示すとおりである。両者の間には，関連性が見られた（p < .001***）。そして，相関係数の値が 0.7 以上で，H2 の仮説は成立した。

図表 8-7　　ライフスタイルについての因子分析の結果

ライフスタイルの項目		充実生活	時尚生活	ストレス生活	共通性
Q5	友人や家族と観光情報を交換したい	**0.629**	0.46	-0.003	0.607
Q6	グルメを味わうことが重要である	**0.702**	0.26	0.089	0.568
Q7	最高のサービスを楽しむためなら高い価格を支払う	**0.52**	0.188	0.091	0.314
Q8	美しい自然の景観との接触に期待し，楽しみに	**0.775**	0.018	0.129	0.618
Q9	自分たちの生活を豊かにすることができる	**0.761**	0.147	0.158	0.626
Q10	地元の習慣や文化，他の活動を体験することができる	**0.673**	0.193	0.241	0.549
Q4	よく新年，休日を使用して海外旅行する	0.282	**0.586**	0.096	0.433
Q11	ポピュラーな休暇（旅行）方式を追求したい	0.219	**0.685**	0.146	0.539
Q12	ニュースメディアに紹介された観光地に旅行する	0.127	**0.764**	0.029	0.601
Q14	新しい事への挑戦が好きである	0.429	**0.483**	0.175	0.448
Q13	生活は，シンプルで，節制的になる傾向がある	-0.015	**0.699**	-0.064	0.493
Q15	購入する安価な場所を見つけるために資料を比較した後購買する	0.313	**0.588**	0.073	0.449
Q1	多忙な仕事やプレッシャーから離れ，心身的なリラクゼーションと休息のためである	0.115	0.008	**0.888**	0.803
Q2	日常の生活環境から脱出することができる	0.226	0.087	**0.863**	0.804
Q3	家族の愛情を促進するためである	0.376	0.375	**0.38**	0.426
分散寄与率 %		36.11%	11.28%	7.79%	
累積寄与率		36.11%	47.39%	55.18%	
Cronbach's α		0.815	0.741	0.685	

Cronbach's α =.866
KMO 値 =.888
Bartlett's 球面性検定 χ2 値＝ 8855.339***
注：***p ＜ .001
（出所）筆者作成。

図表 8-8　訪台したことのある日本人観光消費者の価値観とライフスタイルの相関分析の結果

		価値観グループ	ライフスタイルグループ
価値観グループ	Pearson 相關	1	0.74***
	有意確率（両側）		.000
ライフスタイルグループ	Pearson 相關	0.74***	1
	有意確率（両側）	.000	

(4) 訪台したことのある日本人観光消費者の価値観がライフスタイルに与える影響力分析の結果

　本分析の仮説に基づいて，価値観からライフスタイルへの影響力分析の結果は，下記の図表 8-9 に示す。結果は，各ファセットの VIF 値が 10 未満であり，独立変数間に明らかな共線性がないことを示している。

　訪台したことのある日本人観光消費者の価値観がライフスタイルに与える影響力分析の結果は図表 8-9 のとおりである。日本人観光消費者の価値観がライフスタイルに対して顕著な影響を及ぼしている。R^2 は 0.597　回帰モデルの F 値は 1201.725，P 値 =0.000 となり，価値観の予測変数がライフスタイルについて説明できる寄与率は 59.70%に達し，かなりの程度の説明力を有していた。その結果，価値観は，ライフスタイルに対して顕著な予測能力を有しており価値観がライフスタイルに正の影響を与えている。したがって，「H3：訪台したことのある日本人観光消費者の価値観はライフスタイルに顕著な影響を与える」という仮説が成立する。

図表 8-9　訪台したことのある日本人観光消費者の価値観がライフスタイルに与える影響力分析の結果（H3）

依存変数：ライフスタイル				
独立変数 B 予測値	非標準化回帰係数	t 値	P 値	VIF
（定数）	1.114***	18.76	0.00	
価値観	0.547***	39.59	0.00	1.122

Adj-R^2=0.597　　F=1201.725　　p=0.000

（出所）筆者作成。　（注）：* 表示 P<0.05；** 表示 P<0.01；*** 表示 P<0.001

(5) 仮説検証の結果

図表 8-10　仮説検証の結果

研究仮説	仮説検証の結果
H1：訪台したことのある日本人観光消費者は個人属性が違えば，価値観とライフスタイルが異なる	△
H2：訪台したことのある日本人観光消費者の価値観とライフスタイルには明らかな相関関係がある	○
H3：訪台したことのある日本人観光消費者の価値観はライフスタイルに顕著な影響を与える。	○

（出所）筆者作成。注）○：成立　　△：部分成立　　×：不成立

5. 結 び

　訪台したことのある日本人観光消費者の個人属性について，Ｔ検定と
ANOVA 分析をした結果（図表 8-6）から，「性別」を除くと，個人属性が違えば，
価値観とライフスタイルが有意に異なることが判明した。したがって，仮説 1
（H1）は部分成立（△）することになった。

　本章ではピアソン相関分析により，訪台したことのある日本人観光消費者の
価値観とライフスタイルの関連性を分析した結果，顕著な関連性が見られた（p
＜ .001***）。そして，相関係数の値が 0.7 以上の範囲にあるので，H2 の仮説
は成立することになった。

　回帰分析も結果により，訪台したことのある日本人観光消費者の価値観がライ
フスタイルに対して顕著な影響力があることがわかった。したがって，H3
の仮説は成立することになった。

　本分析の成果の一つは価値観がライフスタイルに及ぼす影響を実証したこと
である。本分析では価値観を 5 つの項目で測定したが，現実に価値観は観光業
者のプロモーションテクニックや広告メッセージ，観光目的地に対するイメー
ジなどからも影響を受けることが予想される。今後，観光消費者の価値観につ
いて更に掘り下げた詳細な調査と分析を行ってみたい。

【引用文献】
(1) 日本政府観光庁，2015。http://www.jnto.go.jp/jpn/index.html
(2) 台湾観光協会 2015。台湾交通部観光局（2014）。
　　http://admin.taiwan.net.tw/upload/contentFile/auser/b/wpage/chp1/1_1.1.html.
(3)『観光白書』2015，観光庁国土交通省。
　　http://www.mlit.go.jp/kankocho/news02_000218.html
(4) 山下晋司（2011），『観光学キーワード』有斐閣双書，p.6。
(5) 槻本邦夫（2006），「観光行動における消費と欲望の構造──観光行動論序説（1)
　　──」『大阪明浄大学紀要』第 6 号，pp.43-44。
(6) 馬豫芳（2008，5，12），「發展台灣觀光之策略研究」政府與公共政策碩士在職班
　　論文計畫書，pp.22-23。

(7) 世界大百科事典内の観光行動の言及 ,https://kotobank.jp/word/ 観光行動－
1295141，出典：(株式会社日立リューションズ・ビジネス，1998 年 10 月。
(8) 槻本邦夫（2006），前掲書 pp.43-44。
(9) Homer, S. and Swarbrooke, J. (1996), *Marketing Tourism, Hospitality,
and Lei-sure in Europe*, International Thomson Business Press, London.
(10) Cooper, C.P. et al. (1993), *Tourism : Principles and Practice*, Pitman,
London.
(11) Rokeach, M. (1973), *The Nature of Human Value*, New York:The Free
Press, pp. 12-16.
(12) Schwartz, S. H. (1994), "Are There Universal Aspects in the Structure and
Contents of Human Values?", *Journal of Social Issues*, Vol.50, No.4, 1994,
pp.19-45.
(13) Mintz, S. M. (1995), "Virtue Ethics and Accounting Education",Issue in
Accounting Education, Vol. 10, No.2, 1995, pp.247-267.
(14) 汪志堅（2015），『消費者行動』台北：全華図書，pp.108-133。
(15) 長島直樹（2010），「生活者の価値観変化と消費行動への影響」富士通総研（FRI）
経済研修所，2010，November No.363.
(16) Spranger, E.(1928), *Types of Men: The Psychology and Ethics of
Personality*, New York: Hafner.
(17) Rokeach, M. (1973), 前掲書。
(18) Schwartz, S. H. (1992), "Universals in the content and structure of values:
Theory and empirical tests in 20 countries", In M. Zanna (Ed.), *Advances in
experimental social psychology*, Vol. 25,1992, pp. 1-65.
(19) 汪志堅（2015），前掲書。
(20) Kelly, George A. (1955), *Types of Men: The Psychology and Ethics of
Personality*, NY: N.W., Norton & Co.
(21) Lazer, W. (1963), "Life Style Concepts and Marketing: Toward Scientific,
Marketing in Stephen Greyserm", *Toward Scientific Marketing*, 1963,
pp.140-151.
(22) http://www.hsuzuki.com/content/study/cb/cb8.htm 2014.9.15.
(23) 出牛正芳（2004），『マーケティング用語辞典』白桃書房，p.228。
(24) Del. I. Hawkins, Roger J. Best and Kenneth A. Coney (1989), *Consumer
Behavior,* 4ed., Richard Irwin, Inc., p.39.
(25) Zins, Andreas H. (1998), "Leisure Traveler Choice Models of 127 Theme
Hotels Using Psychographics" , *Journal of Travel Research*, 36, Spring, pp.3-15.
(26) 鄭健雄，劉孟奇，張嵐蘭，黄裕智（ 2001），「台湾の現地化された休暇ライフス
タイルモデルの構築」家科学審議会特別研究プロジェクト報告。
(27) Plummer, J.T. (1974), "The concept and application of lifestyle segmentation",
Journal of Marketing, 38（1），pp. 33-37.

(28) Lazer, W. (1963), "Life Style Concepts and Marketing: Toward Scientific Marketing in Stephen Greyserm", *Toward Scientific Marketing*, 1963, pp.140-151.
(29) Engel, Kollat & Blackwell. (1978), *Customer Behavior* (3rd ed.), New York: John Wiley & Sons.

【参考文献】

〔1〕 Wells, W., & Tigert, D. (1971), "Activities, Interests and Opinions", *Journal of Advertising Research*, 11 (4).
〔2〕 土井千章等 (2014),「店舗クラスタを用いた購買行動に関するライフスタイルの推定」(株) NTT ドコモR＆Dセンター。
〔3〕 Grace, D. & O'Cass, A. (2004), "Examining service experiences and post-consumption evaluation", *Journal of Services Marketing* 18, pp.450 - 461.
〔4〕 Lages, C., Lages, C. R., & Lages, L. F. (2005), "The RELQUAL scale: a measure of relationship quality in export market ventures", *Journal of Business Research* 58, pp.1040-1048.
〔5〕 蔡長清, 曾鈞麟, 劉鐘珠, 侯佩瑜 (2009),「観光消費者の参加動機, 体験と與体験後行動相関研究－高雄食品展を例として」2009 第十回管理学域国際学術研討会論文集, pp.159-174。
〔6〕 Kaiser, H. F. (1974), "An index of factorial simplicity". Psychometrika, 39,pp. 31–36. (6043 citations as of 4/1/2016).
〔7〕 呉明隆 (2008),『SPS S 操作と応用問巻統計分析実務』台北, 五南出版。
〔8〕 Kahle, L. R. (Ed.). (1983), *Social Values and Social Change: Adaptation to Life in America*, New York: Praeger Publishers.
〔9〕 王志剛, 謝文雀 (1995),『消費者行動』台北：華泰書店。

（原田倫妙・原口俊道）

第9章　企業活動における「信頼」度の低下とその影響
－自動車部品メーカー「タカタ」への自動車メーカーの支援をもとに－

【要旨】

　自動車部品メーカーの「タカタ」は，エアバッグの不具合のため自社製品のリコールに至った。タカタはユーザーや株主，取引関係会社に対し丁寧な説明をすべきであったが，その対応を誤り，企業不信を招くこととなった。タカタは，不具合を最初に認識した時点で，リコールを前提に早期対策を打ち出すことができなかった。米国では購入者からの訴訟や米国政府から民事制裁金を科されるなどの事態に発展し，リコール対応への巨額費用の計上で倒産の危機に直面することになった。

　この問題は，タカタ1社のみにとどまるものでなく，自動車メーカー（アセンブラー）全体に大きな影響を及ぼすこととなった。自動車メーカーのほとんどは，タカタ製エアバッグを採用しており，リコール対応での自動車メーカー自身のコストとアセンブラーとしてのタカタ支援のためのコストがかかることになった。このタカタへの支援は，自然災害や工場の火災事故など非常時における工場復旧支援とは異なるものである。

　本章では，企業が支援を行うにあたり，利他的行動と利己的行動のどちらかによるものと考え，問題発生企業への支援については，企業間の「信頼」の程度が支援要因のひとつであり，自動車産業では，主要価値類似性モデル（SVSモデル）による説明が有効であることを考察した。

　タカタ支援の場合は，タカタへの価値共有認知が低下した中で，①支援が直接には収益に影響を与えるか，②長期・短期の視点と支援の有無がもたらす影響，③企業の社会的責任に対する企業経営姿勢が主体的であるか否かが，支援動因となっていると推察される。

【キーワード】： 問題発生企業， 信頼， 利他的行動と利己的行動，
SVS モデル， 価値共有

1. はじめに

　株式会社タカタは，エアバッグを生産する自動車部品メーカー (サプライヤー) であり，その製品を主要な自動車メーカー（アセンブラー）が採用していることで，一時的に世界シェア２位を占めるほどの業績を達成していた。

　しかし，2008 年ころからエアバッグの不具合が見られるようになり，人身事故も発生するようになり，何回かにわたりリコールはされたものの，累計で 1700 万台超がリコール対象となった。

　アメリカの国家道路交通安全局（NHTSA）は，タカタに対して最大２億ドルの民事制裁金を科すと発表し，さらにタカタと自動車メーカーに対して，2019 年末までにエアバッグの修理を完了するようにと命じた。タカタと自動車メーカーは，訴訟も提起され，リコール費用とともに訴訟対策費用が企業収益を圧迫していった。

　タカタ経営陣が利害関係者に丁寧な説明を怠ったため，企業不信を招く事態となったが，リコール対策を被ることになった自動車メーカーは，このような状況にあってもタカタの倒産を回避するため，タカタへの支援を表明した。

　報道によれば，「ホンダ，トヨタ自動車，日産自動車など国内乗用車メーカーが欠陥エアバッグ問題で経営が悪化したタカタに資金繰り支援を伝え」たが，これは「車メーカーが一体となって安定取引を約束することでタカタの仕入れ先に信用不安が広がるのを抑え，部品の安定調達につなげる」ことを意図しているとされる [1]。

　日本の自動車メーカーが，主要なサプライヤーが被災した際には，直ちに復旧支援のための活動を行っていることは，これまでの関連メーカーの被災時の

対応事例からも明らかである。しかし，本事例のような支援は，非常時における企業救済とは異なるものである。

　本章では，問題発生企業への支援がどのように行われているかについて，問題発生企業を分類し，信頼に関するモデルをもとに，利他的行動と利己的行動という視点に立って考察するものである。

　事例から推察されることは，①支援動機が直接には収益に影響を与えるかの観点，②長期・短期の視点と支援の有無がもたらす影響を考慮しているかの点，③企業の社会的責任に対する企業経営姿勢（主体的であるか），などが支援をもたらす誘因となっているものと考えられる。

2.　企業間取引と信頼性問題

(1)　企業間取引と取引費用

　企業は，市場を通じて財やサービスを提供し，消費者からの評価（製品やサービスの購入）を受けて存続しうるものである。企業は生産する場合，原材料や部材を市場から調達するか，自ら素材を確保することを選択しなければならない。外部から調達する際には，取引費用が発生する。この費用に関して，ウィリアムソンは限定合理性の仮定と機会主義の仮定を置き，取引相手の機会主義的行動を抑制する枠組みの分析を試みた。

　企業に何らかの「問題」が発生すると，その取引企業は何らかの影響を受ける。その「問題」の事象は，災害や事故による工場の操業中断であったり，製品欠陥であったり，製造業であれば原材料や仕掛品等の調達（供給）の中断など，様々なものから生じている。

　製造業における企業間の取引について，経済学におけるウィリアムソンの取引コスト論に立脚すれば，企業取引は「市場取引」か「内部取引」に分けられる。前者は全面的に市場から調達し，後者は全て自社で構成製品を生産することで

ある。生産を行う企業は「調達コスト＞内製コスト」であれば内製化を選択し，逆に「調達コスト＜内製コスト」であれば外注化を選択する。実際は，このように極端な事例は少なく，この両者を加味した「中間取引」という形態が実態的な取引である。

アセンブラーがサプライヤーから汎用の部材等を調達する場合，それが日本工業規格などの業界基準を達成していれば，通り値の範囲の中で取引先を決定することになる。しかし，一定以上の高性能を必要としたり，要求性能等の制約から代替性が低い部材・中間財等を調達する際は，サプライヤーを探索して評価し，契約後のモニタリング作業まで含めた余計な調達コストが発生する。この調達コストは，当然，汎用品の調達コストよりも大きくなるが，継続的な取引関係を通じて取引先の信頼性が高まれば，低下していく [2]。

(2) 信頼に関する先行研究：伝統的信頼性モデルと SVS モデル

「信頼」に関する定義は，それぞれの分野における研究者ごとに多様な定義がされている。

その中で社会心理学における信頼研究の歴史は長く，1940 年代末から研究が行われている。イエール大学では，1950 ～ 60 年代にかけて「説得」研究の中で，情報の送り手の信憑性に関わる研究としてなされ，政治学や社会学の分野でも研究対象として取り上げられてきた。

社会心理学では個人（特性）に着目した研究から，個人や集団間の関係性にまでの広がりを持つものまである。

これまでの信頼研究は，信頼を構成する要素として「能力」と「意図・動機づけ」の２つに焦点をあてたものであった。これは信頼を，対象となる人（組織）に対し能力や経験，資格があると認知することができ，かつ公正さ誠実さなどをもつと認知された時に生じるとするものである（信頼の二要因モデル） [3]。能力への信頼と意図（動機）への信頼の二要因から一般的「信頼」が形成されるとするモデルは半世紀以上にわたり主流のモデル（伝統的信頼モデル）とされてきたが，「人は相手と自分が重要な価値を共有していることが信頼の大き

な要因となっている」と仮定する新たな主要価値類似性モデル（Salient Value Similarity model；SVS モデル）がアールとスベトコヴィッチによって提示された（1995 年）。さらに中谷内とスベトコヴィッチは，伝統的信頼モデルと SVS モデルを統合するモデルを提案している（2008 年）[4]。

　日本の自動車産業における生産は，これまで自動車メーカーを頂点としたサプライヤーによる階層構造として組織化され，自動車メーカーはサプライヤーとの協力会を組織し，相互の情報の共有化やものづくりに関する指導を行ってきた経緯があり，少なくとも 1 次サプライヤー（ティア 1 企業）においては，一体化したものづくりの中で，相手との価値共有が育まれてきたと推測できる。生産ネットワークを通じた自動車メーカー主導による系列化と，トヨタ生産方式にみられる独自の「ものづくり」思想をもとにして，互いの主要価値が共有化される程度により，非常時における企業支援への意思決定が行われると考えると，伝統的信頼モデルより SVS モデルの方が，より説明できるものではないかと考えられる。

(3) 企業活動における「信頼」度の低下とその影響

　一般的に企業間の取引は，市場を通じて行われる。購入する財やサービスは，その質・量を変数として価格を基準にして決定される。アセンブラーは，高い品質を求めるもので繰り返し購入する財（製品）の場合は，取引先が安定的に製品を供給可能であるか，言い換えれば信頼を置けるかが，契約における次に重要な判断要因となる。調達製品の品質や性能に対する要求が高ければ高いほど，それに応えられるサプライヤーが少なくなる。すなわち，代替可能性が低くなる。さらに求める品質や性能が高くなれば，当該企業への信頼性よりも安定的に供給できるかが重要となる。また，市場が寡占的で当該製品のサプライヤーが少ない場合，代替可能性は低くなる[5]。

　自動車メーカーは，主要な取引先であるタカタからエアバッグが調達できなくなると，自動車生産に支障をきたすことになり，代替可能なサプライヤーの探索と契約に至るまでの追加的な調達コストを支払うことになる。

ここで，最近，日本で発生している問題事例に着目し，取引先が何らかの「問題発生」企業となった場合について，以下の4つに類型化を行った。

図表 9-1　問題発生企業による影響

	問題発生企業	影響要因	代表的な企業・業種（例）
1	アセンブラーなど最終工程側の企業	最終工程側の調達企業を起点とし，下流（サプライヤー）にかけて影響	トヨタ，日産，ホンダなどのアセンブラー
2	素材・部材提供企業	原材料メーカーから波及【調達リスク要因】	製鉄会社（鋼板）
3	主要なサプライヤー	最終工程に近いほど、サプライヤーネットワークにおける影響が大きい	ティア1のデンソーやアイシン精機、ティア2企業など（注2）
4	建築・住宅関連企業	住宅購入者がデベロッパーだけでなく直接購入者（住宅取得者）に波及	建築（建設）会社，設計会社

（出所）筆者作成。
（注1）筆者による分類
（注2）ティア1は，直接アセンブラーと取引する。一次サプライヤーを意味し，代表的なサプライヤーとしてはデンソー、アイシン精機など。ティア2は一次サプライヤーに納入する二次サプライヤーを意味する。

①最終工程側の企業

自動車産業におけるアセンブラーなど生産工程が最終段階となる企業は，当該自動車生産ネットワークにおいてサポーティングインダストリーが大きいほど，最終工程側に問題が生じると，サプライヤーネットワーク全体に大きな影響を与えることになる。

②素材・部材提供企業

素材・資材提供（供給）企業に何らかの問題が発生した場合，素材・資材の供給範囲が広いほど，素材・資材使用メーカーへの波及は，より拡大する。例として製鉄会社の品質問題や鋼板の性能に問題がある場合がこれに当たる。

③主要なサプライヤー

主要なサプライヤーについては，安定的な取引関係を構築していて，すぐに他のサプライヤーへの切り替えができない場合や，先に説明したようにボトルネック製品のため代替製品の供給先が限定されているような場合がこれに当たる。自動車の安全ベルトやエアバッグなどがこれに当たる。

④建設・住宅関連企業

　建設・建築分野で発生する問題は，建築偽装（基礎データ改ざん）や手抜き工事などが代表的なもので，居住者の安全性や資産価値の減少まで影響が拡大する恐れを持つ。

　以上の①から④のカテゴリーは問題発生企業を中心に分類したもので，その業界またはその業界と取引がある周辺の関連企業数への影響度を考慮する必要がある [6]。

3．問題発生企業への対応

(1)「製品」の信頼性低下の原因

　企業活動の中で，問題発生の要因は幾つかに分類される。ここでは，製造業における生産された製品の信頼性に絞って検討を行う。製品の信頼性は当該企業の信頼性に通じる。

　問題発生による「製品」の信頼性低下の原因は，主として①製品本来に問題（欠陥製品），②企業の事後処理対応のまずさ，③企業不祥事に起因する。①の製品本来に問題がある場合を考えると，「加工食品であれば異物が混入していた」「食品表示に問題（成分表示ミス・アレルギー物質内容表示ミス）」などが挙げられる。製品であれば設計ミス（自動車の場合はブレーキシステムの不具合，燃焼装置の不具合など）でリコール対象となるものである。②の企業の事後処理対応は，製品の欠陥状態を把握しながら，初動対応をせず先送りすることで，事態を悪化させるようなものである。

　③の企業不祥事は，例えば社員が反社会的な行為（犯罪）によって処罰される場合（素材を偽って購入・使用など）や，製品（商品）の詳細な説明を怠っていたり情報を偽って伝えてしまうことにより，契約者（購入者）に誤認させて販売した場合，製品の欠陥状態を把握しながらリコール対象とせずに自主回収扱いとした場合が挙げられる。②と③の違いは，②は製品の欠陥状態を把握し

ながら，意思決定が遅れたことや社内対応のまずさが事態を悪化させる点にあり，③は製品の欠陥を把握しながら，リコール対象とせずに自主回収扱いとするなど，隠蔽を目的とした意図的な行為である点である。

製品の信頼性を低下させる原因は複数ある。問題企業の意思決定に関する先行研究は，①不祥事対応論（不祥事研究），②経営者行動論（リーダーシップ論），③企業倫理論，④企業の社会的責任論などの分野の中で，研究対象として取り上げられている。

本章では，製品の信頼性の低下について，生産ネットワークにおける非常時の企業支援の観点からとらえ直す。製品の信頼性低下の「経路」としては以下の４類が想定される。

 (a) 企業の技術力 (b) 構成部品の性能・耐久性
 (c) 欠陥製品 (d) 企業不祥事

(a) 企業の技術力ついては，市場での購入者（消費者）からの評価や競合他社との性能比較によって事後的に決定されるものである。また，現在は競争優位性を保っていたとしても競合他社が新製品を市場投入すると，自社製品の技術は陳腐化してしまう。これはやむを得ないところである。(b) 構成部品の性能・耐久性について見れば，製品を構成する部材の性能や問題があって結果として，完成品自体の信頼性が低下することがある。この場合，当初からの自社の規格に原因があるか，調達先の供給する素材や部材に原因があるか，構成品がモジュール化されて納入されているならモジュール設計に原因があるか，取りまとめサプライヤーに問題があるか，モジュール構成部品に原因があるか切り分けていく必要がある。(c) 欠陥製品については，当初の製品設計に問題がある場合や，(b) の要因が欠陥レベルまで達したものに分けられる。(d) 企業不祥事は，意図的な製品偽装や欠陥隠しなど反社会的な企業行動の結果生じるものである。

また（a）から（d）の項目について，単一で発生する場合と，あるいは（a）から（d）までの複数の要因が連動しながら発生することがある。

(2) 組織対応

問題発生企業を発端として，自社の生産に影響を被ることとなった場合，組織対応として，自社のみでの対応と関連会社と連携した対応（ネットワーク対応）に切り分けが可能である。

第一に，生産への影響について，組織内部で対応可能なものと生産ネットワークを介在して対応する部分がある。信頼性の低下を「リスク」と想定（自社の場合，取引先の場合）すると，リスクを全て想定することは困難（限定合理性：bounded rationality）であり，リスクに対応するよう全て契約書に記載することもできない（不完備契約問題）。

リスクがネットワーク全体に波及することの意味を考えると，生産ネットワークから離脱しても自社に影響がない場合は，離脱可能であるが，影響が大きな場合はネットワークに留まることを選択せざるを得ない。

この場合，利他的行動と利己的行動の区分により，問題発生企業支援を考えることになる。生産ネットワークに留まった方が利得ありと判断すれば，支援を選択する。この選択は，一見，組織内部的には利己的な判断の結果に見えるが，外部からは利他的行動のようにも観察されるという二重構造を持つ。

第二に，欠陥製品や企業不祥事が自社に起因する場合，自社が被る予想すべき悪影響は，自社の売上・収益の減少やブランド・エクイティの毀損である。取引関係の被る影響は，取引先の売上・収益減や今後の取引関係の悪化である。他社に起因する場合，自社が被る影響は，自社の売上・収益減となるも限定的なものに留まる可能性がある。取引関係においては，影響の度合から今後の取引関係を存続するか破棄かを選択することになる。

また問題事例の内容によって，復旧期間やその後のネットワークの再構築が変わってくる。単なる品質に関する問題や個別企業の信頼性に関する問題に留

まらず，取引関係に影響を与えることを，もっと深刻に考えることが必要である。

信頼性に関しては，取引関係を通じた企業間の付き合い方に影響を与えることになる。例えば，自動車メーカーは，製造したエアバッグで不具合が発生したタカタに対し，リコール費用などを立て替えているが，これはタカタを信頼に足る企業として支援したものではなく，直ちに倒産されてしまっては，事後処理対応が面倒になるために消極的な意味で支えることを決断したものと解される。

4. 事例：タカタの欠陥エアバッグ問題への対応

(1) タカタのリコール発生の経緯

タカタは，シートベルト，チャイルドシート，エアバッグなどを製造する自動車部品のサプライヤーである。1933年に創業者の高田武三が高田工場として織物製造を開始し，そして現在のタカタは1956年に株式会社高田工場として法人化した後，1983年に現在の社名に変更した。1960年代からシートベルトを製造販売し，1987年には日本発のエアバッグの製造販売を開始した。

タカタは，エアバッグのサプライヤーとして認知され，主要な自動車メーカーがタカタの製品を採用し，一時は世界シェア2位を占めるほどの業績を達成した。

2008年ころからエアバッグの不具合が見られるようになったが，タカタは「原因が分からない」として欠陥を認めず，アメリカ高速道路交通安全局(NHTSA)が2014年11月から要請していた全米リコールを拒否し，調査リコールへの協力にとどめていた。しかし，エアバッグの異常な破裂で死傷者が出たことで，タカタはNHTSAに対し製品の欠陥を認め，全米リコール（回収・無償修理）に同意した（2015年5月）[7]。

リコールの対象は，自動車メーカーが自主的な「調査リコール」などで回収した分も含め約3,380万個に達し，米国で最大となった。

原因究明が長期化する中で，タカタ以外のサプライヤーのエアバッグを採用する動きが広がり始め，タカタの最大顧客であるホンダは北米向けモデルの一

部に豊田合成のエアバッグを採用することや，リコール台数の拡大で交換用部品が不足している事情もあって，タカタ以外のサプライヤーにも調達先を広げることとなった[8]。

2015 年 11 月には，ホンダは最終的にタカタ製のエアバッグ部品の採用中止を表明した。

さらに NHTSA は，タカタに対し最大 2 億ドルの民事制裁金を科すと発表し，タカタと自動車メーカーは 2019 年末までにエアバッグの修理を完了するように命じられた。訴訟も提起され，リコール費用とともに訴訟対策費用が企業収益を圧迫していった。

2016 年 1 月 29 日，タカタは主要取引先の完成車メーカー 10 社と会合を持った。リコールの費用の大半を，自動車メーカー各社が品質管理費用として一時的に肩代わりしているが，タカタはその会合の場で，自動車メーカーに費用負担を要請したとみられる[9]。

記事によれば，総額 1 兆円もの費用負担が見込まれる試算もあり，原因が判明せず費用も拡大し続けることになれば，完成車各社も支援に及び腰となる危惧を伝えている。

2017 年 6 月 26 日，タカタは東京地裁に民事再生法の適用を申請し受理された。負債総額は 1 兆円を超え，製造業として戦後最大の倒産となった。タカタはアメリカでも法的整理を申請しており，米国の 44 州と首都ワシントンの司法当局は 6 月 22 日，計 6 億 5 千万ドル（約 690 億円）の民事制裁金などでタカタ側と和解している。但し，米国各州は被害者への補償を最大化するため，実際には制裁金を徴収しない考えである[10]。

(2) 生産ネットワークへの影響とリスク対応・支援への動き

非常事態が生じたとき，外形上，利他的行動はネットワークに留まるときに発生する。ネットワークを介在した問題発生企業などの非常時対応は，事業継続計画（BCP）などで予め規定していた中で支援が発動する場合と，ネットワークの自生的な支援が機能する場合が考えられる。この場合，生産ネットワーク

の中でどこが支援の中心となるかで枠組みも変容する[11]。

　自動車産業であれば，ひとつには，アセンブラーが，自らまたは主要なサプライヤー（アイシンやデンソーなど1次サプライヤー）を通じて支援していくルートがあり，もうひとつは，1次メーカーであれば，下層のサプライヤーとの取引関係の中で情報交換を行ってリスク要因を抽出し，補っていくルートである。

　タカタのエアバッグは，これまで安全性及び信頼性が高いものとして市場で評価され，シェアが拡大したものである。シェア拡大の負の側面としては，代替品としてのエアバッグの調達が困難な状況を作り出している。このためトヨタなど自動車メーカーは当座，タカタ倒産を回避すべく，リコール費用の肩代わりなど資金面で支援を行うこととなった。

　リスク管理を行うにあたり，すべての事前対応を考慮することに限界があり，発生後の事態収拾を第一に考えていくことの方が合理的である。その際の事態収拾の企業行動の選択として，利他的行動と利己的行動の行動区分が基準要件となろう。

　この行動区分を相手企業との信頼がもとになるものとして捉えると，屡述することになるが，信頼に関する伝統的なモデルは，相手方に対する「能力」と「意図・動機づけ（公正さ，誠実さ，努力)」の二要因についての認知が信頼を形成するものと考える。

　この伝統的モデルに対し，同様に「信頼」をベースにした，SVSモデルでは，従来の「能力認知」，「意図・動機付け認知」に「価値共有認知」を付加したモデルを提示しており，価値共有認知を起点として，主要な価値を共有しているということが，信頼を構成する二要因への重要な要素となるという考え方である。言い換えると相手が主要な価値を自分と共有していると判断できれば，信頼の二要因から相手を信頼できるということである。「信頼」決定の要因は，SVSモデルにより3つの要素に区分されるが，当該問題事例への考え方，重要視する項目，結果の選考といった「主要価値」の保持状況により，利他的行動と利己的行動のどちらかを選択することになると考えられる。

　先に取り上げたタカタの事例の場合は，エアバッグの不具合という製品不良

に由来する「製品の信頼性」に加え，ステークホルダーに対するタカタの経営幹部の対応が，企業組織としてのタカタに対する「信頼」を著しく低下させるものであった。

　アイシン電機の工場火災，震災によるリケンの工場被災，ルネサスエレクトロニクスの工場被災への救援は，自動車生産ネットワークにおける価値共有企業の利他的行動の結果であると考えられる。一方，自動車メーカーによるタカタへの支援について，SVSモデルでの価値共有認知が低下（信頼性も低下）しているとみられ，支援は利他的行動のように見えながら，実際は倒産によるコスト増回避のための利己的行動の結果とも考えられる。

5.　結　び

　人に関する「信頼」概念を企業組織行動（意思決定）に当てはめ，利他的行動と利己的行動の区分に立って企業の支援が行われているかについて，事例をもとに考察すると，主要価値共有に由来する信頼モデル（SVSモデル）での説明が有効であると考えられる。

　問題発生企業への支援動機について，利己的動機に基づく行動は，短期視点に立脚した売上・収益（コスト）を重視するものである。利他的動機に基づく行動は，短期的な利益を求めることより長期の視点に立脚し，長期的継続関係や生産ネットワーク維持を重要と考える。そして価値共有認知の要件とともに，企業の社会的責任・企業姿勢が共通基盤として認知されているかも重要な要素となろう。

　タカタの事例からは，SVSモデルにおける価値共有認知の条件は低くなっているものと推察され，①支援が直接には収益に影響を与えるかの観点，②長期・短期の視点と支援の有無がもたらす影響を生産（取引）ネットワーク維持の観点から考慮しているかの点，③企業の社会的責任に対する企業経営姿勢（主体的であるか）の3点が「外形上」の支援の有無を決定する動因となっているものと考えられる。

150

特に③の企業経営姿勢について，経営トップの高田重久会長兼最高経営責任者（CEO）が前面に出て，説明をしてこなかった。タカタの経営権を握るのは創業家である高田一族であり，SVS モデルにおける価値共有認知に関して，創業家が経営陣として参画しているトヨタとその協力企業との一体性とは異なるところである。

【引用文献】

(1) 2017 年 6 月 23 日付，日本経済新聞（電子版）。
(2) これは，継続的取引の中で，探索コストやモニタリングコストが低下することによる。
(3) 伝統的な信頼モデルの代表的な研究は，例えば山岸俊男（1998）を参照。
(4) 新しい研究成果では「人は個人にとって重要な問題に対しては SVS モデルにそって信頼するが，個人にとって関心が薄い問題に対しては伝統的信頼モデルにそって信頼する」と考える。
(5) 市場がニッチである場合，例えば交通信号機を製造するメーカーは限定され，その信号機に使用される表示用電球（LED）供給メーカーもまた限定される。
(6) その業界が寡占的であるのか競争状態にあるかも関連する。
(7) 2015 年 5 月 20 日付，読売新聞。
(8) SankeiBiz（2015/2/5 20:19）
　　https://www.sankei.com/economy/news/150205/ecn1502050045-n2.html
　　なお，報道によれば，自動車大手幹部の話として「エアバッグ市場で 20％のシェアを占めるタカタを簡単には切り捨てられないが，供給量の制約もあり，リスクを避けるため他の部品メーカーとの取引も検討せざるをえない」。
(9) ダイヤモンド・オンライン 2016 年 3 月 8 日（火）8 時 0 分配信
　　http://diamond.jp/articles/-/87411
(10)　2018 年 2 月 23 日 10:54 配信　朝日新聞デジタル版
(11)　但し，個々のサプライヤー間の契約期間は統一されているわけでなく，一定期間で契約関係が組み変わってしまう点に注意が必要である。

【参考文献】

〔1〕中谷内一也（2008），「リスク管理機関への信頼：SVS モデルと伝統的信頼モデルの統合」『社会心理学研究』第 23 巻第 3 号，日本社会心理学会。
〔2〕西口敏宏（2007），『遠距離交際と近所づきあい－成功する組織ネットワーク戦略』NTT 出版。
〔3〕西口敏宏（2009），『ネットワーク思考のすすめ』東洋経済新報社。
〔4〕山岸俊（1998），『信頼の構造』東京大学出版会。
〔5〕Earle, T. C. & Cvetkovich, G. T.,l995, *Social Trust: Toward a Cosmopolitan*

Society, Westport, CT: Praeger Press.
〔6〕O. Williamson (1985), *The Economics Organizations of Capitalism*, The Free Press.
〔7〕O. Williamson (1975), *Markets and Hierarchies, Analysis and Antitrust Implications: A Study in the Economics of Internal Organization*, Free Press. (浅沼萬里・岩崎晃訳『市場と企業組織』日本評論社, 1980 年)

（石田幸男）

第10章　日本型コンビニエンスストアの経営イノベーション

―セブンイレブン・ジャパンを事例として―

【要旨】

　コンビニエンスストアは最初米国に起源した小売業態であるが，大きく発展してきたのは米国ではなく日本である。日本のコンビニ企業は米国から導入された経営ノウハウを改善し，そして新しい経営ノウハウを生み出し，つまり「日本型」の日系コンビニエンスストアとして発展してきた。さらに，各日系コンビニ企業は自らの経営ノウハウを用いながら積極的に海外，特にアジア諸国に進出し，国際的な店舗網を形成してきている。

　本章は，経営ノウハウへのイノベーションという視点で論じる。その結果，日本型コンビニエンスストアの経営ノウハウは，以下の３つが挙げられる。第1に粗利益分配方式のフランチャイズと本部の組織的支援体制をベースにしてドミナント出店戦略を徹底的に行うことである。第2に製販同盟の理念におけるメーカーや工場の専門化を通して顧客のニーズに応えるための商品共同開発を行うことである。第3に革新的な物流と情報システムの構築により，仮説検証アプローチの下で顧客のニーズや潜在ニーズを捉えるための単品管理を行うことである。

【キーワード】：コンビニエンスストア，イノベーション，
**　　　　　　　ドミナント出店戦略，物流・情報システム，商品開発**

1. はじめに

1974年にイトーヨーカ堂はセブンイレブンを日本に導入した際にアメリカと同じような長時間営業や便利な地理的位置等のアクセス上の利便性という特徴を打ち出した。だが，その経営ノウハウが日本の実情に照らして全て通用するとはいえない。当時セブンイレブン・ジャパンの鈴木敏文社長はサウスランド社の経営ノウハウについて「それを日本に持ってくればすぐ通用すると思い込んだのは私の勝手な想像に過ぎなかった。使えるのは本部と加盟店の間で粗利益を分配する会計システムぐらいだった[1]」と述べた。そのために，そのノウハウを導入して日本の実情と合わせて徐々に変えて「日本型」に進化していった。

矢作（2004）は，「コンビニエンスストアは店頭在庫と在庫切れを同時に最小化する制度の高い発注方式と多頻度小口・定時配送，それを可能とする情報システムと共同配送システム，高い店舗密度，更にはメーカーとの共同関係による独自商品の企画・開発力と，『小さな革新』を連続的に展開し，1970年代半ば以降，現在まで最も高い成長力を維持する業態となった[2]」と述べ，一連のイノベーションによってコンビニエンスストアが日本に成功を収めることを指摘した。

このイノベーションの観点をめぐって，遠藤（2008）は「セブンイレブンを中心に様々なイノベーションが積み重ねられ，日本のコンビニは業態として独自の発展を遂げてきた。とりわけ特徴的なのが情報システムと物流システムのイノベーションである[3]」と述べ，イノベーションによって「日本型」を形成したという見解を示した。西島（2017）もPOSシステムの導入による単品管理及び多頻度小口配送システムの構築を日本型コンビニエンスストアの革新性として提示している[4]。

そこで，以下セブンイレブン・ジャパンを事例としてドミナント戦略，情報物流システム及び商品開発の側面からそれぞれ詳細に論述する。

2.　ドミナント出店戦略

　フランチャイズの店舗展開のもとで商品配送や物流の仕組みを合理化するために，セブンイレブンは出店をできるだけ 1 ヵ所に集中する出店戦略いわゆるドミナント（高密度多店舗）出店戦略を採用してきた。

　セブンイレブン・ジャパンは創業当初からドミナント出店戦略を行ってきた。このドミナント方式が「①チェーンの認知度の向上，②来店頻度の増加，③物流効率の向上，④加盟店さまへの経営アドバイス時間の確保，⑤広告効率の向上」という効果を持つことを自社のホームページにアピールしている。

　この 5 つの利点を詳しくみると，川辺（2003）は 4 つのメリットにまとめて詳しく説明している。つまり，「①ある地域への集中出店によってほかのコンビニエンスストアの出店の余地がなくなる。②一定地域のどこにもセブンイレブンの店があることで知名度が高まる。③納入業者の配送時間が短縮でき，商品の新鮮さが保てる。④本部のフィールド・カウンセラー（スーパーバイザー）が店回りする時，移動時間が短くその分だけ店の相談に応じる時間を長くすることができる。[5]」

　木村（2008）は，来店頻度の増加に対して「一度利用してみて利便性を知った顧客は一定の地域内に多店舗が出店していれば，利用してみた以外の店舗も利用するようになる」と述べ，同店舗の利用頻度だけでなく，同チェーンの他店舗の利用頻度を上げる効果もあると提示した。

　田村（2014）は，「ドミナント出店というその店舗展開方式によって，狭い地理空間に面的に展開し高密度で立地していた。そのためその地域への物流に際しては物流施設やトラック等をより集約的に利用することができた。これによって配送効率が向上した。[6]」と述べ，ドミナントによってもたらされた密度の経済性が物流費用の低減に貢献することを指摘した。

　ドミナント戦略は，当初アメリカのサウスランド社でも行われたが，日本には更に徹底的に実施された。1974 年に 1 号店を出した後，すぐ東京全域に展

開するのではなく，鈴木社長の「深川から一歩も外に出るな」という命令で江東区に深耕していった。このような出店方式について，木村（2008）は「消費者のニーズに合った商品を欠品なく品揃えし，且つ在庫を極力抑える為に必要であった [7]」と指摘した。

　前述のように，ドミナント戦略の一つの大きな効果は物流の効率化である。限られた地域に集中出店することにより，トラックの移動距離を短縮でき，1回で配送可能な店舗数を増やしたが，物流効率をより向上させ，各店舗が欲する商品の種類と数量を正確に把握したうえで一括して配送するために，より高度な情報共有体制と効率的な物流体制が必要となる。

3.　物流・情報システム

　セブンイレブン・ジャパンは創業初期の全ての仕事は手仕事であり，そのために誤発注，通話料金の高騰，人手不足など様々な問題があった。これらの問題を解決するために，セブンイレブン・ジャパンは商品配送集約化と合理化，販売動向の正確な把握，商品発注と納入の計画化という3つの方法を用いて改善を始めた。

　1976年からセブンイレブン・ジャパンは配送共同化をめぐって物流改革に取り組んだ。卸売業者と交渉・提携することにより，ベンダーの集約化が始まった。ベンダーの集約化は「従来複数の特約問屋が各店舗に配送するのを変え，一つの問屋（窓口問屋）が各問屋の分を集めて担当エリア内の各店舗に配送するものである。従来の特約問屋制度のもとでは多数の商品を品揃えしようとすると，メーカー指定の特約問屋を通すことになるので，問屋ごとに配送車が納品することになる。品揃えを充実させようとすればその分だけ，車両台数が増加してしまった。そこで窓口問屋を通して集約化をすることにしたのである。[8]」

　そして配送体制を整備して商品の共同配送を実現した。共同配送によって配送トラックの台数を減らし，店舗側の在庫負担をかなり減少させ，温度帯別の

配送により，配送効率も大幅に上昇した。

　物流システムの改革とともに情報が正確且つ速やかに伝達されることはます
ます重要となるため，店舗運営のコンピュータ化も進んできた。1978年に「ター
ミナル・セブン」と呼ばれる自動発注システムが開発された。この発注端末機
は本部と加盟店及びベンダーをネットワークで結ぶことによって受発注業務が
合理化され，配送日数が短縮されることになった。その後セブンイレブン・ジャ
パンは販売向上のために総合情報システムを革新し，消費者―店舗―メーカー
の間の関係が一層緊密に結びついたのである。

　しかし，先進的な情報システムを構築してタイムリーに販売情報を取得・共
有すれば単品ごとの細かい単品管理を実現できるわけではない。小川（2000）
は，「単品管理といっても，単品ごとに販売情報を取るだけでは意味がない。
そこで得た単品情報を発注に活かして初めて単品管理が達成される[9]」と指
摘した。そこで，セブンイレブン・ジャパンは「仮説検証型発注」という手法
を用いる。それは，各店舗の発注担当者が情報システムに提供されたデータを
逐一分析し，自ら店舗の過去実績，周囲環境や気候の変化をみながら，各商品
の需要動向に対して仮説を立てたうえで発注量を決定して発注する。そしてそ
の商品の販売実績と売れ行きの変化を確認して仮説が正しか否かを検証する。
またこの検証結果を次の仮説に役立つようにさせる。

　そこでセブンイレブン・ジャパンは情報システムと共同配送のメリットを活
用しながら，消費者ニーズに合った商品を計画的に仕入れて提供するために，
仮説検証型発注方式及び多頻度小口配送体制を確立した。これにより，店舗へ
の納品回数を大幅に増加し，単品別の商品納入量を小口化し，在庫回転率を更
に高めることを実現した。

4.　商品開発

　セブンイレブン・ジャパンは創業当時品揃えを試行錯誤することにより，生
鮮品より調理しなくてもよいファーストフード類食品を売るべきということを

認識し，鮮魚の代りに刺身を，青果物では野菜サラダを用意した[10]。また都市においてシングルライフの若者の数が多く，コンビニで買った食品を家で食べるという「中食」が増え，ファーストフードの市場が急速に拡大したのである[11]。

　現在セブンイレブン・ジャパンの商品構成を見れば，アメリカ側の店舗より，ファーストフードの比率が3倍であったことが分かる。

図表 10-1　日米品揃え構成の比較

商品別	日本	アメリカ
ファーストフード	29.9%	8.9%
加工食品	26.2%	23.8%
日配食品	13.6%	3.7%
非食品	30.3%	22.8%
ガソリン	0	40.7%

(出所)2016年セブン＆アイ・ホールディングス事業概要 p.29を参考に筆者作成。
（ファーストフード：米飯，麺類，総菜など；加工食品：ソフトドリンク，菓子など；
　日配食品：牛乳，パンなど；非食品：雑誌，化粧品など）

　ファーストフードはロス率が高く，安全上の危険性もあるが，加工食品より粗利益が高いため，セブンイレブン・ジャパンは食品メーカーと提携した商品開発を広げた。その際に二つの体制を確立した。一つは共同開発チームの作成であり，もう一つはファーストフードの工場・メーカーの専用化である。

(1) 共同開発チーム

　セブンイレブン・ジャパンは，ファーストフード商品が高粗利益を持ち，また今後の消費者ニーズに合って売上が増加していくことを見込めるため，ファーストフードを重点商品に置いた。当初は販売量や売上がまだ少ないため，大手メーカーと連携できずに中小メーカーに依存していた。しかし中小メーカーの間には品質管理，衛生管理等のバラツキが大きく，みなの管理レベルを上げて均一化させるために1979年10月に米飯と調理パンのメーカーの出資をはじめとして，協同組合方式で日本デリカフーズ（NDF）を設立した。そ

して 1979 年に焼きのり，1984 年に米など原材料の共同購入も行われ始めた。この組織において惣菜，米飯等商品群によってそれぞれの分科会を設け，週ごと或いは月ごとに共同会議を開催して情報を交換することにより，新商品の開発，従来商品の改良，共同購入，品質・生産管理等に取り組んでいる。中小メーカーにとっては自家のノウハウを他社に開示することは従来では考えられなかったことであるが，彼らがまだこの組織に入る理由について，矢作（1994）は共同購入によってコスト削減や品質管理のレベルを向上させる以外に，この組織を通して全員の力を集めてセブンイレブンに対する取引上の交渉力を強くするという意図も含まれることを提示した [12]。

　そしてセブンイレブン・ジャパンの増長につれ，次々にキユーピー，ハウス，プリマハム等の大手メーカーの子会社も参入してきた。田中（2013）は大手メーカーの参入について，「大手メーカーはリーダー役を担うことになった。体質改善の遅れた地方の中小惣菜メーカーに対して技術援助や人材発見等を積極的に行った。またセブンイレブンの出店エリアに合わせ惣菜工場等を建設する時には，地場の取引先と大手メーカーが組んで建設をすることもあった。大手メーカーの参加は地場の取引先にとって工場の設備投資に踏み切りやすくなる [13]」という大手メーカー参入のメリットを提示した。また大手メーカーに大きなメリットがあり，田中（2013）は，「POS データによって販売情報が毎日手に取るように確認できることは消費者の嗜好を知るうえで極めて重要だった [14]」と指摘した。

　更に 90 年代に入り，売上の伸びが鈍化し，競争の激化によって商品の差別化が重要な課題となった。セブンイレブン・ジャパンの商品部は NDF との開発経験を活用して質の高いオリジナル商品の開発がファーストフードから加工食品まで拡大した。チームマーチャンダイジングを組むことによってセブンイレブン・ジャパンにとってのメリットについて，田村（2014）は「チーム MD による PB 開発によってセブンイレブンは商品の特性や原価構成などメーカー商売の裏側を知った。それだけでなくメーカーの生産・在庫調整，販促計画，更には全国市場動向の捉え方等，通常の生産委託で得られない情報・ノウハウを収集・

160

蓄積することができた。これらの知識はメーカーとの取引交渉でネットワークパワーを行使する際，セブンイレブンの情報基盤を更に強固にした⁽¹⁵⁾」と指摘した。

(2) 工場・メーカー専用化

　高品質・差異化・ファーストフード商品の開発が可能となる理由の一つは工場・メーカーの専用化である。専用化というのはセブンイレブン・ジャパンのみと取引することである。ファーストフード商品の製造工場の専用化について，小川（2004）は納品精度の向上及び高鮮度商品の提供という二つの効果を発揮できると提示した⁽¹⁶⁾。つまり工場の専用化によって商品管理・在庫管理の精度が向上される。また製造直後の商品をいち早く自らの店舗まで出荷できるため，商品を最も新鮮な状態で消費者に提供することが可能となる。

　2016年にセブンイレブン・ジャパンは167拠点の専用工場を持ち，専用率が92% に達している。それに対してローソンは約70拠点，専用率が約7割であり⁽¹⁷⁾，ファミリーマートは88拠点の専用工場を持つ⁽¹⁸⁾。競合チェーンと比べ，セブンイレブン・ジャパンがこのような高い専用率を実現できる原因を探求すると，小川（2004）は実証研究によってドミナント出店がセブンイレブン・ジャパンの対ファーストフードメーカー戦略に対する影響が大きいと指摘した。具体的には「一定地域内に集中出店することでその地域内の当該商品に関する発注量を拡大することができる。その結果，FFメーカーがその地域の工場を当該チェーン用に専用化しても十分採算が合うようになる。つまり，高いドミナント出店度がFFメーカーの工場専用化を促進する⁽¹⁹⁾」という理由を挙げた。またメーカー専用化のメリットに対し，小川（2005）は「メーカーがセブンイレブン向け専用メーカーになることでノウハウの漏洩防止が容易になる。またノウハウ漏洩の危険が少なくなる分，ノウハウをメーカー横断的且つチャネル縦断的に開発，共有，蓄積することが容易になる。具体的には品質の標準化や商品開発といった活動をメーカー横断的，チャネル縦断的に継続的に行うことができる⁽²⁰⁾」と提示した。

5.　結　び

　現在ほぼ全ての日本のコンビニ企業はフランチャイズ制度に基づき，ドミナント戦略，長時間営業，豊富な品揃え，多種なサービスなどの経営手法を用いているが，セブンイレブン・ジャパンが長年首位を独走する理由について多くの議論があった。

　小川（2004）は，ファーストフード分野で工場やメーカーを完全専用化にすること，高い実行水準での単品管理を行うこと，大量の出店経験や巨大な店舗網によって出店精度と店舗支援制度を向上させ，川上の優良資源を吸引することを理由として挙げた[21]。

　矢作（2004）は，小売業務システムが小売業態とその運営・管理業務（狭義の小売業務システム），商品の仕入れ，企画・開発業務（商品調達システム），生産・中間流通地点から販売時点までの物的流通業務（商品供給システム）の三つの下位システムで構成されることを提示し，また小売業態の革新から商品調達・供給システムへと上流段階へ遡及する経営革新が「深いイノベーション」であり，店舗規模や立地の変化といった業態革新に依存する経営革新が「浅いイノベーション」である。その中にコンビニエンスストアの連続的なイノベーションが「深いイノベーション」であることを指摘した[22]。

　田村（2014）は，セブンイレブン・ジャパンの発展史に沿いながら，歴年の財務データやアーカイブの情報に基づき，セブンイレブン・ジャパンの持続成長メカニズムを構築した。具体的にいえば，成長初期を支えるブルーオーシャンメカニズムから80年代中期の情報武装メカニズムに変化し，90年代以降に店舗工場メカニズムに変わって，つまり収益性が高いCタイプの加盟店を大量に開設することによって業界トップの座を維持している。またこの間に商根茎メカニズムも徐々に進化している。すなわち，加盟店への商業信用の供与，メーカーへのネットワークパワーの行使，納入業者への情報機器・ソフトのリース等「商取引の世界に根茎のように張り巡らされている収益源」で構成される

メカニズムである。更にこれらのメカニズムも互いに影響を与えて連動してまたそれぞれの構成部分として組み込まれることもある。時代の変化に応じ，店舗工場メカニズムのような時代特殊的メカニズムを構築しながら，物流・情報システムのような長期間かけて進化するものをモジュールのようにその中に取り組み，また商根茎メカニズムが店舗工場メカニズムを支える。このような多層的・累積的メカニズムが，セブンイレブン・ジャパンの持続成長を長い間支える[23]。

　以上の諸学者の理論を整理してみると，日本におけるセブンイレブン・ジャパンは経営ノウハウに対する下３つのイノベーションによって成功を収めたと考えられる。

　①粗利益分配方式のフランチャイズと本部の組織的支援体制をベースにしてドミナント出店戦略を徹底的に行うことである。

　②製販同盟の理念におけるメーカーや工場の専門化を通して顧客のニーズに応える為の商品共同開発を行うことである。

　③革新的な物流と情報システムの構築により，仮説検証アプローチの下で顧客のニーズや潜在ニーズを捉えるための単品管理を行うことである。

　上記の３点はそれぞれ無関係なものではなく，互いに影響を及ぼしている。例えば，同じところに集中的に出店したため，効率的な多頻度小口配送の物流体制ができ，本部の指導が効率的に行える。また一つの地域で大量出店によって大きな売上が創出されて一定の規模があった後にメーカーや工場の専用化が実現できる。メーカーや工場が専用化となったうえで共同開発のマーチャンダイジングが可能となり，高品質のオリジナル商品の開発ができる。情報システムで販売実績をタイムリーに共有したうえで共同開発体制によって商品の撤廃や改良を行える。

【引用文献】

(1) 鈴木敏文（2007），「私の履歴書」『日本経済新聞』，2007.4.1 − 4.30。

(2) 矢作敏行（2004），「チェーンストア」，矢作敏行・石原武政編著『日本の流通 100 年』有斐閣 , p.243。

(3) 遠藤明子（2008），「小売業態の開発と競争」，渡辺達朗・原頼利・遠藤明子・田村晃二編著『流通論をつかむ』有斐閣, p.129。

(4) 西島博樹（2017），『小売商業の構造と競争』，岩永忠康監修・片山富弘・西島博樹・宮崎卓朗・柳純編著『アジアと欧米の小売商業―岩永忠康先生古稀記念論文集―』五絃舎, p.36。

(5) 川辺信雄（2003），『新版　セブンイレブンの経営史』有斐閣, p.211。

(6) 田村正紀(2014)，『セブンイレブンの足跡―持続成長メカニズムを探る―』千倉書房, p.156。

(7) 木村達也（2003），『流通イノベーションの発生要因』白桃書房, p.56。

(8) 川辺信雄（2003），前掲書 , pp.221-223。

(9) 小川進（2000），『ディマンドチェーン経営』日本経済新聞社, p.80。

(10) 金顕哲（2001），『コンビニエンス・ストア業態の革新』有斐閣, p.94。

(11) 川辺信雄（2003），前掲書, p.230。

(12) 矢作敏行(1994)，『コンビニエンス・ストア・システムの革新性』日本経済新聞社, p.227。

(13) 田中陽（2013），『セブンイレブン終わりなき革新』日本経済新聞出版社, p.74。

(14) 同上書, p.74。

(15) 田村正紀（2014），前掲書, p.321。

(16) 小川進（2004），「コンビニエンスストアにおけるシステム優位」『流通研究』第 7 巻第 2 号, p.9。

(17) 日経 MJ 新聞 1 面特集　2016 年 9 月 21 日（水）「猛省ローソン　路線修正。三菱商事，1440 億円出資のワケ」

(18) https://www.ryutsuu.biz/strategy/j112135.html（2018 年 4 月 17 日アクセス）

(19) 小川進（2004），前掲論文, p.12。

(20) 小川進（2005），「セブンイレブンの事業システム」『国民経済雑誌』第 191 巻第 6 号, pp.87-97。

(21) 小川進（2004），前掲論文, p.14。

(22) 矢作敏行（2004），前掲書, p.256。

(23) 田村正紀（2014），前掲書, pp.324-328。

（龔涛・黄晶）

第11章　ビッグデータ技術と中国食材商業界の品質管理

【要旨】

　中国の主な食品の自給率は約90割（2017年）であり，その消費市場も数十兆元，数千万人の雇用を創出している[1]。その中で，同業界のビッグデータに基づく技術利用は，急速な広がりを見せている。WIFIも広範に利用されているために，非常に便利になっている。ビッグデータは，専門的情報の収集および市場調査に無料で簡単に利用されている。本章では，そのビッグデータの技術を紹介すると同時に，中国の食材商業界が，それを利用することにより品質管理はどのように改善しているのかなど，課題も含めて検討する。

【キーワード】：ビッグデータ，食材商業界，品質管理，技術革新，
　　　　　　オンライントランザクション処理

1.　はじめに

　ビッグデータは簡単に定義すると，市販されているデータベース管理ツールやデータ処理アプリケーションで処理することが困難なほど，巨大で複雑なデータ集合の集積物である。ビッグデータに基づく技術とは，そのようなデータ集合を分析，処理することにより，物事に対して新しい有益な解決策を産み出すものである。技術の基本的な特徴として，その量（Volume），多様性（Variety），価値密度（Value），データ処理速度（Velocity）があげられる[2]。現在はSNSやFaceBook，ウィチャット等では一日にテラバイト（TB・TeraByte）単位でデータ

量を処理しているが，ビッグデータはそれ以上のデータを扱っている。次に，多様性に関しては，現在一般的に扱われている業務システムなど，構造化されたデータに加え，画像や音声等非構造化データも分析できることを指す。そしてデータ処理速度だが，ビッグデータは非構造化データも含む大量のデータをリアルタイムで高速に処理している。

現在，中国は，国をあげて情報化社会構築を推進している。その中核となる技術はまさにビッグデータの技術である[3]。したがって，未来の企業や産業の価値創出は，多くはビッグデータに基づいて作られることになるだろう。

2．ビッグデータの技術

現在使用されているビッグデータ処理技術は，主にデータウェアハウス（DWH）とオンライントランザクション処理（OLTP）の2種類がある。まず，データウェアハウスについてみよう。図表11-1に示す通りに，それぞれのデータは主に分析に用いられている。つまり，Date Base に集められたデータは必要な項目ごとに抽出され，統合した後に分析される。

図表 11-1　データウェアハウスのプロセス

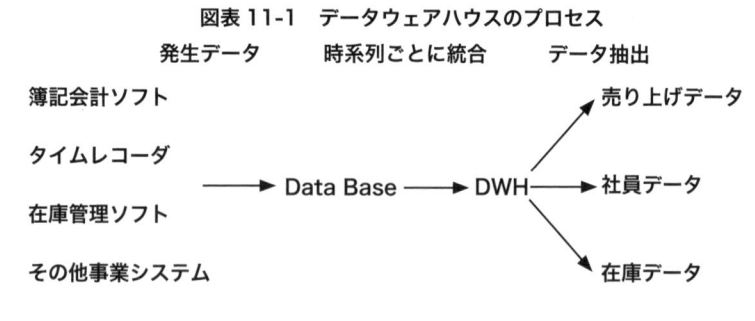

（出所）筆者の調査より作成。

例えば，タイムレコーダとレジに取り付けている記録集積装置からは「社員Aは午前より午後の方がレジ打ち速度が良い」ことがわかり，在庫管理ソフトと簿記会計ソフトからは「火曜日に牛肉を特売し，在庫の回転率を高めたほう

が全体的な利益はよくなる」ことがわかるなど，仕事の効率を高めるのに有効である。

　ところが，オンライントランザクション処理は，データウェアハウスとは異なり，ATM や緑の窓口，百度（中国のグーグル）の検索システムなど特定の要求に対し，即座に反応を返すことが求められるところに使われ，リアルタイムに処理できる特徴がある。

　ただし，図表 11-2 のようにこれらのシステムの欠点として，データウェアハウスはデータの分析と処理に時間がかかり，単純に構造化されたデータのみ扱え，非構造化されたデータには基本的に対応しにくいことがわかった。そしてオンライントランザクション処理は，処理速度維持のために大量のデータを保持できない致命的な欠点と，システムが認識できるデータのみ対応できるために，そもそも分析作業に向いていない。現在使われているデータシステムによって，顧客の変化や問題に気づけず，適正な対応を逃がしたり，工場や労働者に発生した問題の処理には遅れたりしており，損失が生じてしまうことはよく発生している。

図表 11-2　データウェアハウスとオンライントランザクション処理の比較

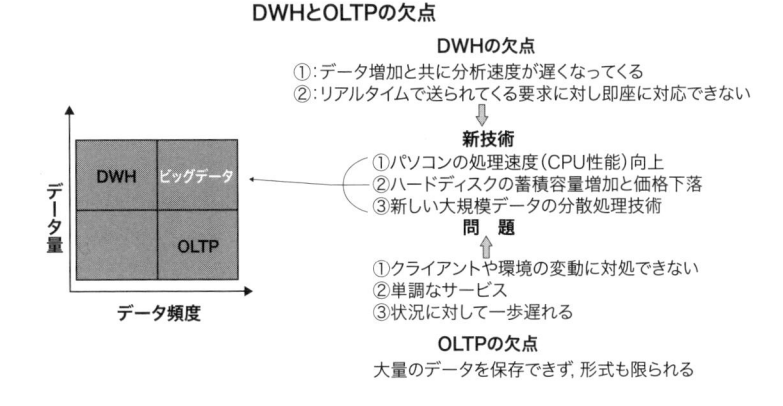

（出所）筆者作成。

　ビッグデータに基づく技術はデータウェアハウスとオンライントランザクションの両者の欠点を埋め合わせ，メリットを取り合わせた結果として生まれた。従来のエクセルファイルのように列と行によって構造化されたデータのみならず，文章や画像，音声，動画などの多様な情報をよりよく表現できる非構造化データを処理することが可能となり，発生している現象をより詳細，かつ適切に分析し，決定を下すことができるようになっている。しかも，分析にかかる時間は大きく減少し，適切な解決策も瞬時にわかるようになった。これには，Hadoop という Apache Software Foundation（非営利団体）のソフト開発により，大規模のデータを並列分散処理によって効率よくバッチ処理できることが大きく貢献している。さらに，ハードディスクドライブの価格の下落により多量のデータを扱えるようになり，CPU 性能も向上し，分析の速度も上がった。したがって，本章では主にデータウェアハウス（DWH）とオンライントランザクション処理（OLTP）の 2 種類の融合したものをビッグデータの技術と呼ぶ。

3.　中国食材商業界の問題

　中国食材商業界において最も深刻な問題は，品質管理である。日本での統計によると，中国産の食材に対して，約 3 割の消費者は悪いイメージを持ち，9割以上の者は「安全性に不安がある」と回答している [4]。日本政府が発表した『白書』では，中国進出企業が依然として品質管理に悩まされていることも明らかとなっている [5]。2000 年から中国政府は食品品質に関する規制と取り締まりを制定し，年々厳しくなっている。日本税関の「輸入国別の届出・検査・違反状況」において，近年の中国製品の違反率は，オーストラリアに次いで後ろから二番目（0.27）と低く [6]，品質の改善は進んでいるとみられる。しかしながら輸送の過程で，杜撰な管理により食材の品質が劣化し，外注した一部の食材が汚染されていたため商品全体が影響を受けるなどの事例は依然発生している。中国に進出した日本企業の中には，土地を買い，自社管理の下食材を生

産し，輸送も自社の車両で行うという企業も存在しているが，莫大なコストがかかる故に実施している企業はわずかである。

　今まで品質管理は主に人に頼ってきたが，大量の食材の生産や輸送・加工においての品質を保つには，多くの人員を必要とする。近年中国の人件費は上昇しており，仮に品質管理のため多くの人員を配置した場合，莫大なコストがかかってしまう。いかにコストをかけず，かつ効率的な品質管理体制を築けるかは中国食材商業界において最も重要な課題である。

4.　ビッグデータ技術の利用

　現在，中国食材商業界において，大手の商品通販企業が積極的にビッグデータに基づいた技術を活用している。大手の商品通販会社アリババが構築したシステムは，全国の倉庫やトラック内部に設置しているモニターやセンサー，GPS によってトラックの走行状態と運転手の状態，および貨物室内部の状況をクラウド上にリアルタイムで送信し，ビッグデータ技術によりリアルタイムの管理を実施している。食材の輸送を他者に任せた場合，相手側の怠慢により，トラック車内の冷房の不徹底化や貯蔵庫内部にての清掃不徹底により汚染がよく発生している。ところが，アリババのシステムを使えば，トラック内に専用の小型機器を取り付け，システムを整備することにより低コストで品質管理ができるようになっている[7]。

　そして，北京の京東（JD）は無人化倉庫を実現することにより，食材を運搬した後も人手に頼らず，機械のみで行える低コストの品質管理を行っている。食材は機械によって運ばれ，温度や湿度センサーが 24 時間動いている倉庫内に入れられる。運び出す時は，運び出す量によって異なる大きさの機械が臨機応変に対応してくれるため，電力の使用も抑えられる。京東は将来，すべての倉庫にビッグデータシステムを導入して作業を機械化することにより人的コストの最小化を目指している。また，無人輸送車とドローンの使用も検討しており，その技術はすでに確立している[8]。

　ビッグデータシステムをいち早く導入した地方（貴州省）の事例が注目されている。貴州省は，山が多く平地が少ないために，近年まで発展が遅れた地域であったが，ビッグデータシステムを導入して以来，毎年 GDP が 10%以上の発展を遂げており，現在中国で最も発展が著しい地域となっている。その事例として，まず天気・土壌・工作機器などの農業に関連する個別データを各機器がクラウド上のデータベースに上げ，サブジェクトごとにわかれたシステムがリアルタイムで分析・予測し，利用者のスマホやパソコンに課題や指令をいち早く伝えるシステムがある [9]。ビニールハウスでの食材生産の場合は，その中の温度・湿度・陽光の強さを測るセンサーがあり，利用者のモバイルアプリからビニールハウスの内部状況をいつでも共有すると同時に，アプリから各センサーへ換気・噴水・天井調整の指示を個別に出すことができる。

　また，労働者の使用器具にもセンサーがついている。肥料・農薬の過剰散布や工作機械の不法な貸し借りも抑制することができ，生産の需要に合わせて最適な労働内容を指示することができるので，手軽に品質管理と労働者モラル管理を達成することができる。収穫された農作物は QR データを読み込むことにより [10]，クラウド上に上げられた農場や肥料・農薬の散布量などがわかり，消費者からの信頼度も向上し，貴州産ブランドの確立に繋がっている。貴州省ではビッグデータの大情報処理能力と分析速度を活かし，農薬散布をドローンに任せ，またその他の耕作機械を自動運転することにより将来的には農作業のすべてをデスク上で管理できるようにしようとしている [11]。

　ビッグデータ技術に基づくシステムは，過去の膨大なデータから消費者（顧客）の嗜好に適した要求を判断し，即座にそれに合致したサービスを提供することもできる上，その分析結果を消費者の次の行動予測のために活用し，事前に必要とされる物事を提供することもできる。将来的には，全国民の毎日の食事内容と健康状態をデータベースにまとめ，最適な食事内容を事前に解析することにより，毎年生産すべき食材量も統制がとれ，無駄が省けると見ている。

5.　結　び

　現在，中国でビッグデータ技術の事業に参入する企業は，急増している。本
章では主に食材商業界の品質管理においての利用事例を示したが，他分野にお
いてもより良き管理の面からも，ビッグデータ産業に参入する企業数は急激な
増加傾向を示している。国全体から見れば，北京・上海などの従来発展してい
る地域に企業は集中しているが，図表 11-3 が示しているように，発展してい
なかった西部地方にもビッグデータ産業に関連した政府の開発産業部門が新設
されている。

図表 11-3　中国におけるビッグデータと産業・企業の現状

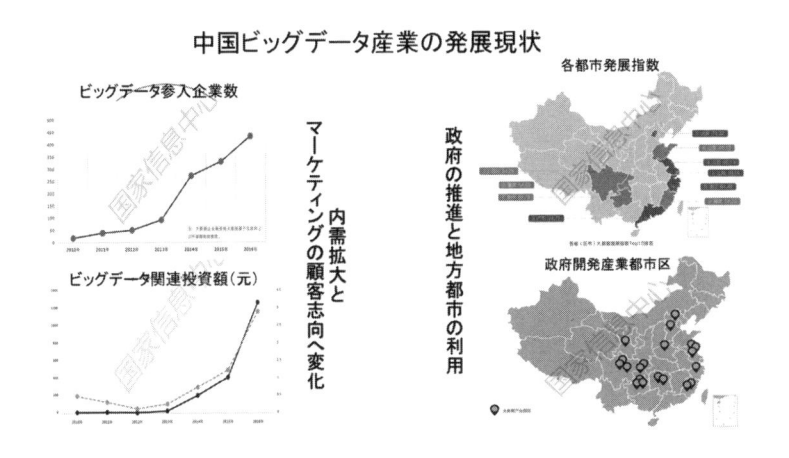

（出所）　国家信息中心・南海大数据応用研究院『2017 中国大数据発展報
　　　　告 』,p.42,p.50,p.1,p.57. https://wenku.baidu.com/view/9d1aecc8c0c708a1284
　　　　ac850ad02de80d4d806ca.html

　結論として中国の食材商業界において，ビッグデータに基づいた技術のシス
テムを利用することにより，これまで懸念されてきた品質管理に大いに役に立
つということがいえる。完全管理された安全な食材は人々の健康を維持するの

に役立ち，中国産食材のイメージをも変貌させるのは間違いない。

　課題としては，中国でビッグデータシステムを利用する際に，セキュリティーと自社プライバシーをいかに守っていくかということがあげられる。GPSやクラウドを使用した場合，一定量の情報流出は避けられない。ビッグデータシステムには前文で書いたように，利用者の次の行動を予測できる面があるため，人々の監視など人権侵害につながる恐れがある。解決策として，企業や国などシステムサービス提供者側に対するしかるべき法律の整備と，公正な検査機関を設立することがあげられる。しかしながら，三権分立が進んでおらず，検査機関を督促する第三者も存在しない中国でそれがどれだけの意味があるかはわからない。ただ全ての企業にとって，ビッグデータシステムの導入による低コスト稼働は，大きな魅力があり，今後ビッグデータシステムの利用は増え続けるであろう。共産主義である中国が，どのようにビッグデータに基づくシステムを利用していくかについては，今後とも注意が必要である。

【引用文献】

(1) 中国の食品産業を一言でまとめることは難しいが，本論では主に中国農業大学食品学科と栄養工程学院院長胡小松教授の食品(加工)産業の概念を参考にする。庞雪"大数据助力食品产业新变革"（「ビッグデータによる食品産業の革新変化」）≪中国医療ニュース≫食品産業フロンティア,2017年2月9日第007版。

(2) 2012年，国連はビッグデータの白書を発表し，それは国連だけではなく，各国の政府にとっても歴史的なチャンスだと発表している。そこで，ビッグデータの4つの特徴が公認されている。李夏冰・凌文婧"大数据时代的食品安全检测和预警"≪中国対外貿易≫2015年3月，pp.62-63。

(3) 徐宗本・張宏雲著"让大数据创造大价值"（「ビッグデータによるビッグ価値の創出」）『人民日報』2018年8月2日，7面。

(4) 北倉公彦・陳子佳（2007），「中国産野菜に対する消費者意識と量販店及び外食・中食企業の対応」北海学園学術情報リポジトリ『開発論集』第79号，pp. 231-250。

(5) 中国日本商会『中国経済と日本企業2016年白書』，p.22，原資料：ジェトロ「在アジア・オセアニア日系企業活動実態調査各年度版」。

(6) 厚生労働省『平成26年度輸入食品監視統計』。
https://www.mhlw.go.jp/file/06-Seisakujouhou-11130500-Shokuhinanzenbu/h26_yunixyu_toukei.pdf#search

(7) 菜鸟网络，交通运输部科学研究院，阿里研究院≪2017中国智慧物流大数据发展报告≫。

（8）王天文 "大数据技术在京东仓库中的应用与实践 " ≪物流技术与应用≫ 2017 年 5 月。

（9）贵州省大数据局，贵州省农委共同编制 ≪贵州省大数据助推农业产业脱贫攻坚行动方案（2017-2019）≫。

（10）梁圣 " 贵州 ' 食品安全云 ' 大数据全链条溯源 " ≪贵州日报≫ 2018 年 4 月 25 日。

（11）このような状況は，貴州省をはじめ，多くの辺境地域に導入はじめつつある。例えば吉林省の琿春は筆者が 2018 年 1 月 2 日に訪れた時，農村の農民達はドローンの使用などが同じ話題となっていた。

【参考文献】

〔1〕孟庆国 ≪云上贵州 贵州省大数据发展：探索与实践≫ 清华大学出版，2016 年 3 月。

〔2〕中国国务院 ≪促进大数据发展行动纲要≫ 2015 年 8 月 31 日，第 50 号。

〔3〕田真琴『ビッグデータの衝撃　巨大なデータが戦略を決める』東洋経済新報社，2012 年 7 月 12 日。

〔4〕丁日佳・张亦冰 " 大数据环境下多方协同的食品安全监管模式研究 " ≪企业经济≫ 2016 年 09 月，pp.70-73。

〔5〕韩丹・慕静 " 基于大数据的食品安全风险分析研究 " ≪食品工业科技≫ 2016 年 37(13)，pp.24-28。

〔6〕晏斌・李唯正・梁岩・张清凌・周启鸣・陈汉明・陈宏运 " 基于信息技术融合的云服务平台在食品安全领域的应用研究进展 " ≪食品工业科技≫ 2017 年 38（11），pp.385-390。

〔7〕张臻竹张丽 " 大数据时代背景下的食品安全供应链的发展演变初探 " ≪食品研究与开发≫ 2014 年 05 月（18），pp.209-212。

（高京博・康上賢淑）

第12章　屋良朝苗の生涯教育哲学の実践
——現場の教師から沖縄教職員会の会長まで——

【要旨】

　屋良朝苗は，「生徒には無限の可能性が潜んでいる。それを伸ばしてやることが教育だ」という信念は，戦前から米軍占領期の戦後の混乱した状況であっても生涯変わることがなかった。それを物語る現場の「物理」教師としては，理論を理解させた上で，次に実験で理論を検証させる。さらに，放課後の部活動では，理論に基づく理科器具の制作指導を熱心に行った。こうして，不足した物理実験器具は，生徒が全て手作りした。生徒からすれば，物理実験器具を制作している間に，自然に物理理論を理解するメリットがあった。部活動で制作した実験器具は，毎年1回，「理科学展示会」を開催して一般公開した。戦後の沖縄教職員会の会長としての屋良は，「沖縄住民の意思に基づいた教育法規を持ちたいというのは，沖縄の教育者が敗戦以来抱き続けてきた願いである」として民立法化運動を展開させ，1958年1月10日に「教育四法」を成立させた。

【キーワード】：IFEL（教育指導者講習），沖縄戦災校舎復興促進運動，
　　　　　　　　教育四法

1.　はじめに

　1879年の琉球処分によって，琉球王朝を廃止し，47番目の沖縄県の設置を宣言した[1]。正式に日本の領土となった沖縄県であるが，実情は法整備が遅れ，

琉球王朝の体制が依然として引き継がれていた。宮古島の住民の先島諸島（宮古・八重山両諸島の総称）の人頭税廃止に始まる旧制度廃止・改善を求める運動が沖縄県全島に広がった[2]。ここで，人頭税とは納税能力に関係なく，すべての国民1人につき一定額を課す税金のことである。

1890年代に沖縄県庁の謝花昇技師[3]を中心に盛り上がり，県政の改善や参政権などを要求[4]。そのような様々な住民運動の結果，徴兵制，地租改正，市町村制，府県制，衆議院議員選挙法などが，概ね本土から10〜25年遅れて施行された。

こうした環境整備の遅れと沖縄県民の貧困の改善が見られない状況の中で，屋良朝苗が1902年12月13日に，沖縄県読谷村字瀬名波川平の貧困農家の4男として誕生した。

紆余曲折の後，家族の理解と読谷村から学資の補助によって沖縄県師範学校を卒業することができた。次の広島高等師範学校理科二部（数学，物理学，化学専攻）に合格した時も，読谷村が特別に1年間300円(現在の貨幣価値で80万円)ずつ卒業まで貸与してくれることになったので，学資の問題は解決した[5]。沖縄師範学校時代は，物理や化学の実験がなかった。広島高等師範学校では実験に慣れるまで苦労したが，4年間で卒業し，28歳で沖縄県立第一高等女学校教諭を振り出しに，沖縄教職員会の会長として「教育四法」を成立させるまでの期間を通して，屋良の生涯教育における哲学的思考を詳細に読み解く。

2. 屋良朝苗の戦前教育

(1) 沖縄での教育活動 [6]

1930年3月に沖縄県立第一高等女学校の教諭として赴任し，物理を担当した。女学校の所為もあるのか，授業中に質問する者もなく，屋良は物足りなさを感じていた。1935年には，第一高等女学校から県立第二中学校に転勤し，第一高等女学校と同様に物理を担当した。

第二中学校は男子校で，活気があって，物理教育にすべてを打ち込みたいと

いう情熱が生まれてきた。しかし，生徒の実験器具は，女学校の時と同様に不備であった。そこで屋良は，実験器具を手作りすることを考え，そのための工具を購入した。ここで，物理実験器具を屋良教諭の指導の下に，生徒が手作りすることで以下のようなメリットが挙げられる。

①高額な物理実験器具に比べて，その工具の方がはるかに安価である。

②中学校の物理実験器具は構造が簡単なので，指導を誤らなければ比較的簡単に工作できる。

③生徒は実験器具を工作している間に，物理理論の理解を深めることができる。

　屋良は第二中学校で物理を担当している間に，工作した実験器具を用いて，理論を実験で検証させ，検証結果をレポートにまとめて提出させることで生徒一人ひとりの理解度を確認した。その一連の教育方式が，屋良の理科教育における原点となったのである。こうした時期が過ぎて 3 年目に入った時から，何となく将来に希望が持てなくなり，沖縄から朝鮮・満州・台湾などにでて活躍したいと考えるようになった。そして，台湾への転勤希望が叶えられて，1938年 3 月末に台湾の台南州立第二中学校に赴任した。

(2) 台湾での教育活動 [7]

　屋良が赴任した台南州立第二中学校の生徒はほとんどが台湾出身者で，大半が医者を目指していた。彼らが医者になるためには，難関の台北医学専門学校を卒業しなければならない。台北医学専門学校の入学を決定づけるのは，物理と科学の成績であった。

　学校側も生徒の希望にこたえるために，理科学教育に力を入れ，常に技術力の向上を図っていた。屋良は沖縄県立第二中学校と同様に，受験指導で理論を理解させ，確認実験で理論を検証する。その他に「理科部」を立ち上げ，放課後，理論に基づく理科器具の制作指導を熱心に行った。その結果，台南第二中学校の部活動が活発になって，「理科部」への入部希望者が 300 名にも達した。

「理科部」で制作した実験器具は，毎年1回，台南第二中学校が開催する「理科学展示会」で一般公開した。その「理科学展示会」が「創作展覧会」に名前を変えて台南州全体の学校の参加で開催されるようになった。入賞作品は50点であるが，台南第二中学校は出品した25点の全てが入賞するという快挙となった。その入賞に刺激されて，生徒の勉強意欲は益々向上した結果，難関の台北医学専門学校への入学率が台湾で1位となった。

1943年，屋良朝苗は台南第二中学校から新制の台北師範学校に教授として転任し，1945年8月15日に終戦となっても生徒台帳を後任者に引き継ぎ，1946年暮れに沖縄に引き揚げた。

3. 屋良朝苗の戦後教育

(1) 知念高等学校の教育

引き揚げ後，1947年4月に，屋良は知念高等学校の校長となった。GHQ/SCAP（General Headquarters, the Supreme Commander for the Allied Powers：連合国軍最高司令官総司令部）によって，新しい教育制度が導入された。それは，男女共学で，小学校から高等学校までのそれぞれの学業年限を6・3・3制（小学校6年，中学校3年，高等学校3年）とするものである。同時に教育内容も，戦前の帝国主義教育から敗戦後の民主主義教育に大きく様変わりすることとなった[8]。

こうした中で，1950年に国費・自費沖縄学生制度[9]が設けられ，選抜試験に合格すると本土（日本）の大学入学が許可された。その業務は，琉球政府の琉球育英会や日本政府の南方連絡事務所が行った。さらに，1951年には琉球大学も開学されることになって，徐々にではあるが進学のめどが立ってきた。

屋良校長は「生徒には無限の可能性が潜んでいる。それを伸ばしてやることが教育だ[10]」とし，教育者である屋良の哲学となった。こうした方針に従って，生徒たちは創意工夫をし，新しい実験装置を創り出すことに喜びを見いだした。

(2) IFEL

　敗戦後，占領下の日本の教育改革について勧告するため，GHQ/SCAP に招かれて，ジョージ・ストッダード（George D. Stoddard）団長以下 27 名の米国対日教育使節団(U.S. Education Mission to Japan)が 1946 年 3 月に来日した[11]。

　約 1 ヵ月滞在し，報告書をダグラス・マッカーサー（Douglas MacArthur）連合国最高司令官に提出して帰国した。GHQ/SCAP は報告書の勧告に基づいて占領下の教育改革を実現するために，1948 年 10 月〜 1952 年 3 月まで教育関係者に対して教育指導者講習（IFEL：Institute for Educational Leadership）を全国で実施した[12]。

　実施に当たっては，GHQ/SCAP 民間情報教育局（CIE：Civil Information and Educational Section）主導の下に，6 週間から 12 週間の講習が 8 期にわたって実施された。受講対象者は教育長，指導主事，校長などであり，教育界のリーダーたち 9,374 名が全国から参加した。IFEL の開設コースと概要を以下に記述する[13]。

　(1) 新しい教育界のリーダーである教育長，指導主事，および校長などについて。

　(2) 教職課程における教育学関係，初等・中等学校の教育課程，教授法，および各科教育法などの進展について。

　(3) 一般教育，図書館学，青年教育など，新しい教育分野の開拓について。

　(4) 大学の行政や学生補導といった大学運営に関すること。

　しかし，沖縄は琉球列島米国軍政府によって統治され，本土との往来もパスポートの携帯が必要で，自由に往来できなかった。それ故，本土の教育改革の様子も噂で知るのみで，正確な情報は何一つ伝わってこなかった。

　琉球列島米国軍政府の方針で，山城篤男・沖縄群島政府文教部長，屋良朝苗・知念高等学校校長，真栄田義見・那覇高等学校校長の 3 名が IFEL を受講するために本土に派遣されることになり，1950 年 3 月に米軍用機で東京に向けて出発した。東京に到着すると，文部事務次官から歓迎と励ましの言葉を受け

た。その後，九州ブロックと一緒に，九州大学で戦後の民主主義教育について，3ヵ月間 に亘って IFEL を受けた。沖縄に帰ってから，屋良たちは IFEL の内容を現地の先生方に報告して回った。

　1950 年 11 月から，屋良朝苗は沖縄群島政府文教部長に就任し，山のように積まれた沖縄が抱える教育問題を解決するべく東奔西走することになった。

4.　沖縄群島政府文教部長として

　屋良朝苗が沖縄群島政府文教部長在任中に解決したかった 3 項目の問題を，以下に記述する [14]。
　①戦争や台風で壊された校舎の建て替え要請。
　②教育内容の向上と，その普及。
　③教員の待遇の改善。

　3 項目の解決すべき問題のうち，解決に向けて進展が見られたのは②だけであった。教育内容の向上と，その普及に向けて，半年間，沖縄の教員が本土で勉強する機会が与えられるように改善された。また，本土の大学に進学希望の学生に対して，公費留学と自費留学の枠を文部省が新規に設けた。本土から輸送されていた生徒の教科書は，沖縄に「琉球文教図書」を設立し，そこが対応するようになった。
　つまり，② はかなりの進展が見られたものの，①と③は手付かずのまま1952 年 5 月に屋良朝苗は，文教部長から沖縄教職員会の会長に転出した。

5.　沖縄教職員会の会長として

　屋良朝苗は会員の強い要望で，沖縄教職員会の会長に就任した。沖縄群島政府の文教部長在任中に解決したかった 3 項目の問題の中で，手付かずのままになっていた①と③を解決に導くことである [15]。

③の教員の待遇の改善は，「生活保障」につながる。生活保障がなければ，安心して生徒の教育に打ち込めないので，是非とも勝ち取らなければならない。その手始めとして，地域懇談会をもち，それが今日まで継続している[16]。しかし，実際の教員の待遇改善による「生活保障」の問題は，今も解決を見ていない。

つぎは，①の 戦争と台風で壊された校舎の復旧，すなわち校舎の建て替え運動である。それを実現するために，戦災校舎復興促進期成会を立ち上げ，屋良はその会長も兼ねることになった。戦災校舎復興促進期成会に参加した沖縄の団体は，教職員会，市町村会，PTA 連合会，婦人連合会，青年連合会などである。期成会は沖縄で募金運動を繰り広げることは無論のこと，本土の日本全国まで募金運動を拡大していった[17]。

戦災校舎復興促進期成会の本土における募金運動には，屋良会長と事務局の喜屋武真栄があたることになった。そして，この運動は 1953 年 1 月 21 日〜6 月 23 日までの 5 ヵ月に亘って繰り広げられ，運動の真の狙いは，米軍統治下に置かれた沖縄の現状を本土の全国民に訴えて理解と関心を呼び起こすことである。本土で全国民に訴えたい 2 項目を以下に記述する。

①戦争や台風で壊された校舎の復興募金運動を展開する。運動の中心になる「沖縄戦災校舎復興促進後援会」を東京に設置して，募金運動を盛り上げる。

②沖縄の祖国復帰を全国民に訴えて，復帰に向けた基礎固めをする。

「教育視察」と言う名目でパスポートを発行してもらい，屋良会長と喜屋武真栄は，1953 年 1 月 21 日に上京した。彼らは，上記の物心両面における一石二鳥を狙って，成功に向けて必死にがんばった。沖縄戦災校舎復興促進運動は 4 段階にわけて実行された[18]。

第一段階と第二段階は，1 月 21 日〜3 月 15 日まで。第一段階は東京を中心に全国的な規模の団体をしらみつぶしに訪問して，沖縄の実情を訴え，校舎復興促進全国運動の協力依頼をした。第二段階では「沖縄戦災校舎復興促進後援会」を東京に設置して，募金運動を本格的に開始した。

　第三段階は，3月15日～6月4日まで。いよいよ地方を回る全国運動に移るのであるが，既に高知での日教組研究大会に出席したついでに四国4県をまわり，東京都，群馬県，神奈川県は終えていたので，それらを除く他の道府県が対象となる。6月4日に新潟県で，全てを回り終えた。新潟駅から「全国にわたる悲願の旅，今終わる。意気ますます盛んなり[19]」と沖縄に打電した。

　第四段階は，6月5日～6月23日まで。沖縄戦災校舎復興促進運動の締めくくりとして，全国知事会事務所，日教組本部，全国教育委員会事務局，日本青年団協議会，全国PTA事務局，地域婦人会協議会，および衆参両院議員会館事務室を訪問して協力依頼をした。そうして集めた募金総額は6,000万円で，最初計画した3億円には及びもつかないが，校舎も整備されていない沖縄にとっては大助かりであった。

　募金の6,000万円を資金とした校舎建設が不許可となったので，「沖縄戦災校舎復興促進後援会」の高嶺明達副会長[20]が沖縄に来て，ディフェンダーファー（H. Earl Diffenderfer）琉球列島米国民政府（USCAR）教育部長と会談した。その結果，校舎建設は不許可であるが，学校備品を揃えるのは許可することとなったので，「愛の教具」のマーク入りで，音楽・体育・図書・科学備品を学校に配布した。

　不許可となった校舎建設については，屋良朝苗が沖縄群島政府文教部長時代に校舎建て替え要請をしてから，1年8ヵ月も経過した1953年12月22日に琉球政府主席室で，ブラムリー（Charles V. Bromley）主席民政官同席の元に，USCARのオグデン（David A. D. Ogden）民政副長官がクリスマスの記者会見の中で，「経済援助のガリオア基金を校舎の復旧に充て，全ての新校舎を3年以内に完成させること」を言明した[21]。

6.　教育四法の成立

　1952年4月の「琉球政府」の発足に先立って，USCARのマコーミック教育部長は教育行政制度の基本となる教育関係法規の立案に着手し，各群島政府

代表者の意見聴取の後，USCAR 布令第 66 号「琉球教育法」を 1952 年 2 月に公布した。この法律は教育基本法，学校教育法など教育行政全般に亘り，全 16 章 169 条からなる広範な領域の布令となっている [22]。その意義を以下に記述する。

　①教育の民主化と地方分権の推進を図る。

　②レイマン・コントロール（Layman control：市民統制）によって，官僚独善の弊害を打破する。

　③教育税の導入によって教育財政を強化し，教育行政の独立を図る。

　上記の USCAR 布令第 66 号に対して，屋良朝苗沖縄群島政府文教部長らは，以下の改善点と疑問点を指摘した。

　①「琉球政府」行政主席任命の中央教育委員会の委員は，公選にすべきである。

　②市町村設置の教育委員会の委員の公選は地方分権の理念としては望ましいが，地方財政が困窮している現状では，時期尚早である。

　③地方教育委員会における教育財政の自主性確立のために，教育税制度は望ましいが，住民の理解が得られないまま徴収すると反発が予想される。

　屋良らの指摘は USCAR 布令第 66 号の施行によって現実化し，さらに沖縄住民の不信感も強まったことで，教育関係法令の制定における民立法運動が活発になった。沖縄群島政府文教部長から「沖縄教職員会」の会長に就任した屋良朝苗は，「教育四法（教育基本法，学校教育法，教育委員会法，社会教育法）」について，「沖縄住民の意思に基づいた教育法規を持ちたいというのは，沖縄の教育者が敗戦以来抱き続けてきた願いである [23]」として，教育四法に向けた民立法化運動を展開させていった。

　「教育四法」は「立法院」の文教社会委員会の審議の過程で教育基本法の一部字句が訂正された後，1956 年 1 月の立法院本会議で可決されたが，比嘉秀平行政主席の署名拒否によって廃案になった。その理由は，「われらは日本国

民として」という文言に USCAR が難色を示したことによる。それに屈せず，ほとんどそのままで再提出されたが，10 月 24 日に再度行政主席の署名拒否にあって廃案となった。

「教育四法」案に対抗して，1957 年 3 月に USCAR が布令第 165 号「教育法」を公布した。その中の基本原理では，家庭教育を重視している。また，英語教育の実施，政府への協力，教職員の 1 年契約制が規定されている。さらに，政府職員，政府立学校職員，団体職員に対する政治活動の制限規定を，教育区立の学校教育職員にも準用するとしている。

布令第 165 号に反対するために，沖縄教職員会は 1957 年 4 月に民立法促進教職員大会を開催した。5 月には PTA 連合会，地区教育委員会総会，校長会などが布令第 165 号「教育法」に反対し，立法院に対して民立法を要請した。

立法院は「教育四法」案の成立に向けて，文教社会委員会で三度目の審議がなされた後，9 月 21 日の本会議で可決された。今度は USCAR も，世論や情勢を無視することができずに承認したので，1958 年 1 月 10 日に「教育四法」が成立した。

7. 結 び

屋良朝苗が苦学して広島高等師範学校を卒業後，教育関連の職務に就いた期間を本分析の対象とした。

教師になって戦前から戦後の 20 年間（1930 年〜 1950 年），屋良の「生徒には無限の可能性が潜んでいる。それを伸ばしてやることが教育だ」という信念は生涯変わることがなかった。その具体例として，沖縄県立第二中学校でも，次の台南州立第二中学校でも，「物理」は，理論を理解させた上で，確認実験で理論を検証する。放課後の部活動では，理論に基づく理科器具の制作指導を熱心に行った。こうして，不足した物理実験器具は，生徒が手作りした。生徒からすれば，物理実験器具を制作している間に，楽しく物理理論を理解するメリットがあった。部活動で制作した実験器具は，毎年 1 回，「理科学展示会」

を開催して一般公開した。1943 年には，台南第二中学校から新制の台北師範学校に教授として転任した。終戦後は生徒台帳を作成して後任者に引き継いだ後，1946 年の暮れに沖縄に引き揚げた。1947 年に知念高等学校の校長となっても，屋良の姿勢は一貫して変わることがなかった。

　つぎに，戦後の民主主義教育について，屋良朝苗は 1950 年に九州大学で 3 ヵ月間 に亘って IFEL を受けた。沖縄に帰ってから，IFEL の内容を現地の先生方に報告し，戦後教育の質の向上に役立てた。

　1950 年後半から 1952 年前半までの 2 年間は沖縄群島政府文教部長として学校の施設設備の整備，教育の質の向上，教員の待遇改善を USCAR に訴えたが進展が見られなかった。

　1952 年 5 月に屋良朝苗は，文教部長から沖縄教職員会の会長に転出した。そこでは，「教育視察」と言う名目で上京して沖縄の実情を訴え，「沖縄戦災校舎復興促進後援会」を東京に設置して，募金運動を本格的に実施した。募金は 6,000 万円集まったが，「校舎建設は不許可であるが，備品を揃えるのは許可する」ということなので，「愛の教具」のマークをいれて音楽・体育・図書・科学備品を学校に配布した。不許可となった校舎建設は，USCAR のオグデン民政副長官が 1953 年 12 月 22 日の記者会見の中で，経済援助のガリオア基金を充てることを言明した。

　つぎに，屋良会長は，「教育四法（教育基本法，学校教育法，教育委員会法，社会教育法）」について，「沖縄住民の意思に基づいた教育法規を持ちたいというのは，沖縄の教育者が敗戦以来抱き続けてきた願いである」として民立法化運動を展開させた結果，1958 年 1 月 10 日に「教育四法」が成立した。そのことが，新しい沖縄の戦後教育の第一歩を示すものとなった。

【引用文献】

(1)「琉球処分」とは，明治政府の要求に従わなかった琉球王国に対し，武力的威圧の もとで首里城の開城を命じ，沖縄県を設置したことを言う。

(2) 中川正晴（2005），「定額人頭配賦型貢租制度と宮古・八重山悲惨の要因」『税大ジャーナル（税務大学校）』，第 3 号，pp.58-80。

(3) 沖縄県技師に就任した謝花昇は，県農業の改革に乗り出して，糖業の近代化や農業技術の改良などの面で成果を上げ，著作『沖縄糖業論』（1896 年）を記した。しかし，官有山林の開墾と払い下げ問題をめぐって，当時の奈良原繁知事や旧支配層と対立を深めた。謝花は官職を辞して，「平民的進歩主義」を主張し，奈良原県政の批判や国政参加運動を展開した。

(4) 並松信久（2006），「謝花昇の農業思想，——沖縄と近代農学の出会い——」『京都産業大学論集（京都産業大学人文科学系列）』，第 35 号，pp.25-54。

(5) 喜屋武真栄（1970），『屋良朝苗伝——沖縄の生んだ偉大な教育者』琉球文教図書，pp.81-83。

(6) 同上書，pp.83-94。

(7) 屋良朝苗（1969），『沖縄はだまっていられない——遥かなる本土への直訴状』エール出版社，pp.126-136。

(8) 喜屋武（1970），前掲書，pp.116-132。

(9) 国費・自費沖縄学生制度とは，入学料・授業料は免除して奨学資金を貸与（復帰前は給与）した制度のこと。卒業後は貸与相当期間，沖縄で業務に携わる。1953 年 4 月〜 1951 年まで，2,452 人が恩恵を受けた。（屋良朝苗（1977），『屋良朝苗回顧録』朝日新聞社，p.13）。

(10) 喜屋武（1970），前掲書，p.122。

(11) 渡辺かよ子（2015），「第一次米国対日教育使節団団長ストッダードの生涯と思想形成」『学び舎：教職課程研究（愛知淑徳大学教育学会）』，第 10 号，pp.25-34。

(12) 三原和子，北村陽英（2001），「IFEL（教育指導者講習）における養護教育——第 5 回教育指導者講習研究収録ⅩⅩⅢより——」『奈良教育大学紀要（奈良教育大学人文・社会）』，50 巻第 1 号，pp.97-111。

(13) 芥川祐征（2012），「戦後教育改革期における校長の現職教育の特徴と課題」『東北大学大学院教育学研究科研究年報（東北大学大学院教育学研究科）』，61 巻第 1 号，pp.83-107。

(14) 川井勇（1993），「戦後沖縄教育「再建」の意識と構造」『沖縄大学紀要（沖縄大学）』，第 10 号，pp.47-69。

(15) 屋良朝苗（1969），前掲書，pp.162-169。

(16) 戸邉秀明（2002），「1950 年代沖縄教職員会の地域「診断」——教育研究集会の問題構制を中心に——」『史観（早稲田大学史学会）』，147 冊，pp.1-16。

(17) 屋良朝苗（1968），『私の歩んだ道』屋良さんを励ます会，pp.64-70。

(18) 中村高一（1998），「沖縄戦災校舎復興に関る資料紹介」『沖縄県史研究紀要（沖縄県）』，第 4 号，pp.171-180。

(19)　屋良朝苗（1977），前掲書，p.29。

(20)　高嶺明達は軍需省総務局長などを歴任。戦後一時期，B 級戦犯で公職追放されたが，祖国復帰前の沖縄と日本政府のパイプ役を果たした。

(21)　『沖縄タイムス』（1953 年 12 月 23 日）「主席権限の拡大を考慮，琉球の前進に努力，オグデン副長官記者会見で言明」。

(22)　中野育男（2007），「米軍統治下沖縄の職業教育」『専修商学論集（専修大学商学会）』，第 88 号，pp.197-217。

(23)　屋良朝苗（1968），『沖縄教職員会 16 年——祖国復帰・日本国民としての教育をめざして』，p.135。

（村岡敬明）

第2編

東アジアの観光・消費者・企業
（英語論文）

Chapter 13 "Community Development" through exchanges with Taiwanese leaders of renewable geothermal energy
— Waita hot spring town - Oguni, Kumamoto—

【Abstract】
Oguni hot-spring town of Kumamoto Prefecture has the "Waita geothermal power station" and its commercial operation began on June 16, 2015. It is the 20th geothermal power station in Japan and was the first to start operating since the geothermal power station in Hachijo-jima began operations in 1999. In this paper, we discuss the potential of utilizing "geothermal energy" in "community development," and the possibility of developing cooperation with Taiwan. By deepening exchanges in future with not only Taiwan but also geothermal energy-related people from all over Japan, we can contribute not only to "community development" in Oguni Town but also in other places. We are planning to hold an international summit on the theme of geothermal energy.

【Keywords】: geothermal power, power generation, Waita, Taiwan

1. Introduction

(1) Research background
Oguni hot-spring town of Kumamoto Prefecture has the "Waita geothermal power station" and its commercial operation began on June 16, 2015. It is the 20th geothermal power station in Japan and was the first to start operating since the geothermal power station in Hachijo-jima began operations in 1999.

In this paper, we discuss the potential of utilizing "geothermal energy" in "community development," and the possibility of developing cooperation with Taiwan. Picture 13-1 below shows the position of Waita hot-spring town in Oguni,

Kumamoto Prefecture. "Waita geothermal power station" was jointly developed and constructed by Waita Kai and Chuo Electric Furusato and Thermoelectric Co., Ltd.

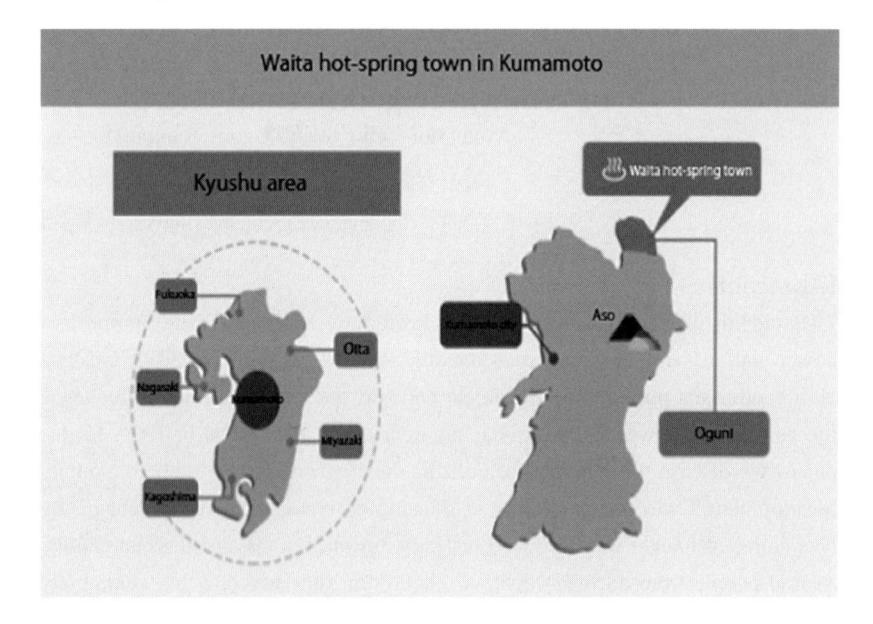

Source: https://www.denryoku.co.jp/service/geothermal/waita.html.

Pic.13-1 Waita hot-spring town

First, we will describe the current state of "Taiwan" and then focus on geothermal power generation starting in the next section.

(2) Geothermal power in Taiwan

Because Taiwan is an island country like Japan, the energy self-sufficiency rate is low. It depends on imports from overseas and the dependence exceeds 97%. Moreover, the composition of energy supply is mostly fossil fuels while ECO energy accounts for only 16.75%. In addition, due to the harmful impact of PM 2.5 in recent years, the Taiwanese government emphasizes the use of eco-energy. Hence, the president of Taiwan, Tsai Ing-wen, who took office in 2016, issued a plan for a "Non-nuclear Hometown" during the election campaign. This concern is mainly due to the accident at a nuclear power plant caused by the Great East

Japan Earthquake in 2011.

On the contrary, looking for renewable energy to replace nuclear power by 2025, raising 20%, raising the efficiency of power generation, saving energy, adjusting the industrial structure and liberalizing electricity is thought that policy will lead to the realization of nuclear power plants. Of all the renewable energy resources, geothermal power generation needs more attention, since, unlike the wind power generation and solar power generation, it does not depend on weather conditions. Taiwan is located in the Pacific Rim Volcanic Zone and has rich geothermal resources due to volcanic activity and plate movement. According to the Taiwanese government's plans, Taiwan will have a 7.15 GW scale power plant in the future as land and geothermal Treasure Island.

(3) The possibilities of geothermal power generation in Taiwan and Japan

In 1980, Taiwan established a 3 MW scale geothermal power plant in the Qingshui district of Yilan, becoming the 14th country in the world to do so. However, until now, the current situation of the equipment capacity of geothermal power generation in Taiwan is "zero," far from the goal of raising 200 MW of geothermal power generation by the year 2030, which the Taiwanese government set. On the contrary, in Japan, Matsukawa Geothermal Power Station, a practical geothermal power plant, began operations in 1966.

However, after that, due to regulations of national parks, rebound from hot spring areas, and so on, Japan entered a period of stagnation of geothermal power generation development. Due to the accident at the nuclear power plant caused by the Great East Japan Earthquake of 2011, the Ministry of Environment proposed an unnecessary application deregulation of the geothermal development work in national parks. The progress in geothermal power generation in Japan has resulted in the minimization of public burden, increase in industrial collaboration, utilization of tourism resources, increase in employment, coexistence and co-prosperity with hot springs, increase in tax revenue, and so on. In addition, since the cost of geothermal development is high, low-cost Enhanced Geothermal Systems (EGS) were developed, and Japan became one of the leading countries with EGS technology, along with the United States.

Reexamining the uses of geothermal energy, the potential energy source in Taiwan, is also possible by analyzing geothermal history, success stories, and advanced technology in geothermal power generation in Japan, while also drawing on the scientific arguments for "nuclear demobilization" in the Japanese archipelago by utilizing the results of this study.

2. Literature Review

(1) Geothermal Energy

The word geothermal comes from the Greek words geo (earth) and therme (heat). Geothermal energy is heat within the earth. People can use this heat as steam or as a source of energy to heat buildings or generate electricity.

(2) Geothermal power generation

Generating electricity using thermal energy that exists inside the earth is called geothermal power generation. The heat energy inside the earth is not distributed uniformly. The heat source in the center of the Earth is exposed near the plate boundary, which is called a hot spot. There are areas that are suitable for geothermal power generation and areas that are not. Underground thermal energy can be useful in the following ways:

1) For geothermal power generation
2) As hot springs (bathing)
3) As a source of heat in agricultural houses, for food processing, for fish farming and so on.

(3) Current state of geothermal power in the world

The geographical environment determines the possibility of geothermal power generation in a country. According to the data of Resources Energy Agency of Japan 2012 (Table 13-1), the top five countries with high geothermal resources are America, Indonesia, Japan, Philippines, and Mexico, and all of them belong to the Ring of Fire volcanic zone. Iceland, in the sixth position, is located in a special geothermal resources environment called Hot Plume in the Atlantic Ocean, and Italy, in the seventh, belongs to the Alpine Himalayan Volcano Belt. On the other hand, the capacity of the following geothermal power generation facility reflects the degree of efforts made in each country for geothermal power generation. The top eight countries in terms of geothermal resources and geothermal power plant capacity are the same. However, it is notable that the Philippines is actively engaging in geothermal power development and that Japan, which is ranked third in geothermal resource volume ranking, is far behind, in eighth place in equipment capacity ranking.

Table 13-1: Geothermal resources and power capacity in the world

Geothermal resources			Geothermal power capacity		
1	America	3,000	1	America	309.9
2	Indonesia	2,779	2	Philippines	190.4
3	Japan	2,347	3	Indonesia	119.7
4	Philippines	600	4	Mexico	95.8
5	Mexico	600	5	Italy	84.3
6	Iceland	580	6	New Zealand	62.8
7	New Zealand	365	7	Iceland	57.5
8	Italy	327	8	Japan	53.6

Because geothermal power generation is not influenced by weather and has a high operating ratio (usually more than 90%), regardless of whether they are in geothermal-rich zones, several countries are aggressively working on geothermal energy exploration and development. According to Emerging Energy Research, the geothermal power generation amount of the whole world was 10.5GW in 2008 and it is expected to increase by three to four times (31.5GW~40.5GW) by 2020 (Fig. 13-1).

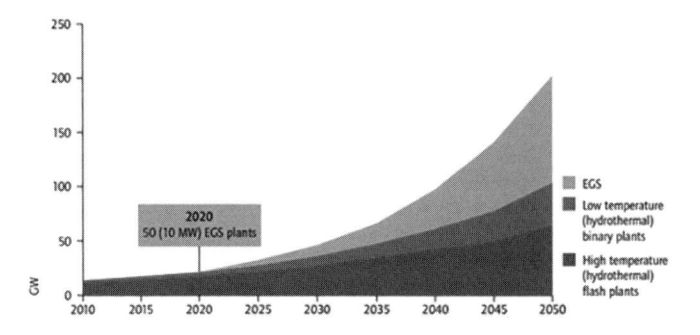

Fig.13-1: Growth of geothermal power capacities by technology (GW)

(4) Current state of geothermal power in Taiwan

As mentioned above, the Taiwan government plans to decommission three nuclear power plants operating in the country by 2025 to achieve "Non-nuclear Hometown." However, since the power supplied from these three nuclear power plants accounts for 13.5% of the total power consumption in Taiwan, generating environmentally friendly renewable energy will be a challenge in the future. Geothermal power generation is different from wind power generation and solar power generation as it is not dependent on weather conditions, and attracts more attention. From Table 13-2, we can deduce that in Taiwan, geothermal energy has the highest potential among renewable energy sources.

Table 13-2 Renewable energy promotion goals in Taiwan (MW)

Energy types	2015	2020	2025	2030
Land wind	737	1200	1200	1200
Offshore wind	0	520	2000	4000
Hydraulic	2089	2100	2150	2200
Solar	1115	3615	6200	8700
Geothermal power	0	100	150	200
Biomass	741	768	813	950
Total	4682	8303	12513	17250

[translated from Present situation and Perspective and Difficult circumstances of Geothermal Power in Taiwan (2017,Song)]

Taiwan is located in the Pacific Rim Volcanic Zone that has rich geothermal resources due to volcanic activity and plate movement, and it was the 14th country in the world to set up geothermal power plants. According to the Taiwanese government's plans, Taiwan will have 7.15 GW scale power plant in the future as land and geothermal Treasure Island(Song 2017).

However, currently, there are no geothermal power plants in Taiwan. Geothermal exploration and development have been suspended for a long time. If Taiwan is not actively involved in research, exploration, and development, and the introduction of new technologies from abroad, it will inevitably fail to meet the goals set in the plan. According to Song's research (2017), there are two main factors that contribute to the dilemma of geothermal development in Taiwan.

Table 13-3 The temperature, volume and the lurk energy of the
earning collection layer heat energy and the generation of electricity
of the important geothermal area in Taiwan

Area	Temp. (°C)	Vol. (Km^3)	Heat energy ($\times 10^{18}$ J)	Generating potential (Gwe)
Tatun	245	40.0	24.3	514
Qingshui	200	6.0	2.9	62
Tucheng	170	3.0	1.2	26
Lushan	180	4.5	1.9	41
Chihpen	170	3.0	1.2	26
Jinlun	160	6.0	2.3	48

[translated from Present situation and Perspective and Difficult circumstances of Geothermal Power in Taiwan (2017,Song)]

1) Insufficient government incentives

Geothermal development investment is a very high-risk investment, especially in the early stages and in deep geothermal development. Therefore, during initial mining, incentives and legislative protection measures are necessary. In addition, the government also needs to invest heavily in geothermal exploration and drilling so as to reduce the risk to initial investment by private firms and then use tax revenues to replenish the invested funds.

2) Law issues

Geothermal resources are mostly concentrated in uninhabited areas such as mountains or forests. In these regions, the government of Taiwan only allows the generation and use of green energy such as solar and wind power, but it does not allow access to geothermal power with a smaller land area.

(5) Current state of the geothermal power in Japan

In Japan, the Industrial Technology Agency of the time established a geothermal development technology committee in 1947 to respond to the energy demand after the war. After that, many companies started explorations for geothermal resources. Completed in 1966, Matsukawa Geothermal Power Station was the first geothermal power station in Japan. However, after that, due to regulations of national parks, rebound from hot spring areas, and so on, Japan entered a period of stagnation of geothermal power generation development. After the accident at the nuclear power plant because of the Great East Japan Earthquake of 2011, the Ministry of Environment proposed an unnecessary application deregulation of the geothermal development work in national parks. The progress in geothermal power generation in Japan has resulted in the minimization of public burden, increase in industrial collaboration, utilization of tourism resources, increase in employment, coexistence and co-prosperity with hot springs, increase in tax revenue, and so on.

(6) Benefits and disadvantages of geothermal power generation
(6.1) Benefits

1) Certainty of recovery of invested capital through the government purchasing system
2) Job creation for local residents
3) Contribution as a voluntary financial source in tax revenue of local governments

(6.2) Disadvantages

1) Concerns over exhaustion of resources and excessive development and failure to recover invested capital
2) Independent administrative agency JOGMEC and general finance corporation Green finance
3) Business liaison by government outer bodies such as promotion organizations
4) Request for unnecessary verification costs

3. Potential benefits of cooperation with Taiwan

(1) Exchange with Taiwan

It would be very meaningful to cooperate with key persons in geothermal energy in Taiwan and develop a global "community" with the Waita area as the hub of geothermal energy-related activities. Exchanges with Taiwan with the aim of achieving a non-nuclear status and utilizing renewable geothermal energy will be beneficial for Japan. Geothermal energy is renewable, and can be used not only for power generation but also in farming. It can also be extended to tourism resources and used for "community development." Its pioneering and uniqueness are recognized.

We propose to invite key persons in geothermal energy in Taiwan to visit

Source: Provided by Mr. K. Hirose.
Pic.13-2: Waita Hot Spring Town

geothermal power stations in Japan and experience a harvest where heat from geothermal power generation is used and natural steam is utilized to make dishes from the harvested crops. Then, after the exchange of opinions and meetings with local people that are mainly involved in the business of geothermal power generation in the region, the possibility of taking advantage of geothermal energy in town planning can be considered.

In addition, we will also take the visitors on an inspection tour of the geothermal power station operated by major power companies, and visit the Beppu hot-spring area.

(2) About Waita Geothermal Power Station

A geothermal power station was built for the first time in 16 years in Waita hot-spring town in Kumamoto.

Source: Provided by Mr. K. Hirose.
Pic.13-3 Waita geothermal power station

There are two reasons for building the geothermal power station. One is for exploring the possibility of renewable energy business; the other is for developing regional revitalization projects.

4. Proposal

As mentioned in "2.1 Exchange with Taiwan," the concrete steps are as follows.

We considered two steps to enable this exchange.

The first step is a site visit. Four people from Waita hot-spring town will visit Taiwan to exchange opinions with key persons related to geothermal energy, hot spring facilities, diplomacy, the Economic Department, the Electric Power Company, and so on. They will also visit Yilan's geothermal power station and verify the relationship with the community and the degree of activation.

The second step is that they will visit Waita hot-spring town, Hatchobara, and Beppu. Waita hot-spring town will welcome them and allow them to take an inspection tour in Waita hot-spring town. This could involve experiencing the harvest of crops utilizing heat from geothermal power generation and watching natural steam being used to prepare dishes from harvested crops. They will then interact with local people who conduct regional revitalization projects based on geothermal power generation. The site visit to geothermal power stations will be arranged by major power companies. Further, there will be a visit to another hot-spring town just like Beppu Hot Spring.

This will be organized by the NPO Food Tourism Research Institute and Waita hot-spring town will support the activity.

5. Conclusion

By deepening exchanges in the future with not only Taiwan but also geothermal energy-related people from all over Japan, we can contribute not only to "community development" in Oguni Town but also in other places. We are planning to hold an international summit on the theme of geothermal energy.

Hence, the strengthening of a Japan-Taiwan network to utilize geothermal energy is possible through exchanges with key people involved in promoting geothermal utilization in Taiwan.

Also, as an indirect effect, it is expected that the economic effects such as an increase in tourism and so on of the geothermal tour will be concentrated mainly in the distant area.

Only those areas that are open to the public and where geothermal energy is used in Japan (Oguni Town) are disclosed to the key people who will focus on geothermal development in Taiwan.

【References】

[1] U.S. Energy Information Administration (EIA)
https://www.eia.gov/energyexplained/index.cfm?page=geothermal_home
Caragliu, A., Del Bo, C., & Nijkamp, P. (2011) . Smart cities in Europe. Journal of Urban Technology, 18 (2), 65-82

[2] Sheng-Rong Song (2015), Status, Prospects and Predicament of Geothermal Energy Development in Taiwan, P1-20

[3] Sheng-Rong Song (2017), Opportunities and Challenges for Developing Deep Geothermal Resources in Taiwan, P1-15

[4] http://www.taipower.com.tw/left_bar/jing_ying_ji_xiao/year_production.htm

[5] Japan Geothermal Association (JGA)
http://www.chinetsukyokai.com

[6] Japan Oil, Gas and Metals National Corporation
http://www.jogmec.go.jp/english/index.html

[7] Duchane, D. and Brown, D.W. (2002), Hot dry rock geothermal energy research and development at Fenton Hill, New Mexico: GHC Bulletin Dec. 2002, P13-319

[8] Agency for Natural Resources and Energy
http://www.enecho.meti.go.jp

(Tokiya Nitta, Kanato Kashima)

Chapter 14 A Study on the Influence of Available Tourism Resources to Tourism Development of Kaohsiung city

【Abstract】

In 2015, the number of tourists visiting Taiwan went over ten million, and reached 10.4 million. When the current DPP administration came into power in 2016, the Cross-Strait relation became unstable again. China tightening the policy of group tourists visiting Taiwan, The number of Chinese people visiting Taiwan from the highest point of 4.1million in 2015, decreased to 3.5 million in 2016, it almost collapse to 1.7 million in August 2017, dropping about 25%. Based on international flights, 90% chooses Taoyuan airport as a landing place, those which choose Kaohsiung airport is limited. Therefore, it's limited for international tourists to choose Kaohsiung to be the place they come and leave, usually only those group tourists that come to tour whole of Taiwan for eight days and seven nights. So if Kaohsiung relies on its tourism attraction, Kaohsiung doesn't really have big tourism attraction. Therefore, this research go through literature and expert interview highlights that there is potential destination for local tourist attraction of tourism resources of Kaohsiung city, but foreign group tourists in their visiting agenda is limited to staying per night, due to limited time they can only arrange few attractions inside the city, which has caused Taiwanese people's wrong stereotype of the tourism resources. Kaohsiung city can strengthen on tourism development in the future is: (1) To increase sister city and cultural exchange, length staying period of tourists; (2) To hold events to attract tourists; (3) To strive for more flights in the airport or cruise docking opportunity to help increasing international tourists visiting chance; (4) To promote the depth travel and try to attract people to go to mountain area or coastline, to provide experience of Taiwan's life.

【Keywords】 : tourism resources, tourism attraction, new southbound policy, depth travel.

1. Introduction

More than 5 million tourists came to Taiwan in 2010, and has achieved the Taiwan government's goal of redoubling tourists with a goal of 5 million (Tourism Bureau,2016). The number of tourists of Taiwan continued to grow and surpassed 10 million in 2015, reaching 10,439,789(Tourism Bureau,2017). With the political parties in Taiwan re-rotating in 2016 and the DPP implemented, the Cross-Strait relation has became precarious, and the Mainland visitors once arrived in Taiwan at a peak of 4,184,102 in 2015, now having decreased to 3,511,734 in 2016. In 2017, they dropped rapidly to 1,751,966, reaching 25% by August (Tourism Bureau,2017). It is clear that the sightseeing has been affected by the political situation. The impact of the fast-growing tourism industry in Taiwan is everywhere, such as hospitality, transportation, catering, handicrafts, travel and tourism in the past eight years, resulting in the sale of restaurants, bed and breakfasts, touring cars, and so on. Although the Government has proposed a New Southbound Policy, the number of southbound tourists will not be able to cover the losses of mainland tourists, no matter in days they stay, or their purchasing potentials. In fact, over 85% of flights land in the north of Taoyuan International Airport or Songshan Airport, and the flights land in Kaohsiung International Airport are limited (Civil Aviation Administration,2017). Because most of the visitors will stay only one night in Kaohsiung but 7 nights or 8 nights for sightseeing tours around Taiwan for its lack of famous attractions, comparing to the northern areas; for instance, the British Consulate at Da Hing Kwu, the Cimin Lotus Pool or the Liu He Night Market are small attractions in Kaohsiung. Coupled with the purpose of travel agency operations, transit sightseeing spots in Kaohsiung have long caused tourists to spend less on sightseeing in Kaohsiung. Therefore, the size of tourism resources and their attractiveness in Kaohsiung should be reviewed from different angles, as a reference for the future development of tourism.

2. Tourism Resource and Tourism Attraction

(1)Tourism resource

Tourism is composed of tour-ism. Tour resource comes from Latin *tornus*, and is English *turn or circle*, referring to a tour activity "starting from the origin and returning to the starting point." Therefore, *tourism* means "temporary leaving and returning" (Liu Xiu-xiang, 1994). The Webster International Dictionary explains that *tourism* is "returning to its place of origin after having visited several destinations for business, pleasure or education purposes for several purposes." This definition includes business and entertainment (Websters' International Dictionary, 1961).

Chen Shuiyuan (1982) pointed out that *tourism* refers to the use of their free time, engaged in various knowledge appreciation, leisure activities, encouragement and other experience matters in order to make changes in life and enrich human needs behavior, leave the daily life circle, close to the behavior of different natural and cultural environment. Gunn (1994) defines *tourism* as a daily commute to and from other places. However, some scholars think that *tourism* should be based on the distance, as a distance of 50 miles or more (Lin Yuan-han, 1990).

Mathieson and Wall (1982) define *tourism* as the temporary departure from work and residence, the movement to outside tourist areas, the use of facilities in sightseeing areas and activities to meet their needs. Therefore, *tourism* involves making space for movement within a certain period of time. The elements of *tourism* include people, space and time (Zuo Xiannian, 2000).

There is often more than one tourism motivation. McIntosh and Goeldner (1990) classify the basic incentives for tourism into physical motivators, cultural motivators, interpersonal motivators and status and prestige motivators. Causes of tourism can be interpreted as physical activities to tension reduction, cultural understanding of other regions and local diet, folklore, religion, relationships to make friends, visiting relatives and avoiding routine work, or status and prestige incentives to meet the needs of self, such as attention to meet personal hobbies or knowledge needs (Liu Xiu-xiang, 1994). In the tourism activities, tourism resource plays an important role in attracting tourists and are the target of sightseeing and sightseeing activities.

Tourism resource refers to all resources related to tourism and are enough to attract tourists to take the initiative to meet their psychological and physical needs (Xu Guixin, 2016). There are four elements of tourist resource:

1) To develop new attractions of sightseeing;

2) To meet the psychological needs of tourists;

3) To meet the physical needs of tourists;

4) To promote consuming capacity of tourists.

The definition of tourism resource mainly emphasizes the attractiveness of tourists and their sightseeing motivation. Moreover, tourism resource includes the following criteria, such as attractiveness, resource characteristics, and natural awakening (Chen Slun, Song Bingming, Lin Liancong, 1995).

1) Attractiveness

  (i) Culture: such as ruins, historic buildings, monuments, historical sites with historical significance such as ancient battlefields, museums, religions and so on.

  (ii) Tradition: such as folk festivals, traditional crafts, music, and primitive customs.

  (iii) Scenery: such as special landscape, natural beauty, national parks, wildlife, beaches or mountain resorts.

  (iv) Entertainment: such as participatory or ornamental sports programs, amusement parks, zoos, oceans, theaters, and nightlife.

  (v) Other attractive items: such as climates, hot springs areas, and so on.

2) Resource characteristics

  (i) Natural landscape resources: such as landscapes, astronomical phenomena, biology, and geological resources.

  (ii) Cultural tourism resources: such as the historical and cultural heritage, historical sites, gardens, buildings, antiquities, industries and facilities, ancestors' life, folklore and festival , drama, technology, and so on.

  (iii) Image tourism resources: such as the enthusiasm, kindness, friendliness of people.

3) the nature

  (i) The primitive natural resources such as coasts, mountains, waterfalls, islands, valleys, stalactites, and so on.

(ii) The artificial operation resources such as cultivated lands, pastures, plant communities, pine trees.

(iii) Sea water venues, lighthouses, trailer campsites, and outdoor activity centers.

(iv) Sports Parks, baseball stadiums, botanical gardens, gardens, and arenas.

(v) Golf courses, swimming pools, museums, leisure centers, hot springs, and traditional industries.

(vi) Temples, relics, festivals, customs, local arts, cultural properties and more.

According to Su Fangji (1994), the characteristics of tourism resources can be classified as follows:

1) Natural resources:

(i)   Scenic resources: such as mountains, rivers, waterfalls, waterfronts, lakes, hills, beaches, islands and so on.

(ii) Astronomical resources: such as sunny sky, and warm climate.

(iii) Geological resources: such as weird rocks, volcanic spouts, hot springs, stalactites, natural flames, and natural caves.

(iv) Natural monuments: a kind of temporal product created by nature, such as animals, plants, minerals and nature reserves, for instance, Japanese red-crowned cranes, mountain water chickens, Nara deers, Shiba Inus, and mountain cliffs.

(v) Biological resources: such as wild animals and plants, rare old trees, and so on.

2) Humanity resources

(i)   Historical relics: ancient history books, picture books, sculptures, antiques, and art crafts.

(ii) Attractions: ancient buildings, the city wall ruins, ancient battlefields, shelters, tombs, gardens, palaces, and monuments.

(iii) Urban tourism resources: such as cityscapes, public buildings, and industrial tourism resources.

3) Consciousness of resources: the habits and attitudes of local people.

(2) Tourism attraction

Tourism attraction is a component of tourism resources, the core of the tourism process, and the most important element of tourism supply (Yang Jianfu, 2007). Victor (1989) considers the attraction as a basic motivation for tourists visiting scenic spots. Gao Junxiong (1995) suggested tourist attractions provided by tourist areas should be attractive enough for tourists. Swabrooke (2002) argues that attractiveness is attracted by the message that a subject is intentionally or unintentionally exuded from the subject, making it proactive and approachable. Walsh-Heron and Stevens (1990) point out that tourism attractions are the pulling force that tourists make to travel destinations and the power that tourist destinations attract travelers. Gunn and Var (2002) pointed out that attraction is the driving force that constitutes the tourism system and plays an essential role. Gunn (1993) argues that if marketing is the thrust of tourism, then attractiveness is the pulling force of tourism. Therefore, tourist attractions are the tourist destinations that attract tourists. Cao Sheng-hsiung (1993) argues that the attractiveness of tourism resources includes attractions, facilities and natural landscapes, which can produce a pulling effect on tourists.

3. The Role of Tourism development of Kaohsiung City Tourism Resources

In addition to the characteristics of tourism resources (such as natural resources, cultural resources, artificial attraction, activities), Tourism development elements include transportation facilities, basic announcement facilities, accommodation facilities and services, catering facilities and services, other superstructive such as retail stores, art shops, duty free shops, entertainment facilities, and institutional elements such as tourism information provision, tourism related policies and regulations, marketing strategies and programs (Liu Xiu-xiang, 1994). According to the statistics of the Tourism Bureau (2017), the main factors attracting tourists to Taiwan were food or specialty snacks (65.3%), scenery (63.62%), shopping (28.65%), customs and culture (19.67%), friendliness (18.07%), historical relics (13.83%), and fruits (12.81%). Obviously, the main attraction of Taiwan to foreign tourists is still gourmet food or special snacks, and scenery. The above reasons for attracting foreign tourists to visit Taiwan are not only in the northern part but in the southern part. Taipei attracts more tourists because it is a political, economic and cultural center in Taiwan. For example, attractions in Taipei include the National Palace Museum, Chiang Kai-shek Memorial Hall, Sun Yat-sen Memorial Hall and Taipei 101, and its convenience transportation such as subway system and intensive flights. According to the London Standard Evening News (2017), revealing that the ten reasons for foreigners to go to Taiwan are "Night Market and Snacks", "Beef Noodle," "Architecture," "Dadaocheng-Old Street", "Traditional Breakfast", "Bubble Milk Tea", "Hot Springs", "Tea", and "Shrimp Fishing." In addition to the Taipei 101 Building, the Presidential Palace, the Grand Hotel, the Chiang Kai-Shek Memorial Hall, there are many famous ancient buildings in Taiwan. For foreigners, Taipei is a representative of Taiwan for its famous landmarks, attractions, historical buildings and other convenient transportation facilities, just like Tokyo in Japan, New York in the United States, and London in England. Moreover, Kaohsiung is 300 kilometers away from Taipei, and the high-speed trains and highways have shortened the distance between the two places. The tourists usually stop in Kaohsiung if they travel from east to west or from west to east. Generally speaking, the itinerary planning of Kaohsiung usually consists of Liuho Night Market, the British Consulate, Lotus Lake, Fo Guang Shan or Yida World. Due to the limited time, the itinerary planning of Kaohsiung is often arranged 2-3 attractions unless it is a cultural exchange delegation based on specific goals. According to Kaohsiung City Tourism Bureau (2017) website, the hot spots in Kaohsiung are as follows:

(1) Cijin Beach

(2) Clear Lake Scenic Area

(3) Lotus Lake Scenic Area

(4) Old Iron Bridge Wetlands

(5) West Bay

(6) Shoushan

(7) Qiaotou Sugar Culture Park

(8) The Pier-2 Art Center

4. A Qualitative research of the Impact on Kaohsiung City Tourism Resources

Therefore, this study explores the impact of Kaohsiung's tourism resources on the development of tourism. Taking the Kaohsiung City Tourism Bureau, tourism industry experts and tourism industry representatives as research subjects, the interview topics and the results are stated as follows:

(1) Regarding to Kaohsiung City tourist resources on the attractiveness of national tourists, what are the main places?

(2) Regarding to Kaohsiung City tourist resources attraction of inbound tourists, restricted to flights and less famous attractions, what are the main attractions arranged? How long do they stay?

(3) In a package tour, often under the pressure of shopping, desperate to catch the trip, whether the downtown Liuhe Night Market, Ta-gao British Consulate Island, and Lian Chih Tan are the main attractions for one-night tourists? May attraction such as Fo Guang Shan be listed as a tourist spot for two-night tourists in Kaohsiung?

(4) From the geographical location and political, economic, cultural, transport and other aspects, the special trip to Kaohsiung should be based on cultural exchange visits, and for those who in time limited conditions will still tour in the north or the east. Therefore, how can we strengthen cultural exchange to attract tourists to Kaohsiung?

(5) Regarding to the tour around the island groups, due to the pressure of time of travel and shopping, Kaohsiung downtown attractions with convenient transportation, usually 2-3 attractions and one-night accommodation, are favored for foreign tourists. What can be strengthened in terms of tourism resources, other elements of tourism development such as tourism information, tourism policy, and tourism marketing strategy?

(6) It takes only one hour and is convenient to tour around Kaohsiung mountain areas. However, it is now dominated by Citizen Travel. How does Kaohsiung attract foreign tourists for an in-depth tourism and cultural exchanges?

(7) Kaohsiung has its geographical advantages. Tourists traveling around the island usually choose to stay overnight in Kaohsiung. How does Kaohsiung increase the number of tourists staying in Kaohsiung in the future, such as festivals, organizing conventions and exhibitions or increase the cruise ship docking ports? How to provide more tourism information to self-guided tourists?

(8) In seeking tourists to visit Kaohsiung, tourists will be more flexible in their travel arrangements. I-Da World, Fo Guang Shan, Cijin and even aboriginal cultures in mountainous areas and forest resources of Tengzhi are more likely to be arranged as

thematic travels. What can be done in the future for seeking tourists?

5. Conclusions and Suggestions

(1) Conclusion

1) Taipei is a symbol of Taiwan. It is a political, economic and cultural center, like Tokyo in Japan and London in England. Even Kaohsiung has developed other tourism resources, it still cannot replace Taipei.

2) The "10 reasons for going to Taiwan" mentioned in the London Evening Standard, listed "Night Market and Snacks", "Beef Noodle," "Architecture," "Dadaocheng-Old Street", "Traditional Breakfast", "Bubble Milk Tea", "Hot Springs", "Tea", and "Shrimp Fishing." Apart from Taipei 101, the Presidential Palace, the Grand Hotel, the Chiang Kai-shek Memorial Hall, etc., Taiwan is full of historical or famous landmark buildings. Due to high homogeneity, Kaohsiung is difficult to present a unique tourism resource.

3) Due to the transportation convenience, one night stay in Kaohsiung is the norm for only 2-3 attractions.

4) For more than two-night accommodation, it should be mainly cultural exchange delegation.

5) The factor of influencing visiting Kaohsiung, it is obvious that the tourism resources are not the only reason but other tourist development elements such as tourist information, sightseeing policies and marketing.

(2) Suggestions

1) To increase the convenient transportation. How to increase airlines flights or low-cost airlines and increase the frequency of cruise lines should be done in the future.

2) Kaohsiung still has its own characteristics on Citizen Travel. No matter heading to Kenting, Hualien, or Taitung, Kaohsiung is a route relay. Therefore, the mountainous routes such as Polaris, Meishan and Fujianese will be rehabilitated as soon as possible, and will bring more domestic tourists.

3) To encourage non-governmental organizations or public organizations to strengthen exchanges with foreign countries. These cultural exchange delegations will increase their stay in Kaohsiung and will be helpful for the

development of tourism.

4) To enhance external marketing, especially the provision of sightseeing information and in-depth or themed tourism needs to be provided to the self-guided tourists.

【References】

[1] Cao, S. (1993). *Travel management*. Taipei: National Open University.

[2] Chen, S. (1982). Study on the attraction of tourists to the Kenting Park Sightseeing Recreation Resource Team. *Sightseeing Recreation Planning*. Taipei: Department of Tourism Studies, Chinese Culture University

[3] Chen, S., Song, B. and Lin, L. (1995). *Introduction to tourism*. Taipei County: National Open University.

[4] Gunn, C. A. and Var T. (2002). *Tourism planning: Basic concepts cases* (4th ed.). New York: Routledge.

[5] Gunn, C.A. (1994). *Tourism planning: Basics, concepts and cases.* Washington: Francis and Taylor.

[6] Gunn,C. A. (1993). *Tourism Planning*, 2(2), 80-110.

[7] Kao, J. (1995). A three-factor model of leisure benefits. *Outdoor Recreation Research*, 8 (1), 15-28. s

[8] Lin, Y. (1990). *Introduction to tourism*. Taipei: Columns.

[9] Liu, X. (1994). *Introduction to tourism*. Taipei: Yangzhi Culture Press.

[10] Mathieson, A. and Wall, G. (1982). *Tourism: economic, physical and social impacts*. Longman: Harlow, UK.

[11] McIntosh, R. W. and Goeldner, C. R. (1990). *Tourism: Principles, practices, philosophies*. New York: Wiley.

[12] Su, F. (1994). *An introduction to the latest tourism*. Taipei: Mingxiang Press.

[13] Swarbrooke, J. (2002). *The development and management of visitor attractions* (2nd ed.). Burlington, MA: Butterworth-Heinemann.

[14] Victor, T. C. (1989). Marketing implications for attractions. *Tourism Management*, *3*, 229-232.

[15] Walsh-Heron, J., and Stevens, T. (1990). The management of visitor attractions. In Swarbrooke, J. (Ed.), *The development and management of visitors management of visitors attractions* (pp. 3). London: Butterworth Heinemann.

〔16〕 Webster's International Dictionary, 1961

〔17〕 Xu, G. (2016). *Introduction to tourism resources*. Taipei: Wagner Corporate Press.

〔18〕 Yang, J. (2007). *An introduction to leisure recreation*. Huadu Culture Co., Ltd.

〔19〕 Zo , S. (2000). *Study on planning for sustainable tourism development¬-A case study on the Northeast Coast National Scenic Area*. Unpublished Ph.D. dissertation, National Taiwan University.

〔20〕 London Standard Evening News 2017 (Central News Agency: 10 reasons why people want to go to Taiwan)
https://udn.com/news/story/7266/2797536

〔21〕 Kaohsiung City Tourism Bureau 2017
https://www.taiwanbuying.com.tw/ShowOrgYearClose.ASP?OrgID=20401&Y=2017

〔22〕 Cai Huifang, 2017, Hotels for sale due to the reduction of Mainland China visitors , Business Times, February 29, 2016.
http://www.chinatimes.com/newspapers/20160229000024-260202

〔23〕 Liu Guangying, the number of visitors in Taiwan has increased, and why the travel industry still has to go for a demonstration. *The World Magazine*, August 31, 2016 online version.
https://www.cw.com.tw/article/article.action?id=5078123

〔24〕 Civil Aviation Administration, 2017,106 Civil Aviation Transport Statistics
http://www.caa.gov.tw/BIG5/content/index.asp?sno=870

〔25〕 Central News Agency, November 4, 2017
http://www.cna.com.tw/news/firstnews/201711045001-1.aspx

〔26〕 Tourism Bureau, 2016, Administrative Information Website
http://admin.taiwan.net.tw/law/law.aspx?no=130

〔27〕 Tourism Bureau, 2017, Administrative Information Website
http://admin.taiwan.net.tw/law/law.aspx?no=130

〔28〕 Kaohsiung Tourism Bureau, 2016, Administrative Information Website
https://khh.travel/News.aspx?a=5&l=1

(Wu-Chung Lin, Ming-yuan Wang)

Chapter 15   A Research on the Attributes of Travel Website and the Advertising Communication Effect- Simulation of Bayesian Structural Equation Modeling

【Abstract】

With the increasing penetration of Internet, the network has been closely integrated with the human life, along with the increasing scope of network expansion, simple and convenience for use, the tourism industry through the Internet platform to cross domain cooperation, touched on the broader consumer groups, the website can clear records of individual consumer items the number, preferences, and other data, active recommendation meets the requirements of product characteristics of individual consumers.online network with real-time, interactive, cross-domain and customization and other characteristics, the purpose of this paper is to explore what kind of site preferences of consumer's preferences? What kind of advertising communication is the result of the digital content presented by the travel website? Do you change the attitude of online message searchers? Thereby enhancing the travel willingness? Through Bayesian Structural Equation Modeling and Markov Chain Monte Carlo simulation, parameters of the constructed model were analyzed and the inference of posterior distribution was made. Empirical result shows that: tourism site presents the design attributes, significantly affect the online user's advertising attitude, which is to change the product perception and attitude, and finally indirectly affect the use willingness and satisfaction.

【Keywords】 : Tourism Industry, Site Preferences, communication, Bayesian Structural Equation Modeling,

1. Introduction

The travel industry is one of few industries that are largely compatible with the characteristics of the Internet. When the characteristics of the travel industry as a service industry are combined with those of the Internet, travel services can be easily transformed into digital services. The development of the online travel industry over the preceding 10 years has substantially revolutionized the marketing practices of the traditional travel industry. These practices have already been influenced by changes in travel behaviors and the development of mobile Internet technology. The various software systems required for operating online platforms have become a major focus for technological development in the travel industry. The Internet is characterized by its immediacy, interactivity, ability to overcome geographical barriers, and provision of customized characteristics. Online travel industry operators serve as an agent of the tourism industry by coordinating and redesigning upstream tourist services (e.g., airlines, accommodation, outdoor recreation, local experiences) into tourist products and selling them to consumers (Lin, 2016).

Pinson (1986) suggested that during the purchasing process, consumers tend to use product attributes as references for product evaluations to compensate for insufficient product information. Such attributes include flavor, color, form, brand, and price.

To understand the latest trends in the development of Taiwan's online travel industry, this study investigated the attributes that consumers prefer to see on travel websites, the communication effects of advertising that are generated by the digital content of travel websites, whether these effects change or affect the attitudes of consumers toward tourist products provided on travel websites, and whether these effects increase consumers' willingness to travel. To thoroughly explore these research topics, this study (1) investigated the tourist services provided by Taiwanese travel websites and the functional attributes of such websites; (2) examined the communication effects of travel websites' advertising strategies on shaping consumers' attitudes, preferences, and perceptions of the tourist products provided; (3) identified consumers' attitudes and purchase intentions toward online tourist products and whether website attributes, advertising attitudes, and consumers' attitudes toward tourist products affect purchase intentions; and (4) generated research results that could serve as a reference for travel agencies in developing strategies and formulating decisions for online tourist products.

2. Literature Review

(1) Current status and trends of Taiwan's online travel industry

With the rapid global development of the Internet, online transactions have become increasingly frequent. According to the "Plan of Electronic Commerce Development in the New Era of the Internet" published by the Department of Commerce under the Ministry of Economic Affairs in Taiwan, Taiwan's business-to-consumer (B2C) and customer-to-customer (C2C) e-commerce markets have experienced continual growth in the preceding 3 years. In 2009, the total value of Taiwan's B2C and C2C e-commerce markets were NT$207.6 billion and NT$142.7 billion, respectively, accounting for a collective market value of NT$350.3 billion (approximately US$11.3 billion). In the category of online shopping products and services, Taiwan's travel service industry accounted for 46% of the e-commerce market in 2002, and this figure had increased to 52.54% by 2009. A recent market research report conducted by Morgan Stanley projected that the number of the world's mobile Internet users will have exceeded that of desktop Internet users 5 years from now. People's daily lifestyle patterns have changed alongside the emergence of various cloud-based Internet application services and increasing prevalence of mobile computing devices (e.g., e-readers, tablets, smart phones). Because of this trend, the rapidly increasing use of retail websites is gradually become the primary source of profit for enterprises. The combination of the travel industry and e-commerce has not only resulted in a new purchase mode but also plays a crucial role in the online shopping market (Department of Commerce, 2010).

With core competency as the classification criterion, the top 20 travel websites in Taiwan can be categorized into the following three types: tourist product e-commerce channels, content-based travel websites, and travel communities (Wang, 2000). Furthermore, travel agencies can be divided into traditional travel agents and online travel agents (OTAs). OTAs transform the core services of traditional travel agents (e.g., scheduling tour groups, acquiring business, processing tourist payments, tour operations) into online services and employ a more immediate and interactive service model than do traditional travel agents. A survey conducted by Euromonitor International in 2014 revealed that OTAs excelled in terms of business performance in 2008–2013 and achieved a transaction value of NT$9 trillion in 2013. Moreover, based on the survey results, the online travel industry was predicted to reach an estimated transaction value of NT$13 trillion by 2018.

(2) Hierarchy of effects in advertising

The hierarchy of effects model proposed by Lavidge and Steiner (1961) is the most commonly cited study on the measurement of advertising effectiveness. This model suggests that consumers conceive "cognitive thoughts" when viewing an advertisement, subsequently develop specific "attitudes" toward the advertisement, and finally generate "purchase intentions."

Consumers purchase a product after experiencing a complete and continuous process of a hierarchy of advertising effects. After receiving the message of an advertisement, consumers (1) conceive an awareness, knowledge, and perception of the message (this process reflects a basic filtering ability of individuals for processing information); (2) develop a liking, preference, and attitude toward the advertisement; and (3) demonstrate conviction through expressing attitudes and form purchase intentions accompanied by actual purchase behaviors.

By adopting the hierarchy of effects model as its main research architecture, this study divided the dimensions used for evaluating the effects of advertising into (1) the cognitive/learning phase, which represents advertising reliability and the communication effects of product attributes; (2) the affective/attitude phase, which represents consumer evaluations of advertisements; and (3) the conative/action phase, which represents behavioral intentions. The communication effects of product attributes were employed as a dimension in this study mainly because the advertising practices analyzed in previous related studies differ from contemporary practices; previous studies have emphasized that advertisers tend to apply marketing strategies according to the attributes intended to be communicated. For instance, to achieve their respective intended communication outcomes, experience attributes should be communicated through actual user experiences and testing, whereas search attributes should be communicated through exposure to traditional advertising. However, most contemporary advertisements adopt experience attributes and search attributes as communication targets.

(3) Definitions and dimensions of product attributes

"Product attribute" is a term used in consumer psychology that refers to the characteristics and qualities of a product (e.g., price, brand, appearance, manufacturing method, component, use method) that affect consumers' purchase behaviors. Pinson (1986) stated that during the purchasing process, consumers tend to use product attributes as references for product evaluations to compensate for insufficient product information. Consumers also base their purchase decisions on product attributes such as smell, color, form, brand, and price (Bai, 2008).

An adequate graphical operating interface design and effective page path management increase the quality of a website. To increase consumers' use of a website and the effectiveness of the business marketing channel employed, consumers must be considered when designing the graphics and text of a website, scope and changes of the information provided, catalog categories and index, and operating convenience and interactivity. Ray and Satran (1995) indicated that information design, interaction design, and presentation design must be considered for a website's overall design. One study (Y. W. Lu, 1999) used web portals as an example to propose six dimensions for website evaluation, namely accuracy, popularity, personality, convenience, entertainment, and content. In addition, another study (Lu, 1999) proposed the following five website functions: content, customer service, technology, online transactions, and product differentiation. In terms of web service functions, a search engine must contain an abundance of correctly indexed information and provide a user-friendly interface to obtain optimal effectiveness.

(4) User satisfaction

Hunt (1977) regarded customer satisfaction as the evaluation of satisfaction and dissatisfaction based on customers' needs, happiness and unhappiness, expectations and performance interaction, and purchase and consumer experiences, as well as the comparison between actual and ideal structures.

In other words, consumer satisfaction refers to the sensible and rational states of perception generated through the customers' evaluation of their purchase experiences. Westbrook (1980) stated that customers' subjective evaluations determine their levels of consumer satisfaction; positive and negative evaluations indicate satisfaction and dissatisfaction, respectively. Oliver (1981) defined consumer satisfaction as the evaluation of the sense of surprise experienced from obtaining a product or purchase experience. This suggests that customers' evaluations of their satisfaction are immediate emotional responses.

3. Research Design

(1) Data collection and research design

This study selected the websites of travel agencies (e.g., Lion Travel, Star

Table 15-1 Model variables and evaluation dimensions.

Variable	Evaluation dimension
at1	The website is clearly categorized.
at2	The website enables me to easily find the desired tourist product.
at3	The website updates its content quickly and regularly provides the latest information.
at4	The website's browsing interface is satisfactory.
at5	The website provides quick and easy transaction options.
at6	I rarely obtain inaccurate travel information on the website.
at7	The website's information has been clearly categorized to enable users to easily find the desired information.
at8	The pictures of tourist attractions displayed on the website accurately present the scenery and attractiveness of these attractions.
at9	The website provides adequate travel map functions.
at10	The information on the website is helpful for understanding tourist destinations.
at11	The travel information on the website effectively minimizes concerns regarding travel schedules.
at12	The travel information on the website enhances understanding of the prices of the tourist products available.
at13	The price of the tourist products set by the website can effectively reduce travel costs.
at14	The information on the website is helpful for finding a travel schedule that suits my travel period and budget.
at15	The information on the website helps me in designing an ideal vacation.
at16	The website offers detailed information regarding orders and payment.
at17	The website features a mechanism for transaction confirmation.
at18	The website seems to update its content regularly.
at19	Compared with a self-guided tour, I prefer the tour packages offered by the website.

Data Source : This study

Travel, and ezTravel) as observation targets. The variables and dimensions used for the evaluation model are presented in Table 15-1 for analytical convenience. The variables presented in Table 15-1 are categorized as follows: 19 functional and physical service attributes (at1–at19), 9 dimensions related to advertising attitudes (mo1–mo9), 9 dimensions related to product attitudes (rly1–rly5 and loy4–loy7), and 3 dimensions related to user satisfaction (sat1–sat3). This study adopted stratified sampling involving the selection of samples based on website type. This sampling method is suitable for comparing the communication effects of advertising among various advertisements and website attributes. A total of 300 samples were extracted, with 293 valid samples returned.

Table 15-2 (continued). Model variables and evaluation dimensions.

Variable	Evaluation dimension
mo1	Internet services are convenient.
mo2	Online shopping is one of my preferred shopping methods.
mo3	I like to go outdoors and travel when I have free time.
mo4	I regularly seek travel-related information.
mo5	I collect relevant information from travel websites when I am intending to travel.
mo6	Hyperlinks on travel websites are convenient.
mo7	I prefer travel schedules arranged by travel agencies to those I arrange myself.
mo8	Travel websites offer excellent after-sales services.
mo9	Travel websites ensure high travel quality.
rly1	The operation and management of the travel websites is reliable.
rly2	The travel website functions well when I use it.
rly3	The website is very convenient to use.
rly4	The website operations seem safe.
rly5	The information provided by the website is reliable.
loy4	I would recommend the website to my friends and family.
loy5	I spend more time using the website than other websites.
loy6	I am willing to make another purchase on the website.
loy7	Although other travel websites offer tourist products at the same or lower prices, I still prefer to purchase products on this website.
sat1	The process of purchasing tourist products on the website is satisfactory.
sat2	The website always seems to provide information or services that meet my requirements.
sat3	I am quite satisfied with the interactive services provided by the website.

Data Source : This study

(2) Factor extraction

Factor extraction was performed on the evaluation dimensions. Factor rotation using varimax rotation was conducted to select factors with eigenvalues of $\geqq 1$. Three factors were extracted from the functional and physical service attributes and labeled as follows: (1) ab1: easy-to-use browsing interface design and continually updated website content (at2, at3, at4, and at10); (2) ab2: accurate travel information and clear classification (at6, at7, and at19); and (3) ab3: adequate design of online transaction mechanism (at13, at15, at1, and at17). The first two factors represent functional attributes, whereas the third represents the attributes associated with physical transaction services for website users. These three factors explained a cumulative variation of 53.66% with a reliability coefficient (α) of 0.932, suggesting that they can adequately explain the participants' responses and meet the necessary requirements of high reliability. Two factors were extracted from the advertising attitude dimensions and labeled as follows: (1) ad1: able to provide up-to-date travel information (mo1, mo4, and mo5); and (2) ad2: able to provide suitable travel schedules and adequate quality (mo7, mo8, and mo9). These two factors explained a cumulative variation of 54.56% with a reliability coefficient (α) of 0. 828, suggesting that the participants expected to obtain useful travel information or comprehensive travel schedules from the travel websites. Two factors were extracted from the product attitude dimensions and labeled as follows: (1) pd1: trust for the information or content provided by the website (ry1–ry5); and pd2: frequent visits to the website to obtain travel information (loy4, loy5, and loy6). These two factors explained a cumulative variation of 66.23% with a reliability coefficient (α) of 0.853. The overall reliability coefficient was 0.954.

4. Empirical Modeling and Analysis of OTAs

(1) Multivariate normality test and parameter estimation

Traditional structural equation modeling (SEM) techniques were selected on the assumption that the sample data would meet the assumption of multivariate normality. If this priori assumption is violated, maximum likelihood estimation is used to estimate the parameters of the model, resulting in deviations in parameters or asymptotic efficiency (Bollen, 1989). With increasing degrees of deviation from normality, chi-square test statistics grow flat, thereby increasing the risk of Type I error occurring, resulting in bias between empirical results and reality (Mueller, 1997). Regarding the method for assessing multivariate normality, Mecklin (2004) recommended the use of Mardia's test (Mardia, 1970, 1975), which shows favorable robustness. This test method has been adopted in a number of related parameter simulation or evaluation studies (Bollen, 1989; Romeu, 1993; Timm, 2002; Yuan, 2004). Thus, the present study employed Mardia's test to test the multivariate normal distribution of the observable variables in the SEM model. The empirical results indicate that the p values in the statistics of the univariate Shapiro–Wilk W-test and the multivariate Mardia's test significantly reject the assumption that the model's variables are multivariate normal. To achieve the four research objectives, this study employed Bayesian SEM, a recently developed method, to conduct further analysis. Bayesian parameter estimation was also incorporated into this modeling method. The following empirical advantages were expected (Chang et al., 2013): (1) The assumption of asymptotically normality is not required and the risk when using small sample tests for inference is minimized. (2) Specific prior information can be added to the prior distribution of the parameters in the model. (3) Further understanding of the multimodality of the marginal posterior density function could be obtained through prior information. (4) Repeated-sampling simulation can be used in under-identified SEM models to obtain the confidence interval of each variable. (5) The sample limitations resulting from the use of sampling data from specific cases for parameter estimation and analysis can be resolved (Meng, 1994; Gelman, Meng, & Stern, 1996; Dunson et al., 2005; Sagan & Kowalska-Musial, 2010). Markov Chain Monte Carlo simulation was employed to compensate for the drawback of the sample data being unable to meet the multivariate normality assumption.

(2) Bayesian SEM model and parameter estimation

The Bayesian SEM model constructed based on the attributes of the sample travel websites to assess the communication effects of advertising was set as follows:

$$Y_i = v_y + \Lambda_y \eta_i + \delta_i{}^y \quad (1)$$
$$X_i = v_x + \Lambda_x \xi_i + \delta_i{}^x \quad (2)$$

Assume that i denotes the sample's observed value ($i = 1, \cdots, N$), Y_i denotes the advertising attitude, product attitude, and user satisfaction, and X_i denotes the website attributes. Hence, $Y_i = (y_{i1}, \cdots, y_{ip})'$ and $X_i = (x_{i1}, \cdots, x_{iq})'$ where η_i and ξ_i represent the latent vectors of order m and n, respectively. Finally, the affecting relationship between the structural variables was expressed as

$$\eta_i = \alpha + B \eta_i + \Gamma \xi_i + \zeta_i \quad (3)$$

where B is a coefficient matrix of order $m \times m$ that represents the mutually influencing-relationship between the endogenous latent variables (η_i), matrix Γ of order $m \times n$ represents the effects of exogenous attribute variables (ξ_i) on η_i, and vector α of order $m \times 1$ and ζ_i are the intercept and error term of the structural formula, respectively. The simulation results reported in Table 15-2 were used to investigate the effects of attributes on advertising and product attitudes and user intention.

Table 15-3 Estimation based on Bayesian Structural Equation Model

ITEM	Mean	S.E.	S.D.	C.S.	Median	Lower bound (95%)	Upper bound (95%)
ab3<--ab	1.01513	0.00057	0.10000	1.00002	1.01101	0.83059	1.22424
ab2<--ab	0.78706	0.00062	0.09048	1.00002	0.78345	0.61721	0.97454
ad2<--ad	2.00811	0.00172	0.26231	1.00002	1.98296	1.56584	2.59199
pd2<--pd	0.32973	0.00031	0.04573	1.00002	0.32882	0.24251	0.42173
sat3<--sati	1.08229	0.00066	0.09509	1.00002	1.07724	0.90960	1.28207
sat2<--sati	1.04877	0.00039	0.08605	1.00001	1.04458	0.89265	1.23050
ad<--ab	0.78359	0.00060	0.10328	1.00002	0.77995	0.59062	0.99698
pd<--ad	3.85849	0.00289	0.48476	1.00002	3.81115	3.05041	4.95176
sati<--pd	0.15329	0.00011	0.01775	1.00002	0.15263	0.12055	0.19006

Notes: Mean is estimated by random walk M-H algorithm. S. E. denotes standard error of simulation. S.D. is standard deviation of posterior distribution. C. S. stands for statistic of parameter.

5. Concluding Remarks

The results of the present study reveal that the participants frequently sought travel information online and would determine whether to recommend the sample websites to family members and friends depending on their use experiences. Continued use of and dependence on the sample websites were determined based on the presence of price deals and accuracy of the travel information provided. In addition, the participants paid much attention to the interface design and user convenience of the sample website, as well as whether tourist products were clearly categorized, whether the website regularly updated its content, and whether accurate travel information such as travel schedules was provided. Moreover, the simulation results of the Bayesian SEM model indicated that the attributes of the sample websites exerted significantly positive effects on advertising attitude. In addition, the positive effects of advertising attitude on product attitude ultimately strengthened the participants' intentions to use the websites, and advertising and product attitudes were the mediating factors contributing to changes in users' intentions. Although the present study confirmed that website attributes affect users' advertising and product attitudes and indirectly change users' intentions, the research observation targets were limited to only Lion Travel, Star Travel, and ezTravel. Thus, future studies may consider other relevant factors such as differences in website types, target customers, and business or service goals. The present study conducted tests on the participant's experiences of using travel websites. Because of the fairly short amount of time of exposure to advertising, this study may not have adequately measured actual user perceptions of advertising content, and thus focus group interviews are recommended for future studies. Furthermore, the sample size could be increased and testing could be repeated to determine more realistic user preferences and intentions.

【References】

[1] Bollen, K. A. (1989). *Structural equations with latent variables*, New York: John Wiley and Sons.

[2] Demeyer S., Fischer N., & Saporta G.(2010).Contributions to Bayesian structural equation modeling. In: Y. Lechevallier, G. Saporta (eds.), *Proceedings of COMPSTAT, 2010*. 469-476.

[3] Dunson D. B., Palomo J. & Bollen K.(2005).Bayesian structural equation modeling. *Tech. Rep. 2005.7.27*, Statistical and Applied Mathematical Sciences Institute.

[4] Gelman, A. Meng, X.L., & Stern, H.S. (1996).Posterior predictive assessment of model fitness via realized discrepancies (with discussion).*Statistica Sinica*.6,733-807.

[5] Gelman, A., Carlin, J.B., Stern, H.S., & Rubin, B.(2004).*Bayesian data analysis.* Boca Raton: Chapman and Hall.

[6] Hunt,H.H. (1977) "Conceptualization and Measurement Satisfaction and Dissatisfaction", Cambridge, Mass. *Marketing Science Institute.*

[7] Lavidge, R. J., & Steiner, G. A. (1961). A model for predictive measurements

of advertising effectiveness. *The Journal of Marketing,* 59-62.

[8] Mardia ,K.V. (1975). Assessment of multi-normality and the robustness of Hotelling's T2 test. *Applied Statistics* , 24,163-171.

[9] Mardia, K.V.(1970).Measures of multivariate skewness and kurtosis with applications. *Biometrika,*57,519-530.

[10] Meng, X.L.(1994).Posterior predictive p-values. *The Annals of Statistics,* 22, 1142-1160.

[11] Morwitz, V. G., & Schmittlein, D. (1992). Using segmentation to improve sales forecasts based on purchase intent: Which "intenders" actually buy, *Journal of Marketing Research,* 29(4), 391-405.

[12] Olive,R.L. (1981) Measurement and Evaluation of Satisfaction Processes in Retail Settings, *Journal of Retailing,* Vol.57(3), pp.25-49.

[13] Pinson, C., (1986), An Implicit Product Theory Approach to Consumers Inferential Judgement about Products, *Journal of Marketing Research,* 3, 19-38.

[14] Pinson, C., 1986, An Implicit Product Theory Approach to Consumers Inferential Judgement About Products, *Journal of Marketing Research,* 3, 19-38.

[15] Romeu, J.L. & Öztürk, A.(1993).A comparative study of goodness-of-fit tests for multivariate normality. *Journal of Multivariate Analysis,*46,309-334.

[16] Sagan A. & M. Kowalska-Musial (2010).Dyadic interactions in service encounter: Bayesian SEM approach. A. Fink et al.,(eds.), *Advances in Data Analysis, Data Handling and Business Intelligence,* Part 8,573-582.

[17] Timm, N.H.(2002).*Applied multivariate analysis.* New York: Springer-Verlag.

[18] Yuan, K.-H., Lambert P.L. & Fouladi R.T.(2004).Mardia's multivariate kurtosis with missing data. *Multivariate Behavioral Research,*39 (3),413-437.

[19] Zhu, H.T. & Lee, S. Y.(2001).A Bayesian analysis of finite mixtures in the Lisrel model. *Psychometrika,* 66, 133-152.

(Ping-Chien Lan,Jen-Son Cheng)

Chapter16 An Empirical Research on the Relationships between Personality and Lifestyle of the Tourists in Japan- An Example of the Taiwanese Tourists

【Abstract】

This study was conducted to investigate the relevance of personal characteristics and life styles of tourist consumer, and there were totally 1490 questionnaires survey sent to the Taiwanese tourists who visiting Japan, and effective 1,234 were received (the effective rate was 88.1%).

The results of statistical analysis showed that the behaviors of the Taiwanese tourists who in Japan were significant that the correlation confections showed the relations between the personal characteristics and lifestyles of the tourist themselves. Meanwhile, the personal characteristics of tourist consumer would make a significant impact on their lifestyle.

【Keywords】 : Tourist Consumer, Personal Characteristics, Life Style, the Taiwanese Tourists

1. Introduction

(1)Research background and motivation

Nowadays, along with the rapid economic growth the increase in national income has also risen increase of personal income, with reducing working hours, all of the world has set off an upsurge of sightseeing trips. Also, due to the rise of the awareness of economy, actively expanding tourism businesses has become a worldwide phenomenon. As a result of high economic growth, people's consumption habits and lifestyle's have been dramatically changed. The pluralistic society derivate people who trend to modern style made the consumption environment more active these decades.

Referring to the reporting belongs to World Tourism Organization, in 2020, the tourists will be increased to 1.4 billion. And in 2030, it's forecasted to increasing rapidly to 1.8 billion. In France, the population is about 66.03million, and their tourism competitive strategic alliance is in 2030, the tourists will be reached to be 100 million.[1] Furthermore, 1.8 billion in 2030. The sign of the world's large population movement in tourism indicates that tourism value and regional value will be increased due to changes in tourist demand, and it is expected to expand the number of people entering the country and promote economic growth. In addition, the world's population has increased threefold in response to changes in the world's population during the 70 years after World War II that is over 100% more than the number of the Japanese tourists visiting Taiwan. The population in Japan expanded by 134 million people (1.6 times) from 81.5 million, and GDP grew by 30.56 times from 161 billion US dollars to 4 trillion 912 billion US dollars (112 trillion 240 billion yen) [2].

Table 16-1 Comparison of Tourists number: The Japanese tourists who visiting Taiwan

Year	The Taiwanese tourists who visiting Japan	The Japanese tourists who visiting Taiwan
2006	1,309	1,161
2007	1,385	1,166
2008	1,390	1,087
2009	1,024	1,001
2010	1,268	1,080
2011	994	1,295
2012	1,467	1,432
2013	2,218	1,422
2014	2,830	1,635
2015	3,677	1,627
2016	4,167	1,896

Source: Japan Government Tourism Administration (JNTO) (2017) Units (Thousands)

Observing the data from 2006 to 2016, we can see that the number of the Taiwanese tourists who visiting Japan is larger than the number of the Japanese tourists who visiting Taiwan. Among those years, only the year of 2011 that the number of Japanese tourists visited Taiwan is larger (mainly because of the 311 earthquake in Japan). Then, as can be seen from Table 16-1, the number of Taiwanese tourists visiting Japan in 2016 is high, which is more than 100% more than the number of Japan tourists visiting Taiwan [3] .

The consuming amount of the Chinese tourists spent in Japan was ranked as first with 1475.4 billion yen (39.4%), and Taiwan stood on the second one that was 524.5 billion yen(14.0%). Considering the differences of scale, the popularity of China is about 13 billion that cost 1475.4 billion yen per year on overseas tourists in Japan, and the there are only 23 million popularity in Taiwan who cost 524.5 billion in Japan that is dramatically a higher expense [4] .

(2)Research purpose

① This study wants to explore how, with the highly developed economy, consumer's lifestyles have been changed a lot, and how this change has brought about the influence on personal characteristics and lifestyle of Taiwan's tourism consumers.

② The personal characteristics and lifestyle of tourism consumers in Taiwan who visited Japan   at current situation.

③ The correlation between personal characteristics and lifestyles of tourism consumers in Taiwan who visited Japan.

2. Document arrangement

(1)Document arrangement about sightseeing consumer's behavior
① The origin of sightseeing activities

Ellis M. R. (1973) [5] Pointed out that "theorization of entertainment has been carried out from ancient Greek, and has been carried out scattered so far". Ellis M. R. also classified the theories into classical, recent , and modern ones. In Japan, the word of sightseeing appeared for the first time in 1855 (2 years of Anzheng), when the Dutch donated wooden steam boats to the Tokugawa Shogunate. The Tokugawa shogunate used it as a warship and named it as a "Tourist Mary." Incidentally, the word "tourism" originated from the "view" of the Chinese "Book of Changes"(on the observation item) [6].

② Definition of sightseeing consumer behavior

Ikawa and others (2011)[7] pointed out that consumption behavior of tourists is caused by "away from routine needs". The "primary factors" that lead to the novelty needs of "want to travel" and the "precipitating factors" that are caused by the attractiveness and impression of the tourist areas themselves interact with each other and enable people to conduct sightseeing activities. It also proposed that "the leisure and sightseeing consumption behavior shows the subjective psychological state of consumers." [8]. Defining sightseeing consumer behavior contains "traffic, accommodation, food, entertainment, convalesce, visits, sports, etc., to escape the overall daily life "[9].

③ Influencing factors of sightseeing consumer behavior

Based on the theory of tourism consumer behavior, this study will further explore how the personel traits and lifestyles affect their behavior who visited Japan. Then, the research of Homer and Swarbrooke (1996)[10]. Then based on the research of Homer and Swarbrooke, this research well classify the factors affecting the tourist consumer behavior into two kinds : The internal factor in the external factor.

  i Internal factors: personal motivation, personal characteristics, possible income, health, investment in family, investment in work, experience, preferences and interests, knowledge of travel, lifestyle, attitude, and cognition.

  ii External factors: Convenience of goods, travel agency programs, travel sight , sightseeing organizations, information provided by sightseeing media, recommendation from friends and relatives, promotion projects of travel agency, and the climate of destinations.

(2)Documenting Personal Characteristics
① Concepts and Definitions of Personal Traits

The word "persona" came from Latin, and the original intent was the mask worn by the actors of the stage theatre in ancient Greece and Rome. It can adapt to a wide variety of situations, is durable, and has unique personal characteristics. In Japanese, it is translated into character and personality[11].

However, there will not be two people in the world who have exactly the same personality. Even if the psychological characteristics of the two are the same, some of them may have some different psychological characteristics. However, it is still possible to make changes due to the impact of major external events [12].

② Analytical theory of personal characteristics

i　Freudian Theory

The formation of personal characteristics is the continuous growth of humans through various stages of development (ex. oral period, reproductive period, sexuality period, etc.) during the infant and early childhood period. In this process, physiological desires and social pressures create conflicts (The subconscious conflicts between the three elements of id, ego, and superego) , and personal personality is formed in adulthood [13].

ii　Neo-Freudian Theory

To claim that personality will continuously change after growing up, moreover, not only for physiological needs, but also due to social contacts, personal personality will be formed [14].

iii　Traits　Theory

The character theory is featured by using statistical methods such as factor analysis to classify consumers based on their psychological characteristics. It is widely used on the theory of marketing [15]. It is also a theory that is often used now.

③ Measuring methods of personal characteristics

Personal traits are measured as follows:

i　Personal trait theory of internal control and external control (Rotter, 1954).

ii　The characteristics of the five personal characteristics (Costa & McCrea, 1992).

iii　Personal personality A/B personality theory (Roseman & Friedman 1974).

iv　Inward and outward theory of Jung (1921). Jung (1921).

v　Eysenck (1994) Type 3 (or axial) personal trait theory

(3)Document arrangement of lifestyles

① Concepts and definitions of life status

The theory of lifestyle is considered a theory based on George Kelly's(1975) [16] "theory of personal constructs". Researches of lifestyles begun in 1968, as Lazer(1963) [17] pulled the idea of lifestyle into marketing area.

The word lifestyle means activities in life, things one cares about, and opinions. In other words, a general idea of which kinds of life's each person has [18] . Furthermore, a lifestyle is made and shaped by personal systems of value, or patterns in life, and differences between lifestyles will effect activity of consuming tremendously [19] .

Scholars like Zheng,Jian-Syong(2001) [20] suggested that "on lifestyle", it is a habit of life for consumers(how to live, spend your leisure time or work) and also activities of consuming (ways to spend money and time). Also, lifestyle is about individuals or groups demonstrating their way to consume on activities, personal interests and accommodation during a sightseeing trip.

Asked for another scholar, Hirakubo Nakahito (2012) [21] . He thinks that lifestyle is a pattern of human mundane lives and how they arrange time and expansion. We can tell by a persons purchases, products and services they used to know their personal system of values and their unique characteristic.

② Essential factors of lifestyle and survey

According to Hawkins and Rogers research (1989) [22] there are nine essential factors of lifestyle, and lifestyle impact consuming activities. See Figure 16-1.

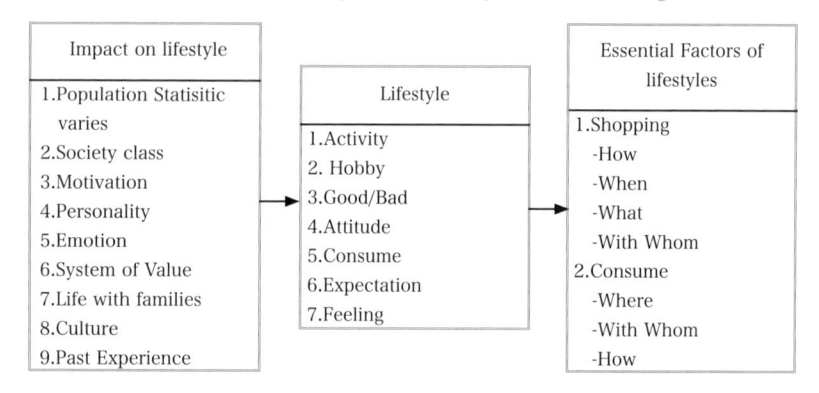

Figure 16-1 : demonstrating essential factors of lifestyles impact on consuming behavior.

Source: Del, I. H., Roger, J. B. & Kenneth, A. C. (1989), *Consumer Behavior*, 4th ed ., Richard D. Irwin, Inc, p.39 .

Zins(1998) [23] suggested that to survey sightseeing tourists' characteristics and behavior, the survey itself must be done through activities, interests and opinions (A. I.O.) that are related to travel.

Zheng,Jian-Syong (2001) [24] suggested that as survey of lifestyle goals, prediction and interpretation of consumers behavior are vital explanation variables.

Plummer's(1974) [25] theory of lifestyle has included population statistic variables benefit, psychological characteristics diversity and richness. Plummer added up population statistic with his lifestyle theory and promoted an A.I.O. survey model in 4 items.

The Plummer A. I. O. Model is by far the most study and used model. It mainly evaluated daily individual activities, interests and opinions of tourists.

(4)Questions arrangement for meta-research

Analyzing the questionnaires and the results showed as following.

1. There are very little research is about how personality impact lifestyle for the Taiwanese tourists.

2. It is also rare to see researches about the personality and lifestyle of the Taiwanese tourists visiting Japan

3. Setting of research model

(1) Research model

This research would make significant result of the relationships between personality and lifestyle of sightseeing as the content of the Taiwan tourists who visiting Japan.

An analyzed model is a theory. based on the research after checking documents and data we went through, with plummer, well & Tigert, Jheng,Yong-Yi, Zheng,Jian-Syong, Liou,Meng-Ji, and Tutii Sentyou, s researches and model as foundation of the tourist consumer activities. (refer figure 16-2)

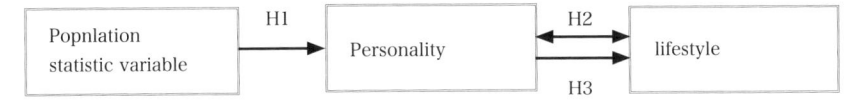

Figure 16-2 : Model of this research

Source : By the author

Personality along with system of values affected to lifestyle, and lifestyle is a comprehensive expression of personality and system of values, therefore, as personality and system of value effects lifestyle, they also are affection activities of consumers.

(2)Research hypothesis

Based on the documents as spoken, this research's hypothesis is as followed.

H1 : obvious differences in Taiwanese tourist consumers samples.

H2 : obvious correlation between the Taiwanese tourists consumers personality and lifestyle.

H3 : personality and lifestyle of the Taiwanese tourists can bring vital impact.

(3)Research extend and target

This research is targeted with the Taiwanese tourists who visiting Japan sampled with subject from the investigation. The research is also about investigating tourist consumers population statistics variable, personality and lifestyle.

(4)Outline of questionnaire practice

The objection of this search is the Taiwanese who in Taipei city and experienced traveling to Japan. The questionnaire practice happened from August 2016 to September 2016, the reliability of the questionnaire is examined. The official questionnaire practice happened during September to October 2016. There were totally 1490 questionnaires released, and 1234 questionnaires were collected effectively. Effective respond is 88.1%.

(5)Design of the questionnaire

The questionnaire is a structure from an abstract of all the dead us in

Table 16-2　Design of Questionnaire

Variable	Title number	Document reference
Population statistic variable	9	Grace & O'Cass (2004), Lages (2005), Cai, Jhang-Cing (2009)
Lifestyle	15	Plummer(1974), Wells&Tigert (1971), Zheng, Jian-Syong, Liou,Meng-Ji (2003), Tuthii Sensyou (2014)
personality	7	Roseman and Friedman (1974), Costa & McCrea (1992), Rotter (1954), Hirakubo Nakato (2012), Wang,Jhih-Jian (2015)

Source : Sorted by the author

this research. Variable consumers' behavior is scented with Taurus society background, personality, and lifestyle. Personal attributes is on a nominal scale of measure, other titles are measured with Liker Scale.

(6)Method of data analysis

Analysis software SPSS21.0 was used on collected effective questionnaires to practice person correlation and regression analyzes.

4. Results of research and analyzes

(1) Result analyzes of personal attributes from subject who filled up the questionnaire

Subject filled up the questionnaires' scale of six is female (54.6%), male (45.4%). Unmarried population (47.8%) was more than married population. Age wise "age 20 to 29(26.5%)", "38 to 39(20.6%)", youngsters are over half the number of people who took the questionnaire. Moreover, the most population is regular employees (51.5%), followed by workers with no steady income above (25%). Length of time during travels with "5 to 6 days" be the biggest number, and most accompanied by family members (49.4%). Travel fee with 60000-120000 yen(38.7%) being the biggest number, and the scale of subjects living city is (Taipei : 57.9%, Kao-Shung : 24.8%, Taichung : 17.3%).

(2)Element analysis of lifestyle

According to the element analysis of lifestyle in this research, principal component analysis is used to pull one sample out of 15 subject, and based on Kaiser's principle, leave common factors with eigenvalue over 1, specific essential factor of factor loading comes from orthogonal rotation. The result shows that a KMO value of 0.888 factor is appropriate as a sample. The Barlett Sphericity year with a chi-squared test value of 6666.058***(p=0.00<0.01) and appropriate for factor analysis can also be a sample. After the rotation turn the factor terms down to 3, and then use reliable analysis to confirm the reliability to stay in a specific range(Cronbach's a with 0.866). The contribution rate is 54.81%. Therefore this research takes Grace & O'Cass, Plumbers lifestyle theory as base. Three factor terms here are named into "enrichment of life", "fashion life" and "diligent of life". (Refer Table 16-3)

236

Table 16-3   Lifestyle factor analysis result

Terms of lifestyle		factors of lifestyle		
		Enriching life	Fashionable life	Frugality life
Q1	Relax and recuperate	0.791	-0.092	-0.119
Q2	Away from daily lives environment.	0.705	-0.026	-0.144
Q3	Improve family relationship.	0.532	0.135	-0.106
Q5	Wants to exchange sightseeing information with family and friend.	0.678	0.289	0.198
Q6	Good food being the point of the journey.	0.686	0.061	0.087
Q7	Willing to spend high amount of money for quality.	0.513	0.360	0.030
Q8	expecting natures beauty.	0.804	-0.048	0.124
Q9	To enrich ones life.	0.795	0.086	0.025
Q10	Be able to experience local costume and culture.	0.730	0.112	0.125
Q4	Often travel overseas during vacation.	0.278	0.576	0.057
Q11	Desire for fashionable vacations or trips.	0.260	0.786	-0.030
Q12	Desire of visiting sightseeing travel through media.	0.159	0.829	0.099
Q14	Prefer challenges and new things.	0.391	0.458	0.231
Q13	Prefer a simple and diligent life.	0.065	0.093	0.858
Q15	Prefer to purchase after comparing different choices.	0.297	0.277	0.518
Decentralized contribution rate.%		36.29%	11.93%	6.57%
Contribution rate.%		36.29%	48.23%	54.81%
Cronbach´s α		0.867	0.725	0.631

Cronbach's α =.866

KMO=.888

Bartlett's sphericity test = 6666.058***

Note : ***$p < .001$

Data source: by the author.

(3)Examine researchers of differences in the Taiwanese tourists who visiting Japan

According to result from T test variable analysis, along with differences in gender and age, the Taiwan tourists have different lifestyles. Therefore, hypothesis of H1 is partially established.

(4)Correlation analysis of tourists personality and lifestyle

This research uses Pearson product-moment correlation coefficient to examine the link between tourist personality and lifestyle(p<0.001***). However, since Pearson's r is rated above 0.4 and below 0.7, H2 is partially established.

Table16-4: Correlation analysis of personality and lifestyle

		Personality	lifestyle
Personality	correlation of personal	1	0.535***
	P-value		0.000
Lifestyle	Correlation of personal	0.535***	1
	P-value	0.000	

Source : By the author.　Note : *P<0.05 ; **P<0.01 ; ***P<0.001

(5)Analysis of how personality impact of lifestyle

According to the hypothesis of his research, regression analysis results of personality and lifestyle is as Table 16-5 demonstrate. The research shows that the VA I am value in various aspect is under 10, and independent variable showed as no-significant.

This research demonstrated impacts tourists personality make to lifestyle, result of analysis is as Table 16-5. Tourist personality has obvious prediction ability to lifestyle, so personality has a positive impact to communication between tourists the coefficient of determination R2 is 0.447, the model of regressions S value is 497.865, and P value is 0.000. Prediction variable of personality can explain that the contribution rate of lifestyle is high as 44.7%.

238

Table16-5　Analysis impact of personality to lifestyle. (H3)

Dependent variable:lifestyle

Independent variable	Non-standard regression determination predictive B value	T value	P value	VIF
(Constant)	1.558***	19.063	0.00	
personality	0.228***	8.828	0.00	1.62

Adj-R2=0.447　　F=497.865　　p=0.000

Source : The writer design.　(Note, *shows P<0.05; * *shows P<0.01; * * *shows P<0.001)

(6)Research hypothesis improved consequences

Table 16-6　　Research hypothesis proved consequences

Research hypothesis.	result
H1 : obvious differences in Taiwanese tourist consumers samples.	△
H2 : obvious correlation between the personality and lifestyle of Taiwanese tourists.	△
H3 : The personality and lifestyle of the Taiwanese tourists can bring vital impact.	○

Note) ○ : established　　△ : partially established　　× : not established

Source : The writer design.

5. Conclusion

As a result of T test and one way ANOVA, we found that there are differences in lifestyle depending on sex and age of the Taiwanese tourists. Therefore, the hypothesis of H1 was partially established.

This research uses Pearson product-movement correlation coefficient to analyze correlation of tourist personality and lifestyle. The result is positive (p<0.001 ***). However, Pearson's r-value is above 0.4 and below 0.7, therefore H2 is partially significant.

According to the results of regression analysis, personality effect to the lifestyle as significant, and by analyzing, the personality and lifestyles would cause the behavior of the Taiwanese tourists who visiting Japan.

Relatively external personality of subjects to the questionnaire has little financial limit in consuming choices. As a conclusion, under no pressure or restriction of travel agent or company, personality brings huge positive impact to lifestyle according to questionnaire survey, the characteristics of the objections were found that their personality would influence their lifestyle much more than others.

【Notes】

(1) Okano Take (2014), *Aim to make a country a travel destination and the Labor Power of Japan, one, two, three, four,* Daiwasouken.

(2) Mizobuchi Shinzo(2015), By the sightseeing innovation to activate regional economy － Activated characteristic of region, analyze"Hokkaido model", The forty-ninth session of global research conference　Research papers.

(3) Japanese government, division of sightseeing (JNTO)(2017), sequence.

(4) Japan ministry of land, infrastructure and transport. Sightseeing division (2016), investigation of foreign consumer's behavior .

(5) Ellis, M. L. (1973), *Why People Play,* Prentice-Hall, p.4.

(6) Inoue Masyuuzou(1967), "Sightseeing and tourism", reference : *Sanseido Dictionary third edition.*

(7) Ikawa Ayumi・Kawai Teruma (2011), "Travel and sciecic tourism and spectacular view : Comparison between Europe and Japan", Report on the results of regional cultural investigation.

(8) Otto, J.E. & Ritchie, J.R.(1996), "The Service Experience in Tourism."*Tourism Management,* 17, pp.165-174.

(9) Ishii Akio(2001),"The twelfth chapter of sightseeing policy", edited by Okamoto Nobuyuki, *The introduction to tourism studies,* Yuuhikaku, p.264.

(10) Homer, S. and Swarbrooke, J. (1996), *Marketing Tourism, Hospitality, and Lei-sure in Europe,*International Thomson Business Press, London.

(11) Allport,G.W.(1961), *Pattern and Growth in Personality,* New York : Holt, Rinehart and Winston.

　　 Hirakubo Nakahito (2012), *Consumers behavior theory,* Diamond company, pp.14-44 ,pp.46-59.

(12) Wang,Jhih-Jian (2015), *Consumers behavior,* Taipei : Chuan Hwa Book,

pp.108-133.

(13) Wang, Jhih-Jian (2015), *consumer activity*, Taipei pp.120-133.

(14) Hirakubo Nakahito (2012), *theory of consumer activity*, pp.14-44.

(15) Wang, Jhih-Jian(2015), reference, Hirakubo Nakahito(2012), reference.

(16) Kelly, George A.(1955), *The Psychology of Personal Constructs*, NY: N.W. Norton&Co.

(17) Lazer, W.(1963), "Life Style Concepts and Marketing ": Toward Scientific Marketing in Stephen Greyserm ,*Toward Scientific Marketing*, pp.140-151.

(18) Peter and Olson (2001),http://www.hsuzuki.com/content/study/cb/cb8.htm2014.9.15.

(19) Deusima Sayosi(2004), *Dictionary of marketing language*, Bai-Tao bookstore,p.228.

(20) Jheng,Jian-Syong, Liou,Meng-Ci (2001),"Preparatory research marketing with respect to Taiwan holiday life scale's build(Kenting)Example to tourists of National park", *recreation research of outdoors*,14(3), pp.57-80.

(21) Hirakubo Nakahito(2012), reference, pp.14-44.

(22) Del. I. Hawkins, Roger J. Best and Kenneth A. Coney, *Consumer Behavior* 4ed, Richard D.Irwin, Inc., 1989, p.39

(23) Zins, Andreas H. (1998), "Leisure Traveler Choice Models of 127 Theme Hotels Using Psychographics", *Journal of Travel Research*, 36, Spring, pp.3-15.

(24) Jheng, Jian-Syong, Liou,Meng-Ci, Jhang, Lan-Lan, Huang,Yu-Jhih(2001), "Vacation style modern build of regionalization Taiwan", National Science Conference's project of results report.

(25) Plummer. T. (1974), "The concept and application of lifestyle segmentation", *Journal of Marketing*, 38(1), pp.33-37.

[References]

[1] Wells, W., & Tigert, D. (1971), "Activities , Interests and Opinions", *Journal of Advertising Research*, 11(4).

[2] Tuthii sensyou(2014), *Did Duste lifestyle from activities of purchase decisions using store cluster*, NTT docomo R&D center.

[3] Grace, D. & O'Cass, A.(2004), "Examining service experiences and post-consumption evaluation", *Journal of Services Marketing*, 18, pp.450–461.

[4] Lages, C., Lages, C. R., & Lages, L. F. (2005), "The RELQUAL Scale: a

measure of relationship quality in export market ventures", *Journal of Business Research*, 58, pp.1040-1048.

[5] Cai,Chang-Cing, Zeng,Jyun-Lin, Liou,Jhong-Jhu, Hou, Pei-Yu (2009), "Visitor's experience, experience,Action research of experience - Example of Kaohsiung's food show", The tenth session of international business meeting symposium 2009, pp. 159-174.

[6] Kaiser, H.F.(1974), "An index of factorial simplicity", *Psychometrika*, 39, pp.31–36. (6043 citations as of4/1/2016).

[7] Wu,Ming-Long(2008), *SPSS operate and the practice of analyze questionnaire statistics*, Taipei, Wu-Nan publish.

[8] Roseman, M., and, Friedman R.H.,(1974), *Type A Behavior and Your Heart*, New York Knopt.

[9] Costa, P. T., Jr. & McCrae, R. R. (1992), "Normal personality assessment in linical ractice: The NEO personality inventory", *Psychological Assessment*, 4, pp.5-13.

[10] Rotter, J. B.(1954), "Social Learning and Clinical Psychology", Englewoo Cliffs : Prentice-hall. *Development*, 49(2), pp.263-279.

[11] Eysenck(1994), Translated by Chen,Jheng-Wun, 1994, *Personality theory*, Taipei : Yang-Jhih couturepublish, pp.290-292.

[12] Jung,C.G.(1921), *Psychological Types*, Consulting Psychologists Press Inc.

(Harada Michitae)

Chapter17 A Study on Chinese Consumer Cooling-off Period System
— Focusing on Law on Protection of Consumer Rights and Interests—

【Abstract】

The author made a questionnaire on "Consumer Protection Conditions" in 2015, one question of which was "Have you ever been declined by vendors when you return your purchased products within returnable periods?". To this question, 189 respondents (52.4% of total) answered "Yes", and 172 respondents (47.6% of total) answered "No". We found over half of the respondents had been declined in dealing with product returning. Therefore, we should study the cooling-off period system in the *Law on Protection of Consumer Rights and Interests*. There is not a universal term for the cooling-off period in China and researchers use different expressions for it. At present, such expressions include "withdrawal right", "regret right", "cancellation right" and "cooling period". Regret right leaves people a morally negative impression, suggesting a misunderstanding that consumers don't observe contractual terms or are the parties who cancel transactions for their own reasons. Therefore, this paper has studied the cooling-period system for Chinese consumers.

【Keywords】 : Consumer,Cooling-off,Law on Protection of Consumer Rights and Interests

1. Introduction

With IT development, the Internet has penetrated into every corner of our life, and consumer awareness has changed accordingly and gradually. Accompanying these changes, sales approaches of products have been diversified. By now, massive nontraditional sales approaches have emerged, including Internet shopping, TV shopping, direct sale and mail sale, which are new selling-shopping methods rather than in physical stores.

According to the 38th Statistical Report on Internet Development in China issued by China Internet Network Information Center (CNNIC) shows, up to June 2016, in terms of nontraditional sales approaches, 710 million Chinese consumers have Internet shopping experience, with an Internet popularity rate of 51.7% [1] . For instance, Alibaba (Alibaba Group), an e-commercial giant in Internet shopping, gained an amazing sale of 120.7 billion yuan (about 1,954 billion yen) on the day of 11.11 Taobao Shopping Carnival in 2016 [2] . With these data, we found that non-traditional sale approaches have changed people's lifestyles, and China has stepped into an e-commercial era.

At the same time, consumption security risks also appear. The "2016 Report on the Monitoring of Consumer's Experience and Complaints in China's E-commerce Market [3] released by China E-Commerce Research Centre (100EC.CN) reveals, complaints on non-traditional sale approaches centering on Internet shopping have long remained high among relevant complaints. We discovered complaints from Internet consumers had focused on bad product quality, poor after-sale service, refund issues, false marketing information and deception. In general, these issues can be successfully solved if vendors can easily accept returned products or agree to contractual termination; at least tensions can be substantially relieved. Therefore, problems lie in contractual termination and systematized cooling-off periods for product return rights.

At present, cooling-off period is a major system for protecting consumers. It develops basing on the following 3 points: First, payment by installments on consumption credit has resulted in excessive debts to consumers, which is a serious social problem after World War II. Second, there is a critical viewpoint believing that door-to-door selling has restricted choice freedom of consumers, and contracts are not fairly signed in these cases. Therefore, the special nature of door-to-door selling shall be considered. Third, in the Internet transaction mode, products may not meet consumer expectations as the actual ones haven't been confirmed. This should be legally regulated. Therefore, each country has enacted cooling-period laws basing on the foregoing 3 aspects according to its specific national condition.

2. Cooling-Period Systems of Various Countries

In the world, consumer cooling-off period system doesn't have a universal term either in legislation or in academia, so it can be regarded as a general term. Cooling period system has different terms and regulations in legislations of various countries, such as "calming period" in UK, "withdrawal tight" in *Civil Code of Germany*, and "regret right" in French laws [4]. Under the constant impacts from foreign laws and professional works, Chinese scholars in this field have used multifarious terms. For instance, most scholars studying German or EU laws use "withdrawal right" [5], the sources of which come respectively from "widerrufen" in German laws and "right of withdrawal" in EU laws. However, scholars studying Anglo-American laws prefer "calming period" or "cooling-off period" [6], as they believe "calming period" conforms to the original intention for the establishment of the system for that "after the signature of a contract, consumers will be given an option to reconsider the transaction, i.e. an opportunity for calm thinking without pressure from sellers particularly" [7]. Furthermore, in general, "consumers will suffer no costs if they have made final a decision to cancel any transaction" [8].

(1)Cooling-off Period System in UK

UK is one of the earliest countries that have established consumer cooling-off systems in the world. UK refers to cooling-off period as "contractual withdrawal right" or "contractual cancellation right", mainly applying to door-to-door selling, consumer credit, and remote sales. [9]

After World War II, UK economy recovered gradually, and consumer credit rose and developed rapidly due to stimulation from domestic consumption needs. As a result, some consumers signed large-sum contracts out of impulse, and became bankrupt for failing to repay for transactions at the end. To restrict these unhealthy transactions, UK established its cooling-off period system in *Hire-Purchase Act* in 1964, which primarily focused on consumer credit in door-to-door transactions. It was the prototype of the modern cooling-off system, but had an extremely narrow coverage, only applying to lease contracts and installment contracts. Therefore, UK established the *Consumer Credit Act* in 1974, integrating all consumer credit contracts, except land mortgage contracts, into the cooling-off period system. Article 67 of the Act provides, in the presence of debtors and under conditions of oral narration, with the assistance of their agencies or representatives, debtors have the right to cancel contracts. In addition, Article 68 provides the cooling-off period is 5 days from the signature dates of contracts or the receipt dates of the second copies (of the original contracts) [10]. It is a cooling-off period system to specify contractual cancellation rights in a more extensive range.

(2)Cooling-off Period System in Germany

The cooling-off period system is termed "withdrawal right" in Germany. The *Auslandinvestment - Gesetz* established in 1969 was the first law on consumer cooling-off period system (withdrawal right) in Germany.

Article 11 of the law states "In the case that consumers make purchasing promises under oral inducement by sellers or agents in places other than normal business premises, such buyers may withdraw their promising statements." [11] It was developed primarily for protecting consumers from infringement of door-to-door promotion, but it failed to achieve such purpose as it had an excessively narrow coverage. Consequently, German legislation experts and legal scholars began to explore "how to protect consumers more effectively for their legal rights in laws".

Then, Clause 1 in Article 1 of Installment Payment Act revised in 1974 officially recognized the withdrawal right of the buyer to payment by installment. However, the withdrawal right of the buyer shall be expired and nullified if he/she hasn't withdrawn his/her contract in a written notice within 1 week [12]. The applicable range of the Act was enlarged, by the newly added terms, to all installment payment fields in addition to door-to-door sale. Consequently, the right range that buyers could enjoy was substantially expanded. It was a rescission right for door-to-door sale and consumption credit.

Moreover, Article 1 of Door-to-Door Sales Act issued by German government in 1986 provides, consumers can withdraw their contracts with consideration in written signed between vendors and them during home-visiting transactions within 1 week. After the applicable range was enlarged, consumers could exercise withdrawal rights in all door-to-door transactions to cancel the contracts they signed if they regretted for their consuming activities within time limits specified by laws. In cases where door-to-door promotions are involved, substantial cooling-off periods would be given. Article 7 of *Consumer Credit Act* enacted by German government in 1991 also stipulates the withdrawal right of consumers. *Law on Remote Sale Contracts, Other Issues of Consumer Rights and Domestic Euro Conversion* taken effect on June 30, 2000 modified *German Civil Code* by adding Article 361a and 362b, which first uniformed withdrawal rights and return rights in single laws [13] . This law recognized consumer rights to cancel general contracts, including online sales return.

(3)Cooling-off Period System in US

Truth in Lending Act 1968 is the most fundamental consumer credit law in US, the primary purpose of which is to protect consumers from infringement of impulse purchases in installment payment transactions. This Act articulated the consumer cooling-off period system applicable for various credit transactions.

The Act instructs that creditors shall clearly notify debtors in written forms that they may exercise cooling-off rights. In principle, the cooling-off period is 3 days, the starting time of which shall be the later time between the transaction closing day and the delivery days of various documents specified by the law. Credit contracts between the two parties shall be invalidated, and all security rights authorized by the debtor to the creditor shall be canceled after the debtor exercise his cooling-off period rights [14] . The debtor shall undertake no costs. The creditor shall return all sums and properties, including deposit, down payment and other amounts paid by the debtor, in 20 days after the creditor receives the said withdrawal notice. In addition, the creditor shall take all necessary actions to terminate security interests occurred in the transaction [15] .

The Federal Trade Commission published Trade Regulation Rule Concerning Cooling-off Period in 1972, which primarily applied to door-to-door transactions, including 2 major points - definition of door-to-door transaction and obligations of merchants. A contract signed by a merchant in non-traditional stores, including a sales contract or a lease contract, shall be a door-to-door transaction if the deal is 25 dollars or more. In these contracts, merchants must observe their disclosure obligations to consumers, and supply contract copies (duplicates of originals). This Act offers particular protection to consumers in door-to-door transactions. However, as transaction forms get diversified over time, the cooling-off period system only applying to door-to-door deals has gradually failed to meet consumer needs.

To sum up, the "cooling-off period" system in UK has a wide applicable range, including lease and credit contracts. German laws have established "withdrawal right" early with mature regulations and various fields, including door-to-door sales, credit loans, installment payments and online transactions. In contrast, the cooling-off period system in US has a relatively narrow coverage with few regulations on remote transactions (Internet sales). Therefore, applicable systems shall be established as soon as possible.

3. China's cooling-off period system

Although Article 24 (Defect Remedy Liability) of China's *Law on Protection of Consumer Rights and Interests* is not a complete article on cooling-off period, it specifies "where the goods or service provided by a merchant does not satisfy the quality requirements, the consumer can ask for a refund, replacement or repair according to national regulations and any agreement between the merchant and the consumer. In the absence of such national regulations or any agreement between the merchant and the consumer, the consumer may refund within 7 days after receipt of the goods".

Moreover, to address the increasing complaints on sales, Article 25 of the revised *Law on Protection of Consumer Rights and Interests* 2014 specifies that consumers shall be entitled to unconditional refund for any product purchased via unconventional sales mode.

According to Article 25 (Cooling-off Period) of *Law on Protection of Consumer Rights and Interests*, "the consumer shall be entitled to refund within 7 days after receipt of goods purchased from a merchant via the Internet, television, telephone or post".

For a refund from a conventional sales store, a solution is easily found due to the "three packs of policy" (the merchant has to "repair, replace or refund). For a refund from an online store, however, it is more difficult because the seller may not be easily accessible or the time from feedback to complaints to refund will be too long.

Before the new *Law on Protection of Consumer Rights and Interests* was formally released, some provinces of China already legislated on cooling-off period. Such local regulations cover door-to-door sales, direct sales and other sales modes. In China, experiences are accumulated through local legislation. After the regulations are proven to be effective, they will be released on a national level. Similar examples are common and so it is with the cooling-off period system. The local trial legislation laid the base for release of relevant laws and regulations of the cooling-off period in the new *Law on Protection of Consumer Rights and Interests*.

In 1996, Liaoning Province released a regulation on cooling-off period, i.e. "Regulations of Liaoning Province on Implementation of *Law of the People's Republic of China on Protection of Consumer Rights and Interests*". Article 12 specified that "a full refund should be given if the consumer requests for refund within 7 days after purchase provided that the goods are kept in the original condition, except food, medicine and cosmetics" [16] .

But many consumers had a poor awareness of law then. Moreover, it was a local regulation with poor legal effects. Therefore, it was not proven to be very effective in practice. Therefore, this provision was cancelled from the *Regulations of Liaoning Province on Consumer Right and Interest Protection* in 2004.

In 2002, Beijing Administration for Industry and Commerce formulated the *Interim Regulations on e-Commerce Supervision and Administration*. Article 26 of the Regulations covered e-Commerce by specifying "the consumer may ask for replacement or refund within seven days after receipt of goods and the consumer shall bear the transportation, packing and mailing costs for such replacement or refund unless the goods has a quality defect or is used" [17] . This provision was only effective in Beijing. But it was not effective enough as e-Commerce easily took place across provincial and municipal borders. However, it introduced the cooling-off period system into online trading and thus became a precedent for future development.

In 2003, Article 28 of *Shanghai Municipal Regulations on Consumer Right and Interest Protection* implemented in Shanghai entitled a consumer to a refund within 7 days after purchase of a product delivered at door [18] . The consumer doesn't need to bear any expense if the product is not damaged. This provision imposes the cooling-off period system on door-to-door sales.

Article 25 of Direct Sale Administration Regulations issued by the State Council in December 2005 provides, if a consumer can produce purchase receipt for a product unpackaged, he can go to a relevant sales store to return it in 30 days. After receiving the product return request of the consumer, staff of such store shall fulfill return procedures in 7 days. This Article has stipulated product returning rights without limiting transaction manners.

The State Council promulgated the *Administrative Regulations on Commercial Franchise* in 2007. Article 12 of the Regulation requested the franchiser and the franchisee to sign a franchise contract which permitted the franchisee to unilaterally cancel the contract within a given period after contract signing. "Franchise" refers to any industry that requires governmental specific licensing [19]. It specified that the contract party should be given with the right of cancellation by the merchant. It is the highest-level legislation before revision of the *Law on Protection of Consumer Rights and Interests* and expands the coverage.

Thereafter, the cooling-off period system was adopted across China. For instance, the Zhejiang Administration for Industry & Commerce promulgated the *Guide to Business Practices of Food Sellers in the Circulation Industry* in 2007 [20] . In the same year, the "Regulations of Guangxi Zhuang Autonomous Region on Consumer Right and Interest Protection" [21] was also promulgated. These regulations awarded the right of cancellation to the consumers to a certain extent.

During the national legislation on cooling-off period that satisfied market demands, the Standing Committee of the National People's Congress included revision of the *Law on Protection of Consumer Rights and Interests* into the "eleventh five-year" legislation plan of the NPC in 2008 according to the development of market-oriented economy. In 2009, the State Administration for Industry and Commerce of the People's Republic of China submitted the *Law on Protection of Consumer Rights and Interests* (Draft Revision) with the General Office of the State Council. One of the focuses of the law was the establishment of cooling-off period system for transactions involving installment payment, online trading, television shopping, telephone shopping, remote trading, door-to-door sales, credit loan, and credit card at variable trading venue.

The Ministry of Commerce promulgated the Third-party e-Commerce Platform Service Standards on April 12, 2011. Article 6.5 "Trading Order" clearly specified, "in order to allow the consumer to unconditionally cancel an order during the cooling-off period, platform operators are recommended to establish a cooling-off period system" [22] . This was the first national recognition of cooling-off period system governing stores other than bricks and mortar stores. But it is a pity that "recommended" was used instead of "must". Therefore, it was only a recommended article and not enforceable on the merchant and e-Commerce platform.

The *Law on Protection of Consumer Rights and Interests* was passed in the 5th meeting of the Standing Committee of the 12th National People's Congress on October 25, 2013 and took effect on March 15, 2014. The cooling-off period system became a formal law in China. However, this legally effective cooling-off period system only covered 4 sales modes, i.e. telephone shopping, television shopping, Internet shopping and online shopping, but ignored door-to-door sale, credit loan and other sectors which had been covered by local regulations. Compared with the foreign regulations on cooling-off period, the Chinese legislation was still conservative. Other countries already took consumer credit and door-to-door sales as the focus of legal control but Chinese laws focused on new Internet sales modes which generated severe problems.

4. Problems of China's cooling-off period system

Article 25 of the Consumer Right and Interest Protection Law specifies as follows on "cooling-off period":

Article 1 "The consumer shall be entitled to a refund within 7 days after receipt of goods purchased through Internet, television, telephone and mail shopping without the need to give any reason, but excluding the following goods: ① Tailor-made goods; ② Live, fresh and perishable goods; ③ A/V goods, computer software and other digital goods that are downloaded online or unpacked by the consumer; ④ Delivered newspaper and periodical"

Article 2 "All goods, other than those mentioned above, that are confirmed to be unsuitable for refund upon purchase according to the nature of the goods shall be unsuitable for unconditional refund".

Article 3 "The refunded goods shall be in a sound condition. The merchant shall refund to the consumer within 7 days after receipt of the goods from the consumer. The consumer shall bear the cost of transport back to the merchant unless otherwise agreed upon between the merchant and the consumer".

Article 2 is particularly noteworthy. It specifies all goods, other than those mentioned in Article 1, that are confirmed to be unsuitable for refund upon purchase according to the nature of the goods shall be unsuitable for unconditional refund. However, the merchant normally would increase the scope of application of "according to the nature of the goods shall be unsuitable for unconditional refund". As such, the right of cooling-off period that a consumer is entitled to is undermined.

Such an "exception" is still a focus of dispute of researchers. For instance, Hangqing Li stated that "this article legally entitles a merchant to refuse to perform unconditional refund obligation. Any bad-faith merchant may quote this article to refuse a refund request and the consumer has no relief" [23].

We have an example here for reference.

Mrs. Xin of Sichuan Province purchased one sweater online in January 2014 but found the sweater to have a different color from the color shown on the photos after unpacking. As she was dissatisfied with the color, she requested for a refund within the cooling-off period. But the merchant refused her refund request on the excuse that the product had no quality defect. The merchant couldn't accept refund simply for the sake of differential color [24].

Article 25 of the *Law on Protection of Consumer Rights and Interests* was incorporated to prevent malicious refund by the consumer. But it ignored one issue, i.e. consumers are at a disadvantageous position compared with the merchant. The merchant has the information and thus can rely on such information to determine the trading conditions and incorporate the goods into the category of goods not subject to cooling-off period system.

Consumers and merchants have different understandings of "according to the nature of the goods shall be unsuitable for unconditional refund". Normally, a consumer would narrow the scope of application but the merchant would do the opposite. Therefore, disputes easily arise during transactions. Such an abstract term of "unsuitable for unconditional refund" gives the leeway for interpretation. More detailed standards shall be formulated in order to avoid expansion of the scope of application of this exception provision.

Large-scale e-Commerce platforms mostly establish their restrictions on replacement and refund. For instance, some merchants take cosmetics, foods and ornaments as "special goods" which are not subject to unconditional replacement and refund. Some other merchants indicate that discounted goods "can't be refunded". If a consumer wants to purchase high-quality goods at a low cost, he/ she must accept "not refundable" as the precondition. A bad-faith merchant can change the scope of replaceable and refundable goods freely and deprive the consumers of their rights and interests according to these ambiguous terms in order to safeguard their interests. As a result, the protection of consumers' rights and interests will be affected. Therefore, the merchant will ignore the law and infringe upon the legal rights and interests of consumers on the basis of this term if the "non-refundable" products" are not pre-determined. On the other hand, it helps to restrict the consumer's unreasonable consumption and refund behavior.

5. Conclusion

We have found various problems during the foregoing observation of cooling-off period system. Cooling-off period may be abused. Regulations should be established on how to define abuse and how to control it. Otherwise, it would be difficult to either enforce the cooling-off period system against merchants or expect they would voluntarily observe it. Even worse, they may try every possible means to evade this system. Besides, competitors may maliciously make use of the cooling-off period system to render heavy strikes on merchants. On the other hand, consumers may behave irrationally in transactions to abuse the cooling-off period system.

In addition, China has implemented its cooling-off period system since 2014, and met various problems [25] . Some key debates are listed below:

① If products returned don't have quality problems, can merchants resell them to other consumers?

② The provision "Within 7 days after receiving the product" has not been clearly specified in the standard - starting from the distribution ending date of the logistic system or from the date that the consumer receives the product.

③ Who shall be responsible for damages or stains of products during return? Article 25 of the Law on Protection of Consumer Rights and Interests has not clearly provided for these 3 points. Even if no legal disputes occur, there would be several issues in terms of laws:

④ Specific method to determine refund amount

⑤ Clarification on product returning period (including the content in ②)

⑥ Product returning cost shall be borne by consumers

......

Based on the above issues, the author will discuss some predetermined regulations that should be made on the cooling-off period in the *Law on Protection of Consumer Rights and Interests*.

(1) Clarification on product returning freight

The current *Law on Protection of Consumer Rights and Interests* provides that consumers shall bear costs incurred during product returning while exercising their cooling-off period rights. Some researchers believe that the provision that consumers shall bear all freight is not reasonable, and the author also thinks that this provision is too favorable to merchants.

This is especially unreasonable for online shopping as consumers can only make decisions by viewing description and images supplied by merchants. Therefore, when a product received by a consumer doesn't coincide with such description and the consumer wants to exercise "cooling-off period" rights, in accordance with Clause 3, Article 25 of the *Law on Protection of Consumer Rights and Interests*, the consumer shall bear freight incurred during returning the product, which can't properly protect the legal rights of consumers. As a new "unilateral improper contract term", this may be utilized by the business owner and can't effectively regulate its operating activities.

For this issue, foreign regulations shall be consulted. German laws stipulate that when a transaction price is lower than 40 Euros [26] , a business owner may reach an agreement with consumers that the freight shall be borne by the latter. British laws stipulate merchants shall bear product returning costs when consumers exercise their cooling-off period rights.

When advantages and disadvantages faced by consumers and merchants, and insufficient information that consumers possess during online transactions are taken into consideration, it is generally accepted that British regulations are necessary to maintain "situational equality" between consumers and merchants. However, in Chinese legal system, the provision that merchants shall bear freight may lead to moral risks, where merchants have to bear excessive financial burdens. Therefore, this regulation is hard to be introduced into Chinese legal system. For this reason, China shall consult German legal provisions that merchants shall bear product returning costs in principle. Nevertheless, in some cases, consumers and merchants may reach an agreement that the freight shall be paid by consumers. In this way, merchants may not unilaterally pay freight, and the power of the cooling-off period system can be fully exerted. On one hand, merchants may get their lessons when consumers exercise their cooling-off period rights, and on the other hand, the fact that consumers may undertake freight in special cases can help to contain moral risks from consumers due to abusive use of their cooling-off period rights.

(2) Clarification on calculation standards of refund amount

The *Law on Protection of Consumer Rights and Interests* requires that after consumers have exercised their cooling-off period rights, merchants shall repay product prices that consumers have paid in 7 days after the product returning date. This provision may lead to some confusion in practice.

For instance, if consumers buy household appliances online and return the products within the cooling-off period, merchants may only repay partial prices for the reason that such appliances have been used. In these cases, can merchants claim product devaluation rights? What's more, in some transactions, product prices paid by consumers contain distribution fees, i.e. "postage inclusive" in online shopping. In this case, when consumers exercise their cooling-off period rights, can merchants withhold the original product mail costs from product refunds they repay to consumers? This is also a problem.

Therefore, laws should be enacted for these practical issues, and specific amount refunded shall be regulated. For example, in purchases of household appliances, in order to protect consumers via the cooling-off period system, merchants shall repay full prices for products used by consumers, and the devalued parts shall not be calculated.

Furthermore, in order to protect legal rights of merchants from infringement, supporting regulatory systems or even third-party credit evaluation systems should be established to prevent malicious product returning behavior from consumers.

In online shopping of the second scenario, distribution is a part of promotion behavior of merchants, so the "postage inclusive" costs are a preferential measure for consumers to buy their products. Therefore, after consumers have exercised their cooling-off period rights, merchants shall not withhold the original product mail costs from the product refunds repaid to consumers. The other way round, if consumers have respectively paid prices and distribution costs when they purchase products, the distribution costs are paid by merchants on behalf of consumers to distribution companies, and merchants may not repay distribution costs when refunding to the consumers.

Establishment of laws shall consider social conditions, and problems resulted from particular activities should be clarified. Laws should conform to common sense of people.

(3) Clarification on product returning period

The argument made in the above ② involves the time point from which the cooling-off period is calculated. The Chinese *Law on Protection of Consumer Rights and Interests* provides that consumers may return products unconditionally within 7 days after receiving their products. The author thinks that the provision of 7 days is reasonable. Foreign countries have different regulations on cooling-off period, for which France and UK both specify 7 days. In the US and some countries, the period is only 3 days. Some countries may have longer periods, for instance, 10 days in Malaysia and Italy, and 14 days in South Korea, Germany and Sweden [27].

The regulation of returning period directly determines if consumers can effectively exercise their cooling-off period rights. By analyzing laws in different countries, we found that the 7-day period specified in China is reasonable. However, the standard has not clearly specified for the meaning of the provision "Within 7 days after receiving products" - whether the distribution ending date shown on the logistic system or the date when a consumer receives the product.

"Products can be unconditionally returned in 7 days" should be calculated from the day when a consumer signs for accepting the product (the signed bill of freight of the logistic system). If there is an accurate signature time, a period of 168 hours starting from the signature time shall be deemed as 7 days. If the bill only bears a receipt date, the starting time would be the zero hour of the next day and 168 hours would be regarded as 7 days.

If "7 days" is clearly defined in such manners, disputes on days can be effectively avoided.

(4) Processing rules after product returning

As discussed in section ① , the *Law on Protection of Consumer Rights and Interests* has only regulated application range of cooling-off period, rules on exercising the right, and product-returning periods, but hasn't mentioned processing methods for issues after product returning. If a product returned by a consumer appears in good condition at the first glance, and the business owner can't confirm if the product has been properly used, or if its internal structure has been damaged during use by the consumer or the returning process. If the above conditions exist, there are malicious product returns by consumers.

If a well-known cosmetics company sells its products online by noting "products can be returned in 30 days after opening", some malicious consumers may use up or empty the content of the bottle, and refill it with cheaper cosmetics before returning. When laws have no pertinent regulations, merchants may resell such products to new consumers, leading to deception against consumers. New consumers who have bought such returned products may don't know if such products are returned ones. Therefore, this may infringe consumer information rights, or render negative effects on their body.

Furthermore, if returned products don't have any quality problems, can they be resold to other consumers? The law neither clarifies the responsibility for product damage or stain during return (as discussed in section ③).

Merchants shall be responsible for examining returned products to see if they can be resold. Of course, such examination costs shall be added into products prices and shall be borne by purchasers. However, consumers don't know these procedures, and when reselling the products merchants shall inform consumers that such products were returned before.

Governmental departments and consumer associations shall make site inspections to confirm if merchants have observed these regulations, and should not leave these leave consumers. Consumers must know product conditions to make informed purchasing decisions.

If products fail to meet reselling standards or may endanger health and life of consumers, competent departments shall confiscate and destroy them, and punish relevant personnel. This is also what governmental departments shall supervise.

The establishment of these systems can not only warrant quality of products sold in non-traditional stores, but also maintain consumer rights.

258

【Notes】

(1) The 34th China Internet Development Statistic Report http://cn.chinagate.cn/reports/2014-07/23/content_33031944.htm (visited on March 28, 2017)

(2) An amazing sale of 120.7 billion yuan on double 11 shopping carnival of Taobao Mall, Nov. 11, 2016 http://www.chnews.net/jryw/201611/124022.html (visited on March 28, 2017)

(3) Chinese E-Commerce Customer Experience and Complaint Monitoring Report 2016 http://www.askci.com/news/hlw/20160805/17065450828_3.shtml?_t_t_t=0.2561033784877509 (visited on March 28, 2017)

(4) *Yanfang Zhang, Study on Consumer Protection Law*, p.302, Law Publishing House, 2003

(5) Researchers and their works using "withdrawal right" on German laws are listed below. Ying Chi, Study on Withdrawal Right for Protecting Consumers in German Laws, Qingwen Liu, Consumer Withdrawal Right System in Germany, Hongliang Wang, Legitimacy Foundation for Consumer Withdrawal Right.

(6) Researchers and their works using "cooling-off period" are listed below. Ying Sun, System Study on Consumer Protection Laws, Xiaoming Wang, Construction of Chinese Consumer Cooling-off Period System, Jing Zhang, Study on Value Target of Cooling-off Period System, Legislative Exploration and Revelation of French Cooling-off Period System, Jingjing Lu, Study on Cooling-off Period Legal Systems.

(7) Lingyan Li, Study on Consumption Credit Laws, p.34, Law Publishing House, 2000

(8) Lingyan Li, p.34, id.

(9) Jing Zhang, Legislative Exploration and Revelation of British Cooling-off Period System, *Journal of Changsha University of Science and Technology (social science edition)*, p.45, Volume 26, Session 3, 2009.

(10) Jinghong Sang, Conception and Construction of Cooling-off Period Legal System, master thesis, p.8, Heilongjiang University, 2010.

(11) Ying Chi, Study on Withdrawal Right for Protecting Consumers in German Laws, p.79, Politics and Laws, Issue 6, 2008

(12) Ying Chi, p.80, id.

(13) Chunrong Lu, *Comparative Study on Consumer Withdrawal Right System, doctoral dissertation*, p.60, Fudan University, 2012

(14) Lu, p.93, id.

(15) Lu, p.93, id.

(16) Article 12 of Regulations of Liaoning Province on Implementation of the Consumer Right and Interest Protection Law of the PRC

(17) Article 26 of Interim Regulations on e-Commerce Supervision and Administration

(18) Article 28 of Shanghai Municipal Regulations on Consumer Right and Interest Protection

(19) Article 12 of Administrative Regulations on Commercial Franchise

(20) Article 11 of Guide to Business Practices of Food Sellers in the Circulation Industry

(21) Article 29 of Regulations of Guangxi Zhuang Autonomous Region on Consumer Right and Interest Protection

(22) Article 6.5 of Third-party e-Commerce Platform Service Standards

(23) Hangqing Li, Chunyan Zhou, Qian Zhao, Improvement on Legislative Mode and System of Cooling-off Period System for Chinese Consumers, *Modern Trade and Commercial Industry*, 19th Issue of 2014, p. 176

(24) "I purchased a piece of clothes on Taobao but found it have very poor quality after receipt. I asked for a refund but the seller didn't reply to me". http://bbs.tianya.cn/post-funinfo-6946786-1.shtml (acquired on March 30, 2017)

(25) Jingming Wu, Revision Suggestions on Consumer Protection Law of the People's Republic of China - The Theoretical Perspective of the Third Jurisdiction, p.173, *Chinese Legal Publishing House*, 2014.

(26) Yen, about 4,600 yen. *Asahi Shimbun*, 1 Euro equals 115.08 yen, September 22, 2016.

(27) Nan Lin, A Study on Consumer Regret Right System, Master Thesis, Heilongjiang University, pp.17-18, 2015.

(Aishu Sun)

Chapter 18 The Development of Japanese-Funded Convenience Store in China

【Abstract】

In recent years, with the rapid growth of Chinese economy, more and more foreign companies, including retailers are targeting the huge consumer market and launching their businesses in China. Local competitors are not the only problem confronted them, from the standpoint of vertical transaction relationships , a new multi-layered competitive relationship will be emerged from the wholesalers, Manufacturers and the other business partners (Iwanaga 2009). About the retail internationalization process that will be analyzed from several aspects such as overseas procurement, assortment planning, local customers search behavior and know-how transfer. On the other hand, concerning the internationalization strategy, the controversy regarding standardization or adaptation has continued until today. Although there is no final conclusion, I think all retail types should not be discussed uniformly. Grasp the specific situation and analyze the environment toward a specific type of business that is more reasonable. However retail internationalization is a very big discussion topic, therefore in this article I will focus on the transformation of Know-How of Japanese convenience store (abbreviated as CVS), at first I will discuss what the Japanese style CVS is and recent development of Japanese CVS in china. And then I will try to point out what problem the accumulated know-how in Japan domestic when it was transferred to China.

【Keywords】 : CVS, Know-How, standardization, adaptation

1. Introduction

In Japan the development of convenience store is contributed by some innovation factors which are so different from American business. Such as Area-Dominant strategy based on the franchise system, Innovation of logistics and information systems based on the concept of Tanpinkanri and Merchandise strategy which oriented by customer value creation. In recent years, with the rapid growth of Chinese economy, more and more foreign retailers, including Japanese funded CVS companies are targeting the huge consumer market and launching their businesses in China. Local competitors are not the only problem confronted them, from the standpoint of vertical transaction relationship, a new multi-layered competitive relationship will be emerged from the wholesalers, manufacturers and the other business partners. About the retail internationalization process that will be analyzed from several aspects such as overseas procurement, assortment planning, local customers search behavior and know-how transfer. On the other hand, the discussion regarding standardization or adaptation of the internationalization strategy has continued until today. Although there is no final conclusion, I think all retail types should not be discussed uniformly. Grasp the specific situation and analyze the environment toward a specific type of business that is more reasonable. Retail internationalization is a very big discussion topic, therefore in this article I will focus on the transformation of Know-How of Japanese convenience store (abbreviated as CVS), at first I will discuss what the Japanese style CVS is and recent development of Japanese funded CVS in China. And then I will try to point out what problem the accumulated know-how in Japan domestic when it is transferred to China.

2. Literature Review

(1) Know-How of Japanese convenience store

The concept of CVS was formatted in US around 1946 by The Southland Corporation. Through 70 years, the features of CVS such as great variety of goods, convenient service, long shopping hours make CVS different from the other retail model. This business model has achieved great success in Japan, not US. Today, the largest CVSs have been operated in Japan. Because the Japanese businessmen have reformed this model and make it more acceptable to Japanese customers. In Japan, CVS has developed three characteristics (it also be called Know-How) which is different from the US (Yahagi 1994, Kim 2001, Kawabe 2003).

(2) Area-Dominant strategy based on the franchise system

In order to optimize the delivery logistics system, CVS company in Japan has adopted a store opening strategy, also be called Area-Dominant strategy, what concentrates on launching stores in one place as much as possible. There are four merits of Area-Dominant strategy (Kawabe, 2003). The first, other CVS chains are not allowed access to this area by opening a large number of stores in one area. The second, raising the company's wider profile. The third, the delivery time can be shortened, and freshness of the fast food can be maintained. The last, when the field counselors (supervisors) of the headquarters are going around the stores, a short travel time allows them to lengthen the time to consult each store. Although the area-dominant strategy was made by Southland in the United States at first, it was carried out more thoroughly in Japan.

(3) Innovation of logistics and information systems based on the concept of Tanpinkanri ;

In 1976, Seven-Eleven Japan worked on logistics reforms over joint delivery firstly. The consolidation of vendors has begun by partnering with wholesaler. By the joint delivery, the number of delivery trucks was reduced, and the stock load of every store was decreased considerably. Along with the reform of logistics system, how to share information quickly and accurately becomes an important issue. The information technology network has also evolved. The companies have developed a dedicated automatic ordering system. Seven-Eleven Japan called it a system that support Tanpinkanri. However, only by establishing advanced information systems that can obtain sales information in real time, it is impossible to achieve fine Tanpinkanrin of each single item. Even if it is called Tanpinkanri, it is meaningless only to take the sales information of each item. Tanpinkanri is achieved only by making use of the information obtained that is applied to the order(Ogawa,2000).

Table 18-1 The Delivery System of Seven-Eleven Japan

Distribution Center	Delivery Frequency	Item
Rice	3 times per day	Bento, Onigiri, Baked Bread
Frozen	3-7 times per week	Ice cream, Frozen food, Rock Ice
Magazine	6 times per week	Book, Magazine
Room temperature	7 times per week	Soft drink, Sweets, Cup noodle, Alcohol, Non-food
Chilled	3 times per day	Sweet Bun, Salad, Delicatessen, Dairy

Source:www.sej.co.jp/corp/aboutsej/distribution.html (accessed Apr.4.2018)

(4) Merchandise strategy which oriented by customer value creation

In Japan, the fast food market expanded rapidly because there are numbers of people living single life in the city, and the HMR(home-meal replacement) that the fast food bought at the convenience store was eaten at home increased. If we check the assortment of Seven-Eleven, it can be seen that the ratio of fast food was three times more than that of American.

These Know-Hows as the pillars of operation improvement which provide the driving force to accelerate CVS enterprise development. As a result, Seven-Eleven, Lawson and Family-mart have grown into a large-scale retail enterprise in Japan.

Table 18-2　Compare the US-Japan assortment by sales

Assortment	JAPAN	US
Fast food	29.9%	8.9%
Processed food	26.2%	23.8%
Daily product	13.6%	3.7%
Non-food	30.3%	22.8%
Gasoline	0	40.7%

Source: 2016 Business Overview of 7 & I holding.pp29.

3.　The Growth History of Japanese CVS in China

Since the reform and opening-up policy was released in 1978, Chinese economy maintained a rapid development. The development of the Japanese CVS in China began with the entry of Lawson in 1996. Due to the elimination of restrictions on foreign investments entering area and the number of operating stores as the result of accession to WTO in 2001. The deregulation policy of foreign capital in the distribution sector which was run in 2004. The opportunity to develop rapidly for the Japanese CVS was given. The following is a description of the current status of Lawson, Seven-Eleven Japan and Family-Mart in China.

(1) Lawson

In April 1996, The Daiei group established Shanghai Hualian Lawson company in a joint venture with Shanghai Hualian Group, one of the largest retail companies in China and launched the first Lawson store in Shanghai city. Store operation is basically the same as Japan. The store area is approximately 100 m2 and is also open 24 hours a day. The products at the time are handled mainly by Shanghai Hualian which provides processed foods, soft drinks and fast food. The joint venture is not only in Shanghai but also in the surrounding Jiangsu and Zhejiang provinces as well as launched business in the form of area franchises with local company. In April 2010 and September 2011, they setup a subsidiary in Chongqing and Dalian so that to open new stores. And in May 2012, Lawson established Lawson (China) investment Co., Ltd. in order to oversee the business investment and license management in China. In 2017 Currently they have 1003 stores in 5 cities.

Table 18-3　Lawson in China

City	Date of establishment	Number of stores (2018)
Shanghai and surrounding areas (Changshu, Yangzhou,Kunshan,Shaoxing,Taizhou, Zhangjiagang,Hangzhou,Jiangyin,Changzhou, Wuxi,Zhenjiang,Suzhou,Jiaxing,Nanjing)	1996 (Shanghai)	884
Chongqing	2010	167
Dalian	2011	123
Beijing	2013	75
Wuhan	2016	198

Source: According to the homepage of each subsidiary. (accessed Apr.4.2018)

(2) Seven-Eleven Japan

In January 2004, the establishment of "Seven-Eleven Beijing" was the first time that foreign-affiliated CVS directly invested in the CVS business under the Chinese government approval. This company was established in a joint venture with Beijing Shoulian commercial group which has a close relationship with the local government in Beijing. The assortment of Seven-Eleven in Beijing is almost the same as Japan, and the product is developed centering on fast food such as the bento and the side dish. There also was a fast food assortment called tennaichori (cooking in-store 店内調理) that was developed to meet the needs of Chinese customers who get used to eating hot foods. In 2017 currently they have 2484 stores in 8 cities.

Table 18-4 Seven-Eleven Japan in China

City	Date of establishment	Number of stores (2018)
Beijing	2004	219
Shanghai	2009	100
Chengdu	2010	67
Tianjin	2011	82
Qingdao	2012	38
Chongqing	2013	35
Hangzhou	2017	Not disclosed

Source: According to the 2016 securities report of 7 & I Holdings.

(3) Family-Mart

Since this decade, Family-Mart is actively promoting the international development in China. In January 2003, Family-Mart set up a joint venture called "Family-Mart China holding" in partnership with the parent company's Itochu and Taiwan Family Mart company. Since 2004, the first store was opened in Shanghai, in 2017 currently they have 2116 stores in 9 cities.

Table 18-5 Family-Mart in China

City	Date of establishment	Number of stores (2018)
Shanghai	2004	1150
Guangzhou	2007	215
Suzhou	2007	169
Hangzhou	2012	115
Chengdu	2012	64
Shenzhen	2012	57
Wuxi	2014	69
Beijing	2014	21
Dongguan	2014	15

Source: According to the 2017 annual report of Uni Family-Mart Holdings.

4. Conclusion

These three Japanese-funded CVSs focus on developing their business by Japanese-Style Know-How in China such as merchandising fast food, building advanced information and distribution systems, and also developing their area-dominant strategy. However, as mentioned in the beginning, it is necessary to understand the characteristics and business environment in China. Their own business Know-How was introduced to this country where completely differ from Japanese market. According to this issue, I propose the following suggestions.

(1) In China, Unlike Japan, there is a universal phenomenon of intervention by local governments and agencies in commercial activities. In other words, when a foreign company wants to start its business in China, it can be said that if it has a good agreement with the local government, the company will overcome the biggest obstacle. For that reason, these three companies have made joint ventures with China's state-owned enterprises or a major company with close ties to the local government. While this strategy is good at first, it is more important to work closely with the Chinese joint venture, which is so different from Japanese business practices. Failure to work together is likely to lead to business failures. I think that Lawson whose management rights have changed 2 times should have a deep understanding on this issue.

To sum it up, when a foreign company launch its business in China, It must deal well with government, administrative organ and business partner in the way they do.

(2) The two-income family is commonplace in China, therefore Japanese CVSs have set up the merchandising strategy centered on fast food to meet the high demand for home-meal replacement (HMR). Although these three CVSs focus on developing fast food, Seven-Eleven maintained strong sales in this sector. Chinese people are more likely to eat freshly made food than Japanese-style bento box which need to be heated in microwave oven. After understanding the characteristics of customers, Seven-Eleven developed a new and unique fast food assortment called tennaichori (cooking in-store) based on common home cooking

through detailed marketing research. It delivers semi-processed ingredients and seasoning from the central kitchen to each store immediately and cooks them in store every day. It becomes a hit product immediately after it's launched, bringing huge sales and profits.

Therefore, it can be understood through the example of fast food, not only to meet the demands of customers for fast food, but also by understanding the characteristics of Chinese customers different from Japanese customers to meet the deep-seated needs.

(3) In order to protect domestic enterprises, there are many restrictions on foreign retail enterprises. For example, Male smoking rate in China is close to fifty percent .But, the tobacco monopoly policy which was run in 2007, and tobacco sales at foreign retailer's store were banned. Because Tobacco can increase the customers visit frequency and promote sales of related items, at the time, the sales of the Japanese CVS were profoundly affected. In Japan, the Japanese CVS pursues the efficiency of delivery to secure the product procurement until now. But in China, especially in big cities, there are many restrictions on the goods vehicles. In Beijing, Seven-Eleven stores are mainly concentrated within 4th Ring road. However, because of the traffic control policy, from 7:00 am to 10:00 pm, the goods vehicles are barred from entering the 4th Ring road. Thereby, It has greatly constrained the delivery of goods to stores, and the effect of area-dominant strategy that Seven-Eleven devised has also dropped significantly.

As a solution, local partners are required to use personal connections and negotiate with government departments to obtain vehicle access permission. The companies have to deal well with different regulations and policies from Japan through Chinese partner-government connection.

5. Limitations

This article also has some limitations. In Japan, CVS can achieve success, the most important reason is that they increase market share rapidly through franchising. However, If we are discussing the issue of franchising, we should not only discuss the transfer of Know-How, but also carry out a case study on the operation of franchisee's company, the differences between China and Japan on franchising laws and other related issues. On the other hand, foreign capital supermarkets, hypermarkets and department stores also have entered the Chinese market for more than 20 years. More research is also needed on these retailers.

Consequently, the study of transfer of Know-How towards others foreign capital retailers in China is suggested for future research. It would also be interesting to compare the difference between them.

【References】
Japanese:
［1］矢作敏行 (1996),『コンビニエンス・ストア・システムの革新性』日本経済新聞社。
［2］川辺信雄 (2003),『新版 セブンイレブンの経営史』有斐閣。
［3］金顕哲 (2001),『コンビニエンス・ストア業態の革新』有斐閣。
［4］田中陽 (2006),『セブンイレブン覇者の奥義』日本経済新聞社。
［5］川辺信雄 (2006),「日系コンビニエンス・ストアの国際展開」『早稲田商学』第
　　409・410 合併号，2006 年 12 月。
［6］小川孔輔・青山恭子 (2008),「東アジア地区に進出した多国籍企業のマーケティ
　　ング：コンビニエンス・ストア in East Asia」『経営志林』第 45 巻 2 号, 2008 年 7 月。
［7］熊野信一郎 (2009),「上海コンビニ戦争」『Nikkei Business』, 2009 年 5 月 4 日号。
［8］Ye Chong (2003),「中国市場の政治要因と外資小売企業の出店行動――カルフー
　　ルとウォルマートのケース――」『流通科学大学論集―流通・経営編』第 16 巻第 1 号。
［9］西島博樹，片山富弘，宮崎卓朗 (2009),『流通国際化研究の現段階―岩永忠康先
　　生還暦記念論文集―』同友館。
［10］川辺信雄 (2012),「コンビニエンス・ストアのグローバル戦略 ―2005 年以降
　　のアジア展開を中心に―」『経営論集』第 22 巻第 1 号。
［11］田村正紀 (2014),『セブン - イレブンの足跡 ― 持続成長メカニズムを探る』千
　　倉書房。
［12］小川進 (2000),『ディマンドチェーン経営』日本経済新聞社。

(Gong Tao)

Chapter19 A Brief Analysis of the Vertical E-commerce Model of Mothers and Infants in China and Japan

【Abstract】

As China fully liberalizes the "two-child" policy in 2016, based on factors such as the release of demographic dividend, the deepening of online shopping habits and online retail upgrade, China's maternal and infant e-commerce will show explosive growth and achieve the opportunities and challenges of rapid growth. At the same time, Japan's maternal and infant market has also achieved corresponding development in the vertical e-business model, which has promoted the development of the maternal and infant market in particular by combining online and offline aspects.

This paper aims to analyze and compare the development of vertical e-business model between China and Japan in the maternal and infant market, in order to promote China's maternal and infant market to complement each other and draw on each other's strengths in this pattern, and finally achieve the benign development of maternal and infant market in China and Japan.

【Key Words】 : Maternal and infant market , Vertical e-business model, Comparison of Japan and China

1. Introduction

Along with the rapid development and popularization of the internet and e-commerce, the maternal and infant industry, as the main force in the traditional industry, is naturally and inevitably involved in the wave of e-commerce. When it comes to the " Internet +" era, the spread of maternal and infant e-commerce has brought huge business opportunities to their product market. While the scale of online shopping in the maternal and infant product industry continues to expand, more and more maternal and infant enterprises have begun to carry out vertical e-commerce. According to the data of the China institute of commerce and industry's growth trend chart of the scale of China's maternal and infant e-commerce market, young parents' contact with emerging shopping channels continues to rise because of the rapid advance of the domestic e-commerce market, which leads to their continuous increase in spending on internet and mobile shopping. Valid statistics show that the volume of online channel transactions for China's maternal and infant products was 302 billion CNY in 2015. It has been estimated that the scale of transactions will reach 494.4 billion CNY in 2018 and even more than 100 billion CNY in 2022. [1] (China Commercial Industry Research Institute,2017) As the whole society is currently transforming into the era of mobile internet, the mobile end has surpassed the PC end to become the largest driving force in the online shopping market, and the chances and growth potential in the field of mobile are grander. With the popularization of the mobile internet, the perfection of the mobile shopping scene and the popularization of the application of mobile payment, the mobile shopping market will further expand. Judging from the e-commerce pattern, the industry has entered a stable period, and e-commerce competition has transitioned from a platform to a vertical subdivision. [2] (Zhang Jing, 2015) The vertical e-commerce mode for mothers and babies especially highlights the characteristics of the respective network consumption in China and Japan during the development of the e-commerce for them. Moreover, although the spread and application of vertical e-commerce has brought a great number of opportunities to the maternal and infant enterprises, it also hides a series of problems. Thus, this paper attempts to discuss the development status, advantages and disadvantages of this model through the analysis and study of the vertical e-commerce model for mothers and infants both in China and Japan, so as to promote the advantages and avoid its short boards. Provided that the two countries could learn from each other, they would offer some valuable reference and experience for the development of the maternal and infant industry in China and Japan. [3] (Talking Data, 2015)

2. The current status of the vertical e-commerce model of mothers and infants in China and Japan

(1) The vertical e-commerce

Miura and the like (Miura,1993) held the view that in the field of circulation, due to the limitations of their geographical location, small and medium-sized retail enterprises are easily affected in their operations. [4] (San Pugong,1993)

In fact, e-commerce is a business activity on the Internet utilizing information networks provided by the Internet, which can not only effectively alleviate the limitations of geographical location, but also conform to consumers' online shopping habits. The development of e-commerce has induced distinctive changes in traditional trading methods and business models. [5] (Han Xiaolu, 2007) Generally speaking, e-commerce is usually divided into two categories: the integrated e-commerce and the vertical e-commerce. Vertical e-commerce refers to the integration of manufacturers, wholesalers and retailers in a distribution channel, whose construction process is a single trading platform that directly faces customers. The website means a retailer for customers, a wholesaler for retailers, but a manufacturer for wholesalers. [6] (Song Lifang, Gao Peng, 2015) Compared with integrated the e-commerce, the scale of vertical e-commerce is relatively small, which directly leads to the relatively small overall demand of target customers and markets. What's more, vertical e-commerce weakens the connection between the same industries in the horizontal direction, but strengthens the competition between the same industries. However, the development of vertical e-commerce will make it more professional and more efficient to reduce the intermediate links of general e-commerce. It can dig more in-depth customers and better serve consumers in this field.

(2) The current status of the vertical e-commerce model of mothers and infants in China and Japan
① Macro environment of maternal and infant industry
  i   Policy Environment

Universal "two-child" policy---will not only promote the growth of the newborn population, but also effectively stimulate the consumption in the areas like maternal and infant health, maternal and infant products, childcare services, infant education and the like in a short and medium term, which will produce important benefits to the development of the maternal and infant industry in the mobile terminal ; The acceleration of the process of internet has given birth to more online formats in the maternal and infant industry and promoted the development of O2O in the mother-infant industry.

ii Economic Environment

The level of national consumption continues to rise---the national income and consumption level maintain steady growth; the consumption ability of the maternal and infant population is stronger---the maternal and infant population is mostly the young and middle-aged population aged 25- 35 years old, and the income level is higher and the consumption ability is stronger.

iii Society Environment

There are many potential users---In addition to being the main body of mobile netizens and the population of childbearing age, the post 80s and 90s are also the direct beneficiary of the two-child policy and the huge potential user group in this industry at the mobile end, the mobile end can better meet the increasing consumer demand of the maternal and infant population.

iv Technology Environment

The mobile end continuously penetrates and sinks---The penetration rate of mobile intelligent terminals has reached a high level and is gradually being distributed to second-tier and third-tier cities and below. Mobile e-commerce / payment is maturing day by day - with high user acceptance and accelerated integration of offline and online resources in the maternal and infant industry, more mobile maternal and infant service scenarios will surely emerge in the future. [7] (Talking Data,2015)

(Note: This macro-environmental analysis is only limited to the mobile terminal data for monitoring and statistics, aiming to understand more effectively the behavior track of the maternal and infant consumers on the mobile terminal.)

② Development course of maternal-infant industry

Iresearch Advisory divided China's maternal and infant industry development process into the following four stages in White Paper on the Development of China's Online Maternal and Infant Market in 2015.In this paper, the development process of the Suning Redbaby, one of the representatives of vertical mother and child, is summed up into the following different stages of development.

i　Starting Period (the 1990s-1999)

In the 1990s, the maternal and infant industry was just starting, so at that time, maternal and infant products shops were relatively rare. After 10 years of skyrocketing development from 1990 to 2000, maternal and infant products are more and more abundant, and channels are also developing rapidly.

ii　Rapid Developing Period (2000-2009)

Retail channels in this field have diversified from mother and child stores to hypermarkets, boutiques, convenience stores, catalog outlets, online shopping and some other modes. While e-commerce channels are mainly online shopping malls with offline chain stores for mothers and infants, and a plural of online maternal and infant communities and portals are emerging. The Suning Redbaby was established in 2004, which entered the initial stage by the means of catalog marketing at that time.

iii　Gold Outbreak Period (2010-2015)

From 2010 to 2013, under the remarkable scenario that the integrated platform had stepped into the maternal and infant e-commerce market online shopping, the industrial concentration increased. At that same time, the mobile terminal were also developing rapidly starting from 2014. Thus, several vertically subdivided platforms with prominent personality characteristics such as maternal and infant e-commerce, tools and community application will emerge one by one. The Suning Redbaby at this stage was wholly-owned by Suning in 2012. However, the Beibei Website and Mia were also launched in 2014 on vertical e-commerce platforms. In particular, it is worth mentioning that Suning's online shopping mall, the well-known, online shopping mall of Suning was integrated and operated independently with the maternal and infant e-commerce division in 2014. The Suning Redbaby is a vertical e-commerce for mothers and children in the application of maternal and infant e-commerce so as to expand the vertical market and realize the integration of resources on the offline line. [8] (Talking Data, 2015)

iv　Mature Period (2016-now)

Up till now, enterprises are still selling offline. But in the future, they will gradually open up some online and offline channels so as to create a coordinated online to offline. Each platform deeply excavates the multi-user demand, differentiated management, and refined operation as the main focus. [9] (Iresearch Advisory,2015)

Within the traditional shopping mode, due to the asymmetry of information, the traditional offline shopping belongs to the one-way behavior between consumers and retailers in the maternal and infant market. However, with the development of e-commerce and information technology, consumers will collect all kinds of information about goods before purchasing, including not only prices but also styles, etc. At the same time, they can help them make purchasing decisions by looking at the evaluations of goods or services given by others. Information interaction has greatly reduced the "information asymmetry" between retailers and consumers in the maternal and infant market. Facing such a strong wave of e-commerce, how can traditional retailers join the online retailing force and bring their advantages into full play? It is no longer a one-way linear process, but an all-round and multi-channel three-dimensional industrial chain. While promoting the reform and innovation of retail channels, it has played a crucial role in promoting the integration and infiltration of online and offline channels. According to the development process of China's maternal and infant industry summarized by Iresearch Advisory, the development process of China's maternal and infant industry has coexisted in many ways, from maternal and infant stores to specialty stores, stores, convenience stores and online shopping. [10] (Huang Jing, 2017)

3. Current situation of vertical electronic commerce mode for mothers and infants in Japan

Although the Japanese e-commerce bloomed relatively late, it has developed rapidly and its market scale is second only to the United States and China. Nowadays, the e-commerce market is dominated by B2B, while the development of electronic commerce in Japan presents an efficient logistics distribution mode characterized by convenience stores and closed B2B dominated by manufacturers. The satisfaction of Japanese consumers is higher under the mode of electronic commerce in Japan. [11] (Hu fang, 2016) However, the typical Japanese mother and child e-commerce companies are Akachan and Nishimatsuya, which are deeply loved by consumers with the largest number of shops. [12] (Akachan

Homepage, 2018) The offline channel layout of the company cultivated the model of large stores and created a parallel strategy of " Products + Services". On the one hand, it can strengthen the stickiness of users; on the other hand, it is conducive to the diversification of income and the promotion of comprehensive profitability, which is more advantageous than the traditional retail model of large stores. This fully embodies the Japanese service spirit of regarding the consumers as "God". [13] (Guo Xin Securities, 2017) Xi Song Wu is mainly based on a small shop model, featuring cost performance and creating convenient and affordable consumption channels for consumers. However, there are a series of restrictions on the development of maternal and infant e-commerce in Japan:

First of all, due to the increasingly serious phenomenon of Japan's small number of children and its aging population, the number of consumers is decreasing. Moreover, the operating application carriers of e-commerce, especially the vertical e-commerce, cannot be popularized through the operation of computers or mobile phones, resulting to negative effect on the development potential of vertical e-commerce. In addition, with the rapid popularization of comprehensive e-commerce, the development space of vertical e-commerce has been reduced. Thirdly, considering the logistics system, it is also one of the important factors that restrict the development and expansion of vertical e-commerce in Japan. Because the scale and potential of its development is limited, what is due to the self-operating logistics model of various physical stores. Last but not least, Japanese consumers have inherent shopping habits in physical stores. Compared with Chinese consumers getting used to online shopping, Japanese consumers are more inclined to shop in physical stores, which also restricts the development speed and depth of vertical e-commerce in Japan.

Therefore, during the development of e-commerce in Japan's maternal and infant industry, it is best to simplify the operation procedures in order to make them simple and convenient. Give full play to the platform specialization of vertical e-commerce in order to gain greater market share. Excavate the vertical maternal and infant model into overseas markets and actively carry out cross-border vertical e-commerce; To break away from the self-operating logistics mode of each physical store and start the third party logistics system mode with the help of each major logistics company so as to improve the professional level of the logistics platform; Respect Japanese consumers' original shopping habits in physical stores, while uniting with physical stores to develop their new consumption habits on vertical e-commerce platforms through increasing marketing efforts. The ultimate goal is to make Japanese consumers truly enjoy the convenience and quickness of vertical platform shopping.

4. Comparison of vertical e-commerce models in China and Japan

There are differences in economy, market environment, culture and consumer habits between China and Japan. For example, Japanese industry is developed and offline sales and shopping are mature and convenient. On the contrary, they restrict the development of e-commerce to a certain extent. The similarities and differences in the development of maternal and infant e-commerce between China and Japan are as follows :

Firstly, China and Japan both pay attention to the integration of online and offline resources in their maternal and infant industries. With the change of users' habits, the penetration of the internet into the whole mother and infant market has gradually increased. Online and offline interaction mode is widely sought after. The online end of maternal and infant community generally includes online community and online e-commerce module. [14] (Citic Securities, 2016) It is a pity that both China and Japan must rely on online content to surround consumers in the vertical e-commerce mode of mothers and children. This is crucial to fully meet the needs of parent-child services such as education and recreation through the combination of e-commerce realization and offline users' presale experience and parent-child shopping. Only by realizing the win-win benefits of both sides, can online and offline resource integration be truly achieved. [15] (Bao Huijun, 2018)

Next, while there are similarities and differences in the development of vertical e-commerce between China and Japan, they are mainly manifested in:

(1) During the development of China's maternal-infant vertical e-commerce model, the mobile end needed for online shopping has become the main source of traffic. While Japan still focuses on shopping in physical stores. However, whether online or offline, the maternal-infant e-commerce market should return to its essence. Since the construction of the supply chain

service chain is fundamental, by tapping the real needs of users and taking quality content marketing as the starting point, the core competitiveness can be established by reducing costs and improving efficiency, thus providing users with satisfactory products with high cost performance.

(2) With regard to online shopping payment methods, China is more convenient, while Japan's payment is less convenient, resulting in consumers of Japan's vertical e-commerce model are more inclined to consume in physical stores.

(3) The consumers of vertical e-commerce of mothers and children in China, who have developed the habits of online shopping, are more inclined to post goods than consumers in this field in Japan.

5. Prospect of the developing trend of vertical electronic commerce for mothers and infants

The e-commerce model should considerately respect the market environment and cultural differences of the enterprises so as to reach the concept of suiting measures to local conditions. Based on the comparison and analysis of the differences between China and Japan in the vertical electronic commerce between mothers and children, China's mode should learn from Japan's strengths in the development process. For example, it should pay attention to the actual experience of consumers and further combine traditional physical stores with online electronic commerce sales. Considering that the future development of maternal-infant business will be closely linked to the development of internet, in order to enhance the quality experience of users in the mother-infant market, the development of mother-infant vertical e-commerce still needs to pay attention to the exchange of users so as to attract customers to share experiences and improve operational efficiency. We should strengthen the segmentation of customer base, continuously improve the operation mode, and improve product satisfaction and professionalism, and increase the safety coefficient of maternal and infant products, so as to do a thorough job in this market. Meanwhile, this article further synthesizes the above analysis to explore and develop new fields, new modes, new entrance, new ecology, new economy, and new trust for the advance of vertical electronic commerce for mothers and infants, which are respectively listed as follows:

(1) New Modes——Exploration on new mode of maternal-infant e-commerce

Based on the relatively mature maternal-infant community and the stronger demand for sharing and communication, the maternal and infant e-commerce will see more attempts and innovations in social e-commerce and C2C e-commerce modes.

(2) New Entrance——Act as an entry point for cross-border e-commerce

Nowadays, the overseas outsourcing has become a mode of consumption that more consumers pay attention to, and the unique overseas genes in the mother-infant market can become an excellent entry point for cross-border e-commerce and overseas brands to enter the domestic market.

(3) New Ecology——Exploration on ecological integration of maternal-infant e-commerce

As a main flow entrance for users, the Internet maternal-infant community will continue to integrate the upstream and downstream industrial chains of mothers and children, aim at the needs of users to provide the one-stop services for users, at the same time promote the development of ecological integration that integrates local services for mothers and children, retail of online commodities, education, medical health, parent-child tourism and other related fields. [16] (Yi Guan, 2016)

(4) New Economy——Exploration on new economy of maternal-infant e-commerce

Let the categories expand the shopping entrance to the maternal groups, who are not only China's current largest digital consumers but also the main purchasers of goods for families and upgrade the e-commerce service. [17] (CTR, 2015)

(5) New Trust——Exploration on new trust of maternal-infant e-commerce

In recent years, the crisis in the domestic maternal and infant market and the lack of domestic consumption trust have made some users with higher demand level and consumption ability turn to favor overseas mother and infant brand products. [18] (Bao Hui Jun, 2018) Therefore, gradually eliminate domestic consumers' dissatisfaction and complaints about fake and inferior commodities, gradually eliminate doubts and even resistance to domestic maternal and infant products, And reestablish trust in China's mother and infant e-commerce so as to establish and maintain the reputation of mother and infant e-commerce and prevent more domestic consumers from losing to overseas e-commerce.

6. Conclusion

In recent years, because of the soaring of e-commerce, the commercial society has been born with a new mode of operation and business model. The online shopping has become a popular mode of consumption among current consumers. While the maternal and infant product market, which is dominated by vertical e-commerce mode, is also an important area in the current e-commerce market. Through the analysis of the current situation and existing problems in the mother-infant e-commerce market in China and Japan, and the comparison of their similarities and differences, it is found that both mother-infant markets in China and Japan pay attention to the integration of online and offline resources. Due to its advantages in industry and high quality of service, Japan is mainly shopping in physical stores, but it is gradually expanding to online and cross-border e-commerce. And China is also paying more and more attention to the gathering of offline customers to improve the user experience. However, there are still some differences in payment methods and consumption habits.

This paper aims to analyze and compare the development of vertical e-business model between China and Japan in the maternal and infant market, in order to promote China's maternal and infant market to complement each other and draw on each other's strengths in this pattern, and finally achieve the benign development of maternal and infant market in China.

[Notes]

(1) *China Commercial Industry Research Institute*, The analysis of the scale and trend of China's maternal and infant e-commerce market [R]. 2017, pp.1-2.

(2) Zhang Jing, Maternal and infant e-commerce carries a torch. [J]. 2015,(11): pp.58-65.

(3) *Iresearch Consulting*, White Paper on the Development of China's Online

Maternal and Infant Market in 2015, [R]. 2015, p.3.

Note : Based on the White Paper on the Development of China's Online Maternal and Infant Market in 2015 from Iresearch Consulting, the maternal and infant websites can be systematically divided into four categories: including integrated e-commerce platforms, vertical e-commerce platforms for mothers and children, O2O platforms for mother and child, and social e-commerce platforms. This thesis recognizes that this White Paper defines the maternal and infant industry as the sum of maternal and infant products and related consumer goods such as food, clothing, shelter and transportation. The definition of the maternal and infant industry refers to the articles for mothers and infants.

(4) San Pugong and others, the changing circulation and marketing channels [K]. Tokyo, *You Wen Pavilion*, 1993, pp.46-52.

(5) Han Xiaolu, Comparison of customer relationship management in e-commerce websites [D]. 2007, Beijing University of Posts and Telecommunications, p.36.

(6) Song Lifang, Gao Peng, Vertical B2C e-commerce network marketing mode (J). *New marketing*, 2015 (12) p.33.

(7) *TalkingData-2015*, Mobile maternal and infant industry insight [R]. 2015 (12) p.4.

(8) *TalkingData-2015*, Mobile maternal and infant industry insight, different types of enterprises in recent years have started online exploration and practice in the field of mothers and infants [R]. 2015 (12) p.6.

(9) *Iresearch Advisory*, White Paper on the Development of China's Online Maternal and Infant Market in 2015 [R]. 2015, p.43.

(10) Huang Jing, based on the study of King of the Children obtaining customer loyalty under online to offline in the maternal and infant market of Jinan City, Shandong Province [J]. *Research on East Asian Industry and Management Issues, No. 20,* Hui Xiang Xing Ye Press, Taiwan, 2017, (6) pp.37-38.

(11) Hu Fang, Analysis of current situation and characteristics of Japan's e-commerce development [J]. Baoding, 2016, (4) : pp.4-5.

(12) https://akachan.omni7.jp/top (Akachan homepage/2018.3.31) .

(13) *Guo Xin Securities,* the nation's leading one-stop all-channel service for mothers and children [R]. 2017 (06) p.26.

(14) *Citic Securities Research Department*, Children's industry special report [R] .2016, pp.21-24.

(15) Bao Huijun, Development status and analysis of online maternal and infant e-commerce platform [J]. Hefei: *Brand strategy and e-commerce*, 2018, (4) : pp.45-46.

(16) Yi Guan (Analysys)2016 [R]. 2016, p.17.

(17) *CTR*, Panoramic perspective on consumption characteristics and shopping route of maternal and infant population [R]. 2015, pp.4-9.

(18) Bao Huijun, Development status and analysis of online maternal and infant e-commerce platform[J]. Hefei: *Brand strategy and e-commerce*, 2018, (4): p.45.

(Jing Huang)

藤田紀美枝先生のお人柄と業績

藤田紀美枝先生 近影

1. 出会い

　私は，中国に興味を持ちはじめた頃，実践経営学会の下部組織に「中国を考
える会」があることを知り，時々その会に通っていました。藤田先生とは，そ
の会で初めて出会いました。数年後，主催者から「中国で学会を開催するので
報告したい方は論文を提出するように」との告知があり，次の会合に論文を持っ
て行きました。その会に出席していた藤田先生が「中国で学会があるので報告
しないか」と言われたので，何の躊躇もなくその論文を手渡しました。しばら
くして「中国を考える会」の主催者と藤田先生から聞いた学会の開催日が異なっ

ていることに気づきましたが，時既に遅し。

　藤田先生は「亜東経済国際学会」の会員として私に学会報告を勧めたのです。しかし，このことがきっかけで，原口会長にお会いすることができ，幸運にも原口先生の研究室に入ることができ，同時に本学会の会員になりました。以前から親しくお付き合いしていた劉成基先生と，本学会を通じて頻繁に活動できるようになりました。これらがあの時の藤田先生の言葉足らずの勧誘のお陰であると，藤田先生に感謝しているところです。

　こんなことがあって「中国を考える会」以外でも，原口研究室や本学会などで藤田先生と一緒に活動するようになりました。

2.　略　歴

　略歴を簡単に紹介しますと，藤田先生は 1940 年に広島市で生まれ，地元の高校卒業後，不本意ながら地元企業に就職しました。しかし，10 年後に念願であった短期大学に入学し，その後，講師業で学費を得ながら，日本女子大学，法政大学大学院を経て，鹿児島国際大学大学院に進みました。

　主な職歴は，東洋工業株式会社 (現在：マツダ株式会社) で事務職を，産業能率大学総合研究所で講師を経験し，最後に日本橋女学館大学で長く教鞭をとりました。

3.　業績評価

　研究業績では「秘書論」に関連する著書を多数出版しました。同時に論文や学会報告でも研究業績の前半で「秘書論」に関連するテーマを，後半で「ホスピタリティ」や「ダイバーシティ・マネジメント」に関連するテーマを女性研究者の目線から研究してきました。

　教育業績では，長年，熱心に学生の育成に携わってきました。それが垣間見られたのは，本学会の開催中，受講者の中に多くの学生がいる時です。普段も

大きな声で話す藤田先生が一段と大きな声で熱っぽく語っている姿を見ました。また，より分かりやすい講義を目指して大学や大学院で学び直しました。さらに小学校の教員のための研修まで受講し，その内容を参考にしました。このほか，自身の大学の受験者を集めるために近隣の高校を訪問したり，就職活動している学生のために企業回りをしたりしていたことも聞いています。

4. 人　柄

　藤田先生の人柄を語る上で欠かすことのできない出来事が二つあります。ひとつは，幼児期の広島原爆の体験です。投下時の空高く立ち上る黒煙と市内の惨状を目撃し，加えて多くの知り合いをそれで失ったことです。このような惨事を防ぐためには，多様な人種や人材が差別なく暮らせる平和な社会を実現する必要があると強く認識しました。それが「ホスピタリティ」や「ダイバーシティ・マネジメント」の研究の原点となったと思います。もうひとつは，高校卒業時，大学に進学することを熱望していましたが，それをかなえることができませんでした。当時は，とくに地方では戦前の「家父長制」が強く残っており，女性が大学に進学することは極めて稀でした。当然，それに対しては強い疑問を持ち，憤りを感じました。それがのちの女性視点の研究につながったと思います。

　本書籍が『藤田紀美枝先生傘寿記念論文集』ですので，藤田先生の年齢を隠す必要がありませんので，申し上げますが，藤田先生を知り合ってもっとも驚いたことは実年齢です。いつも行動的で，バイタリティに溢れていましたので，知り合ってから十数年間，実年齢より 20 歳以上若い方だと思っていました。

　藤田先生は「おしゃべり」です。それは，双方向の会話を楽しむのではなく，一方的に自分が話したいことを話し続けるタイプです。劉成基先生と藤田先生と一緒にタクシーに乗る時は，私はごく自然に両先生の間に座ることになります。両先生とも「おしゃべり」で，そしてなぜか共鳴し合います。まさに「おしゃべり」マシンの真ん中にいるような状況です。また，学会に参加するために飛

行機に乗る時，藤田先生と隣り合わせになることがあります。その時は，席に着くや否や一方的に話し始め，私は聞くだけとなります。私にもたくさん話したいことがあります。1〜2時間，藤田先生はシャワーのように語り続けるので，私が話す隙がありません。その間じっと耐え，そして聞き流すしかありません。その激しさは，劉成基先生が加わったと思うほどです。その後さすがの藤田先生も疲れ果てきて，だんだん勢いがなくなってきます。今度は私が話す番と思った瞬間には，既にいびきをかいて寝ています。こんなことが何度もありました。人の話を聞かないひどい人です（笑い）。

　あえて藤田先生の短所を上げますと，約束した時刻を守らないことです。私がPCの使い方を教えるという状況であってさえも1時間程度，平気で人を待たせます。約束した時刻が守れないことが分かった時点で電話してくることもありません。たぶん，これが藤田先生の周辺にいる方々に誤解を与えていると思います。

　長所をひとつあげますと，非常に「明るく」「人なつこい」性格です。どんなことがあっても笑い飛ばし，見知らない人にも平気で話しかけ，すぐに仲良くできる天才です。

　記述しておかないと叱られてしまいますので，「シャンソン」について簡単に触れておきます。藤田先生は，若い時から特訓を重ね，自信を持っていろいろな場所できらびやかな衣装をまとい歌唱してきました。私は，西洋のものがあまり好きでないので，その良し悪しは分かりませんが，藤田先生の「シャンソン」はきっと上手なのでしょう。

　これまで藤田先生を持ち上げたり下げたりしてきましたが，最後に藤田先生が劉成基先生とともに長きわたり「亜東経済国際学会」に貢献しましたことを記しておきます。

（鹿児島国際大学大学院経済学研究科非常勤講師・経済学博士　黒川和夫）

謝　　辞

　傘寿の記念出版を鹿児島国際大学大学院経済学研究科博士後期課程教授の原口俊道先生より依頼され，他人事のようで信じられなかった。早や80歳！？，まだ早い！！。そんな気持ちで過ごしていた。

　思い起こせば，社団法人「日本経営士会」で劉成基先生とお会いしたのが合縁奇縁であった。仏教思想の「ある運命になるめぐり会わせ」のことなのだろう。そんな軽い気持ちであった。劉成基先生は台湾から日本へ来られた時には，必ずお電話を下さり，「経営士会でお会いしましょう！」と語られた。そして，3年後に劉先生は「経済学博士を取得したよ！！」とうれしそうに話され，私に勉強してみたらどうか，と誘われた。

　原口先生との合縁奇縁は，神の采配であろう。先生は中国上海の復旦大学に留学をなさり，中国，台湾，韓国等との交流が深いので，先生から学ぶことは多大である。無知蒙昧な私にお声がかかり，「手をひかれて鹿児島参り」が始まった。

　原口先生の温厚で厳しい指導が何故か心に響き，論文を書かねばならないと自分に鞭打った。特に2004年に九州経済学会で発表した「観光産業における外国人労働者について」という論文は資料収集から提出まで一週間で終了した。原口先生から「早く出来上がったね！！」と褒められた。千葉の私の研究室で，守衛さんが「10時ですよ」と何度も催促して来られたが，いつの間にか12時になっていた。

　大学院博士後期課程に入学するには，英語の試験があった。入試の為に夜間英語学校に通い，経営・経済英語を勉強した。最初の入試が当時ヨーロッパでは「ECからEU統合の変革期」で，レートでどのように解決していくかという難解な文章であった。残念ながら，1回目は落ちてしまった。2回目の試験はOECDの事であったが，やっとパスした。

　2～3ヵ月後，経団連会長が「これからはダイバーシティ・マネジメントの時代だ」という発表があり，「なるほどこれだ！！。女性の時代がやってくるぞ」と思って，力を注ぎ込んだ。しかし，世の中うまくいくものではない。2005年，原口先生から電話があり，「谷口真美氏の『ダイバーシティ・マネジメント』という部厚い本が出版されたよ」と，教えて下さった。"Diversity Management"が新聞に掲載され，本屋にうず高く積まれていた。しかし，「ワーク・ライフ・バランス」も，「老々介護2025年問題」も，「安倍首相の掛け声」も虚しく，女性は働くどころか，若い人は今でも"専業主婦"志向であることに私は愕然とした。現在でも，OECD200ヵ国中，日本の女性の労働力率は114位で，韓国が115位である。主婦は家族の為に，昼夜いとわず真摯に家事に関わっているのである。

　絆はとても重要である。頭上で，赤い糸で結ばれているのが夫婦関係である。儒教文化で重視される人間関係の心の糸は「緑か？青か？一体何色であろうか？」。仏教思想における絆は，白い糸から好みの色に染色していくように，「ある運命になる，めぐり合わせのこと」であろうか。

　この度の『傘寿記念論文集』の出版は，私の研究活動の終着点ではなく，出発点だと考えている。年をとっても，やる気があれば，必ず達成することができると考える。恩師や先達のご教示，ご指導，叱咤激励を応援団として，今後も無病で，元気よく人生を歩んで参りたい。現在80歳という年齢には関係なく，たゆまず研究を続行して行きたい。年を重ねただけでは人は老いない。理想を失う時初めて老いる。

　見ずや君　明日は散りなむ花だにも　力の限りひと時を咲く（九条武子）

藤田 紀美枝

2019年2月14日

亜東経済国際学会の概要

設立 1989年に東アジアの経済・経営に関心のある研究者・実務家によって結成される。現在，日本，中国，台湾地区，韓国などの会員から構成される。

活動 毎年海外の学会や大学と共催で国際学術会議を開催し，その研究成果は国内外の著名な出版社から亜東経済国際学会研究叢書として出版している。

第1回　1989年　亜東経済国際学会（於台湾中華工商研究所，台湾東海大学）

第2回　1990年　亜東経済国際学会（於日本大牟田ガーデンホテル，九州帝京短大）

第3回　1990年　亜東経済国際学会（於中国東北財経大学，中国人民大学）

第4回　1991年　The Eastern Economies International Academy IV
（於 CHINESE　UNIVERSITY OF HONG KONG ）

第5回　1992年　国際財経学術研討会（中国上海財経大学と共催）（於中国上海財経大学）

第6回　1993年　中外合資企業経営国際学術研討会（中国復旦大学・上海管理教育学会と共催）（於中国復旦大学）

第7回　1993年　国際工商管理学術研討会（中国杭州大学と共催）（於中国杭州大学）

第8回　1995年　中日工商管理学術研討会（中国地質大学武漢人文管理学院と共催）（於中国地質大学武漢人文管理学院）

第9回　1995年　中国三資企業発展與管理問題国際討論会（中国復旦大学と共催）（於中国復旦大学）

第10回　1996年　亜東経済学術研討会（中国華東師範大学国際金融系と共催）（於中国華東師範大学国際金融系）

第11回　1997年「中国対外開放與中日経済関係」学術研討会（中国上海対外貿易学院と共催）（於中国上海対外貿易学院）

第12回　1998年　亜洲経済問題研討会（中国華東師範大学経済系と共催）（於中国華東師範大学経済系）

第13回　1998年　亜東経済国際学会 '98 年会（中国青島大学国際商学院と共催）（於中国青島大学国際商学院）

第14回　1999年　亜洲経済研討会（中国上海財経大学国際工商管理学院と共催）（於中国上海財経大学国際工商管理学院）

第15回　2000年　中日経済，社会，文化学術研討会（中国上海財経大学国際工商

　管理学院と共催）（於中国上海財経大学国際工商管理学院）

第16回　2000年　社会與経済学術研討会（中国厦門大学社会科学部と共催）（於中国厦門大学社会科学部）

第17回　2001年　亜東経済與社会学術研討会（中国厦門大学社会科学部と共催）（於中国厦門大学社会科学部）

第18回　2001年　東亜経済與社会学術研討会（中国青島大学国際商学院と共催）（於中国青島大学国際商学院）

第19回　2001年　21世紀産業経営管理国際学術研討会（台湾国立高雄応用科技大学と共催）（於台湾国立高雄応用科技大学）

第20回　2002年　韓日国際経済・社会学術研討会（韓国高神大学校と共催）（於韓国高神大学校）

第21回　2002年　国際化與現代企業学術研討会（中国華東師範大学商学院と共催）（於中国華東師範大学商学院）

第22回　2003年　企業的国際化経営和管理策略国際学術研討会（中国復旦大学管理学院企業管理系と共催）（於中国復旦大学管理学院企業管理系）

第23回　2004年　中日社会與管理国際学術研討会（中国広西大学社会科学興管理学院と共催）（於中国広西大学社会科学興管理学院）

第24回　2005年　経済全球化與企業戦略国際学術研討会（中国上海立信会計学院・台湾中華工商研究院と共催）（於中国上海立信会計学院）

第25回　2006年　全球化時代的経済與社会国際学術研討会（台湾国立雲林科技大学管理学院・中国上海立信会計学院と共催）（於台湾国立雲林科技大学管理学院）

第26回　2007年　亜洲産業発展與企業戦略国際学術研討会（中国復旦大学管理学院産業経済学系・鹿児島国際大学・台湾高雄応用科技大学と共催）（於中国復旦大学管理学院産業経済学系）

第27回　2008年　東亜経済管理與社会保障国際学術研討会（中国南昌大学と共催）（於中国南昌大学）

第28回　2009年　東アジア産業経済・企業管理国際学術会議（中国復旦大学管理学院産業経済学系・台湾高雄応用科技大学と共催）（於鹿児島国際大学）

第29回　2009年　亜洲産業競争力與企業経営管理国際学術研討会（台湾南開技術学院・中国復旦大学管理学院産業経済学系と共催）（於台湾台中市）

第30回　2010年　学会創立20周年記念大会・東亜企業管理発展戦略国際学術会議（台湾高雄応用科技大学と共催）（於鹿児島国際大学）

第31回　2010年　21世紀産業経営管理国際学術研討会（台湾国立高雄応用科技大学管理学院と共催）（於台湾国立高雄応用科技大学管理学院）

第 32 回　2010 年　東アジアの産業発展・企業管理国際学術会議（中国復旦大学管理学院産業経済学系・台湾高雄応用科技大学管理学院と共催）（於鹿児島国際大学）

第 33 回　2011 年　東北亜福祉経済共同體国際学術研討会（韓国釜山長善綜合福祉共同體・東北亜福祉経済共同體フォーラム・日本中国社会福祉研究会と共催）（於韓国釜山市長善綜合福祉共同體大講堂）

第 34 回　2011 年　劉成基博士傘寿記念大会・東アジアの産業・企業国際学術会議（台湾高雄応用科技大学管理学院・東北亜福祉経済共同體フォーラムと共催）（於鹿児島国際大学）

第 35 回　2012 年　東アジアの産業経営管理国際学術会議（台湾産業競争力暨学術研究交流協会と共催）（於鹿児島国際大学）

第 36 回　2012 年　亜洲産業発展與企業管理国際学術研討会(台湾国立屏東科技大学・東北亜福祉経済共同體フォーラムと共催)（於台湾国立屏東科技大学）

第 37 回　2013 年　亞洲的社會現狀與未來国際学術研討会（「アジア社会の現状と未来」国際学術研討会）（台湾南台科技大学応用日本語学科・台湾産業競争力暨学術研究交流協会 (TISIA) と共催）（於台湾南台科技大学）

第 38 回　2013 年　東アジアの社会・産業・企業発展国際学術会議（東北亜福祉経済共同體フォーラム・台湾國立高雄應用科技大學観光管理系・台湾産業競争力暨学術研究交流協会 (TISIA) と共催）（於鹿児島国際大学）

第 39 回　2014 年　東亜の福祉ビジネス・産業経営国際学術研討会（東北亜福祉経済共同體フォーラム・韓国長善綜合福祉共同體等・韓国富者学研究学会と共催)（於韓国済州ベネキア・マリンホテル）

第 40 回　2014 年　アジアの社会・産業・企業国際学術会議（長崎県立大学東アジア研究所・東北亜福祉経済共同體フォーラム・中国復旦大学東水同学會と共催)（於長崎県立大学佐世保キャンパス）

第 41 回　2015 年　東アジアの産業・企業革新国際学術会議（中国復旦大学管理学院と共催）（於鹿児島国際大学）

第 42 回　2015 年　長期照顧保険與長照機構管理国際学術研討会（台湾弘光科技大学老人福祉與事業系・台湾高齢役務管理学会・東北亜福祉経済共同體フォーラムと共催）（於台湾弘光科技大学）

第 43 回　2015 年　アジアの社会・産業・企業国際学術会議・第 108 回日本観光学会太宰府全国大会分科会兼（日本観光学会と共催）（於プラム・カルコア太宰府）

第 44 回　2016 年　東アジアの産業・観光発展国際学術会議（中国河南科技大学管理学院観光管理系・中国同済大学発展研究院と共催）（於鹿児島国際大学）

第 45 回　2016 年　東亜経済文化旅游産業国際学術会議（中国河南科技大学管理学

院と共催）（於中国洛陽市河南科技大学管理学院）

第46回　2016年　東北亜福祉事業與産業経営国際学術研討会（東北亜福祉経済共同體フォーラム・台湾高齢役務管理学会と共催）（於韓国釜山市長善綜合福祉共同體大講堂）

第47回　2016年　東アジアの福祉・観光・産業国際学術会議（「東アジアの平和な地域社会創出」国際学術会議分科会・劉成基博士追悼大会兼）（グローバル地域研究会・東北亜福祉経済共同體フォーラムと共催）（於鹿児島国際大学）

第48回　2017年　亜州服務業管理応用與未来展望国際研討会（台湾南台科技大学応用日語系と共催）（於台湾南台科技大学）

第49回　2017年　東アジアの観光・産業・企業国際学術会議（グローバル地域研究会・東北亜福祉経済共同體フォーラム・日本観光学会九州支部・中国復旦大学管理学院等と共催）（於熊本学園大学）

第50回　2018年　東アジアの文化・観光発展と産業経営国際学術会議）（第3回「世界平和と地域経済社会の創出」国際学術会議兼）（グローバル地域研究会・日本観光学会九州部会・台湾南台科技大学応用日語系・中国同済大学発展研究院等と共催）（於鹿児島国際大学）

第51回　2018年　東北亜福祉観光経営国際学術研鑽会（東北亜福祉経済共同體フォーラム・韓国長善綜合福祉共同體・台湾弘光科技大学老人福利與事業系と共催）（於韓国釜山長善綜合福祉共同體大講堂）

第52回　2018年　東アジアの文化・観光発展と産業経営国際学術会議）（第4回「世界平和と地域経済社会の創出」国際学術会議兼）（グローバル地域研究会・中国山東師範大学等と共催）（於鹿児島国際大学）

第53回　2019年　東アジアの文化・観光発展と産業経営国際学術会議）（第5回「世界平和と地域経済社会の創出」国際学術会議兼）（グローバル地域研究会・中国日語教学研究会山東分会等と共催）（於鹿児島大学）

第54回　2019年　東アジアの産業・企業発展国際学術研討会（中国同済大学発展研究院と共催）（於中国同済大学）

第55回　2019年　東アジアの社会・産業・企業発展政策国際学術会議（日本経済大学大学院政策科学研究所・グローバル地域研究会・韓国東北亜福祉経済共同體フォーラム・中国復旦大学産業経済系・中国同済大学発展研究院・台湾南台科技大学応用日語系・台湾國立高雄科技大学等と共催）（於東京都渋谷区の日本経済大学大学院）

亜東経済国際学会研究叢書の出版

第1号　1992年『企業経営の国際化』（日本・ぎょうせい）

第2号　1994年『東亜企業経営（中文）』（中国・復旦大学出版社）

　　　　1995年『東アジアの企業経営（上）』（中国・上海訳文出版社）

　　　　1995年『東アジアの企業経営（下）』（中国・上海訳文出版社）

第3号　1997年『中国三資企業研究（中文）』（中国・復旦大学出版社）

第4号　1999年『中国対外開放與中日経済関係（中文）』（中国・上海人民出版社）

第5号　2002年『国際化與現代企業（中文)』（中国・立信会計出版社）

第6号　2004年『企業国際経営策略（中文)』（中国・復旦大学出版社）

第7号　2006年『中日対照　経済全球化與企業戦略』（中国・立信会計出版社）

第8号　2008年『亜洲産業発與企業発展戦略（中文）（査読制)』（中国・復旦大学出版社）

第9号　2010年『東亜経済発展與社会保障問題研究（中文）（査読制)』（中国・江西人民出版社）

第10号　2009年『東亜産業発展與企業管理（中文・繁体字）（査読制)』（台湾・暉翔興業出版）

第11号　2010年『亜洲産業経営管理（中文・繁体字)（査読制)』（台湾・暉翔興業出版）

第12号　2011年 亜東経済国際学会創立20周年記念論文集『アジアの産業発展と企業経営戦略（査読制)』（日本・五絃舎）

第13号　2011年『東亜産業與管理問題研究（中文・日文・英文）（査読制)』（台湾・暉翔興業出版）

第14号　2012年 劉成基博士傘寿記念論文集『東アジアの産業と企業（査読制)』（日本・五絃舎）

第15号　2012年『東亜産業経営管理（中文・英文・日文）（査読制)』（台湾・暉翔興業出版）

第16号　2014年『東亜社会発展與産業経営（中文・日文）（査読制)』（台湾・暉翔興業出版）

第17号　2014年『東アジアの社会・観光・企業（日本語・英語）（査読制)』（日本・五絃舎）

第18号　2015年『亜洲産業発展與企業管理（中文・英文・日文）（査読制)』（台湾・昱網科技股份有限公司出版）

第19号　2017年『アジアの産業と企業（日本語・英語）（査読制)』（日本・五絃舎）

第20号　2017年『東亜産業発展與企業管理（中文・英文・日文）（査読制)』（台湾・昱網科技股份有限公司出版）

第 21 号　2019 年藤田紀美枝先生傘寿記念論文集『東アジアの観光・消費者・企業（日本語・英語）（査読制）』（日本・五絃舎）

学会役員・理事（2018 年 11 月 1 日より）

会　　長　　原口俊道（日本・鹿児島国際大学大学院経済学研究科博士後期課程教授・中国華東師範大学顧問教授・商学博士）

副会長　　藤田紀美枝（日本・人材育成研究所所長・鹿児島国際大学大学院経済学研究科ワークショップ特別講師）

副会長　　俞　進（中国・中国首席研究員・鹿児島国際大学大学院経済学研究科ワークショップ特別講師・経済学博士）

副会長　　羅　敏（中国・広西大学講師・経済学博士）

副会長　　林雅文（台湾・台湾支部研究員・経済学博士）

秘書長・理事　　張慧珍（台湾・国立屏東科技大学副教授・経済学博士）

理　　事　　黒川和夫（日本・鹿児島国際大学大学院非常勤講師・経済学博士）

理　　事　　盧駿葳（台湾・南台科技大学応用日語系副教授・経済学博士）

理　　事　　廖筱亦林（中国・中国研究員・経済学博士）

理　　事　　國﨑　歩（日本・日本薬科大学講師・経済学博士）

理　　事　　王明元（台湾・国立高雄応用科技大学教授・経済学博士）

理　　事　　許雲鷹（中国・上海財経大学副研究員）

理　　事　　黄一修（台湾・中華工商研究院総院長・経済学博士）

理　　事　　黄惇勝（台湾・台北城市科技大学副教授・経済学博士）

理　　事　　太田能史（日本・太田総合経営研究所所長・経済学博士）

理　　事　　三好慎一郎（日本・鹿児島国際大学非常勤講師・経済学博士）

理　　事　　劉水生（台湾・滋和堂企業股份有限公司董事長・経済学博士）

理　　事　　李建霖（台湾・台湾支部研究員・経済学博士）

理　　事　　祖恩厚（中国・河南科技大学管理学院講師・経済学博士）

理　　事　　廖力賢（台湾・台湾支部研究員・経済学博士）

理　　事　　王新然（日本・中国研究員）

理　　事　　孫愛淑（中国・吉首大学商学院経済学系講師・学術博士）

理　　事　　原田倫妙（日本・台湾支部研究員・経済学博士）

理　　事　　黄　晶（日本・中国研究員）

亜東経済国際学会

日本事務局　〒 891 － 0197　　鹿児島市坂之上 8 丁目 34 番 1 号

　　　　　　　鹿児島国際大学大学院経済学研究科　原口俊道研究室内

　　　　　　　E mail:haraguchi@eco.iuk.ac.jp

　　　　　　　電話・FAX　099 － 263 － 0668

中国連絡先　電話・FAX　86 － 13735823074

台湾支部　　電話・FAX　886 － 2 － 2633 － 7986

索　引

欧文索引

執筆者一覧

（※※印は監修者，※印は編著者を示す）

※※藤田紀美枝（日本・人材育成研究所所長，元日本橋学館大学客員教授）序章担当

西嶋啓一郎（日本・日本経済大学大学院経営学研究科エンジニアリング・マネジメント専攻大学院政策科学研究所教授，博士（工学））第1章担当

張 博（中国・河南大学准教授，博士（歴史学））第2章担当

小椋吾郎（日本・北九州市立大学非常勤講師）第2章担当

王新然（日本・亜東経済国際学会研究員）第3章担当

李 蹊（日本・亜東経済国際学会研究員）第4章担当

※原口俊道（日本・鹿児島国際大学大学院経済学研究科博士後期課程教授，亜東経済国際学会会長，中国華東師範大学顧問教授，博士（商学））第4章，第6章，第7章，第8章担当

※國崎 歩（日本・日本薬科大学講師，博士（経済学））第5章，第7章担当

孫愛淑（日本・山口大学特別研究員，中国・吉首大学商学院経済学系講師，博士（学術））第6章，第17章担当

※原田倫妙（日本・亜東経済国際学会台湾支部研究員，博士（経済学））第8章，第16章担当

石田幸男（日本・明治大学大学院経営学研究科博士後期課程）第9章担当

龔 涛（日本・亜東経済国際学会研究員，博士（経済学））第10章，第18章担当

黄 晶（日本・亜東経済国際学会研究員）第10章，第19章担当

高京博（日本・西南学院大学大学院国際文化研究科博士前期課程）第11章 担当

康上賢淑（日本・鹿児島国際大学大学院経済学研究科博士後期課程教授，グローバル地域研究会代表，博士（経済学））第11章担当

村岡敬明（日本・明治大学研究・知財戦略機構研究推進員）第12章担当

新田時也（日本・東海大学准教授，博士（工学））第13章担当

嘉島叶人（日本・京都情報大学院大学 応用情報技術研究科助教）第13章担当

林武忠（台湾・国立高雄科技大学博士生）第14章担当

王明元（台湾・国立高雄科技大学観光管理系教授，博士（経済学））第14章担当

藍屏茜（台湾・国立曁南国際大学博士生）第15章担当

鄭健雄（台湾・国立曁南国際大学教授）第15章担当

監修者紹介
藤田紀美枝（ふじた・きみえ）
現在　人材育成研究所所長，元日本橋学館大学客員教授
著書　『しなやかワーキングコース』（単著）日本能率協会，1991 年。
　　　『女性が会社を作って成功する法』（単著）ＰＨＰ出版社，1991 年。
　　　『社員行動基準・入門』（単著）信山社，1993 年。
　　　『ビジネス文書』（共著）建帛社，1994 年。
　　　『ビジネス実務入門』（共著）同友館，1994 年。
　　　『経済のグローバル化と企業戦略』（共著）中国・立信会計出版社，2006 年。
　　　『亜洲産業発展與企業発展戦略（中文）』（副主編）中国・復旦大学出版社，2008 年。

編者紹介
原口俊道（はらぐち・としみち）
現在　鹿児島国際大学大学院経済学研究科博士後期課程教授，亜東経済国際学会会長，
　　　中国華東師範大学顧問教授，博士（商学）
著書　『動機づけ - 衛生理論の国際比較——東アジアにおける実証的研究を中心として
　　　——』（単著）同文舘出版，1995 年。
　　　『経営管理と国際経営』（単著）同文舘出版，1999 年。
　　　『東亜地区的経営管理（中文）』（単著）中国・上海人民出版社，2000 年。
　　　『アジアの経営戦略と日系企業』（単著）学文社，2007 年。
　　　『アジアの産業発展と企業経営戦略』（編著）五絃舎，2011 年。
　　　『東アジアの産業と企業』（編著）五絃舎，2012 年。

國﨑　歩（くにさき・あゆみ）
現在　日本薬科大学講師，博士（経済学）
著書　『アジアの産業発展と企業経営戦略』（共著）五絃舎，2011 年。
　　　『東アジアの社会・観光・企業』（共著）五絃舎，2015 年。
　　　『アジアの産業と企業』（共著）五絃舎，2017 年。
　　　『東亜産業発展與企業管理』（共著）台湾・㞢網科技 (股) 出版，2017 年。

原田倫妙（はらだ・みちたえ）
現在　亜東経済国際学会台湾支部研究員，博士（経済学）
著書　『東アジアの社会・観光・企業』（共著）五絃舎，2015 年。
　　　『アジアの産業と企業』（共著）五絃舎，2017 年。
　　　『東亜産業発展與企業管理』（共著）台湾・㞢網科技 (股) 出版，2017 年。

東アジアの観光・消費者・企業

亜東経済国際学会研究叢書㉑

藤田紀美枝先生傘寿記念論文集

2019 年 2 月 25 日　　第 1 版第 1 刷発行

監修者：藤田紀美枝

編　者：原口俊道・國﨑歩・原田倫妙

発行者：長谷雅春

発行所：株式会社五絃舎

　　　　〒 173-0025　東京都板橋区熊野町 46-7-402

　　　　電話・ファックス：03-3957-5587

組版：Office Five Strings

印刷・製本：モリモト印刷

Printed in Japan　　　　ISBN978-4-86434-092-2

検印省略　ⓒ　2019